野外教育学研究法

日本野外教育学会 編

株式会社 杏林書院

■ 執筆者一覧（執筆順）

永吉　宏英	元大阪体育大学	（はじめに）
星野　敏男	明治大学経営学部	（1.1./1.3./6.3.2.）
※井村　仁	筑波大学体育系	（1.2./1.4./2.1.3./2.2.2.）
※大石　康彦	国立研究開発法人森林研究・整備機構森林総合研究所	（1.5./6.4.）
小森　伸一	東京学芸大学芸術・スポーツ科学系	（2.1.1./2.1.2.）
土方　圭	明治大学法学部	（2.1.4./2.2.3./2.3.3.）
高野　孝子	早稲田大学文学学術院	（2.2.1.）
張本　文昭	沖縄県立芸術大学全学教育センター	（2.3.1.）
西島　大祐	鎌倉女子大学短期大学部	（2.3.2.）
松本　秀夫	東海大学体育学部	（3.1.）
千足　耕一	東京海洋大学海洋政策文化学部門	（3.2.）
島貫　織江	国立花山青少年自然の家	（3.3.1.）
平野　吉直	信州大学	（3.3.2.）
白木　賢信	常葉大学教育学部	（3.3.3.）
渡邉　仁	筑波大学体育系	（4.1./4.2./4.3./4.4.）
伊原久美子	大阪体育大学	（4.5.1.）
東山　昌央	山梨学院大学スポーツ科学部	（4.5.2.）
坂本　昭裕	筑波大学体育系	（5.1./5.2.）
大友あかね	茨城県立水戸聾学校	（5.2.）
杉岡　品子	北翔大学生涯スポーツ学部	（5.3./5.4.）
寺中　祥吾	流通経済大学	（5.5.1.）
吉松　梓	新潟医療福祉大学健康科学部	（5.5.2.）
※金子　和正	東京家政学院大学現代生活学部	（6.1.1./6.3.1.）
兄井　彰	福岡教育大学	（6.1.2.）
西田　順一	近畿大学経営学部	（6.1.3.）
村越　真	静岡大学教育学部	（6.2.1.）
前田　和司	北海道教育大学岩見沢校	（6.2.2.）
向後　佑香	筑波技術大学障害者高等教育研究支援センター	（6.2.3.）
遠藤　知里	常葉大学短期大学部	（6.2.4.）

※編集者

はじめに

　日本野外教育学会は2017年に創立20周年を迎えて、学会活動のこれまでの成果をまとめ、野外教育学研究のさらなる発展をめざす一里塚とするために、『野外教育学研究法』を出版することとなりました。

　学会創立からの20年は、日本の野外教育が大きく発展した20年でした。「生きる力の育成」が教育の大きな目標となり、自然体験活動の重要性が高まりました。財団や企業、NPO等の運営する3,000を超える自然学校が全国各地に誕生し、環境教育や冒険教育などのさまざまなプログラムが開発され、導入されてきました。地域振興や社会貢献、森林教育、障害児教育、幼児教育、高齢者の生きがいづくりなど、野外教育の目的や対象も広がってきました。そして、多様化する野外教育が抱える課題の解決に向かって、野外教育の研究の目的や対象、研究方法も多様化し、発展してきました。

　『野外教育学研究法』は、野外教育の科学的研究法の解説に視点を置いた専門書として企画いたしました。これまでの野外教育学研究の発展の現状を踏まえて、第1章「わが国の野外教育の歴史と現状」では、野外教育の発展の歴史や現状、野外教育研究の動向と課題等について解説しています。第2章から第5章では、野外教育の「歴史・哲学的研究」「調査研究」「実験的研究」「事例研究」のそれぞれの科学的研究の方法について、研究のレビューも交えて詳細に解説しています。そして第6章「研究法の理解と研究のスタート」では、野外教育のフィールド特性を踏まえた質的研究、量的研究の特性や重要性について、研究事例の紹介も含めて解説しています。また、各章において、それぞれの研究方法を用いた代表的な論文を取上げ、論文執筆者自身が研究のねらいや論文作成の手順を含めて詳細に解説しており、野外教育学研究の現状や野外教育研究の進め方等について学ぶ優れた参考書となっています。

　『野外教育学研究法』が、野外教育学の研究者はもとより、これから野外教育について学ぼうとする学生や大学院生、実践者のみなさんの大きな力となることを期待してやみません。

　2018年1月

日本野外教育学会
会長　永吉　宏英

目次

はじめに………………………………………………………………… i

第1章 わが国の野外教育の歴史と現状

1.1. 野外教育の概念……………………………………………… 1
　1.1.1. 「野外教育」が出現した歴史的背景とその教育思想 ……… 1
　1.1.2. ヨーロッパの新教育運動と野外教育…………………… 3
　1.1.3. 野外教育の定義と解釈…………………………………… 4
　1.1.4. 「体験」「野外」「教育」をめぐる3つの研究課題 ……… 6
1.2. 日本の野外教育の歴史……………………………………… 6
1.3. 野外教育の現状と課題……………………………………… 12
　1.3.1. 学会設立当時の課題……………………………………… 12
　1.3.2. 現状と課題………………………………………………… 13
1.4. 野外教育研究の動向と課題………………………………… 15
1.5. 野外教育研究の倫理と公正………………………………… 19
　1.5.1. 研究の倫理と公正………………………………………… 19
　1.5.2. 研究の倫理と公正に関する近年の動き……………… 20
　1.5.3. 野外教育研究の倫理と公正……………………………… 21
　1.5.4. 野外教育研究を行う際に遵守・参照すべき規定類 …… 23

第2章 歴史・哲学的研究法（文献研究）とその成果

2.1. 文献研究法を用いた研究…………………………………… 29
　2.1.1. 文献研究法とは何か……………………………………… 29
　2.1.2. 文献研究法における基本的手続き……………………… 35

2.1.3.	歴史的研究法とは何か：文献研究法Ⅰ	39
2.1.4.	哲学的研究法とは何か：文献研究法Ⅱ	42
2.2.	研究のレビューと今後の課題	47
2.2.1.	総説論文のレビューと今後の課題	47
2.2.2.	歴史的研究法を用いた研究のレビューと今後の課題	52
2.2.3.	哲学的研究のレビューと今後の課題	57
2.3.	代表的な研究の解説	61
2.3.1.	代表的な総説論文の執筆者による解説	61
2.3.2.	代表的な歴史的研究の執筆者による解説	67
2.3.3.	代表的な哲学的論文の執筆者による解説	72

第3章　調査研究法とその成果

3.1.	調査研究法を用いた研究	87
3.1.1.	調査研究法とは	87
3.1.2.	調査研究法の意義	90
3.1.3.	野外教育分野における調査研究を遂行するうえでの留意点	90
3.2.	調査研究法を用いた研究のレビューと今後の課題	95
3.3.	代表的な調査研究を用いた研究の執筆者による解説	99
3.3.1.	尺度の開発に関する研究：問題解決力を測定する尺度の作成	99
3.3.2.	指標の提示：生きる力を構成する指標	103
3.3.3.	関係の提示：野外教育の分析枠組による青少年の自然体験活動遂行と自然体験蓄積の関係	108

第4章　実験的研究法とその成果

4.1.	実験的研究法とは何か	119
4.1.1.	概要	119
4.1.2.	基本的な要件	120
4.2.	野外教育の実験的研究を行ううえでの研究倫理	123
4.2.1.	侵襲および介入に対する倫理指針のチェック	124

  4.2.2. 試料や情報の取り扱い………………………………………… 124
  4.2.3. 研究に関係する者への説明と同意 ……………………………… 125
  4.2.4. 研究対象者の権利と利益 ………………………………………… 126
 4.3. 野外教育の実験的研究を遂行するうえでの議論や問題 ……………… 126
  4.3.1. 標本抽出（無作為抽出法 vs 有意抽出法）…………………… 126
  4.3.2. 独立変数の曖昧さと統制の困難さ ……………………………… 127
  4.3.3. 統制群の妥当性 …………………………………………………… 127
  4.3.4. 効果の持続性 ……………………………………………………… 128
  4.3.5. 再現性の困難さ …………………………………………………… 128
  4.3.6. 実験者の独立性 …………………………………………………… 129
 4.4. 野外教育における実験的研究の意義と今後の課題 …………………… 129
  4.4.1. 価値や意義 ………………………………………………………… 129
  4.4.2. 今後の課題 ………………………………………………………… 131
 4.5. 代表的な研究の解説 ………………………………………………………… 132
  4.5.1. 野外教育研究における心理的な指標の活用 ………………… 132
  4.5.2. 野外教育研究における身体的な指標の活用 ………………… 143

第5章　事例研究

 5.1. 野外教育における事例研究の意義 ……………………………………… 157
  5.1.1. 野外における指導の状況依存性 ……………………………… 157
  5.1.2. 実践の知が導き出される原理 ………………………………… 159
  5.1.3. 事例研究で明らかになる実践の知とは何か ………………… 160
  5.1.4. 個別事例の普遍性 ……………………………………………… 162
 5.2. 野外教育実践における事例研究の考え方 ……………………………… 163
  5.2.1. 研究対象としての「事例」……………………………………… 163
  5.2.2. 事例研究の方法の考え方 ……………………………………… 164
 5.3. 事例研究の方法 …………………………………………………………… 173
  5.3.1. データの収集方法 ……………………………………………… 173
  5.3.2. データの分析方法 ……………………………………………… 178
  5.3.3. 事例研究の記述方法 …………………………………………… 182

5.4.	事例研究の諸問題	184
	5.4.1. 研究の限界	184
	5.4.2. 事例研究の倫理	185
	5.4.3. 事例研究の妥当性と信頼性	186
5.5.	事例研究の実際例	187
	5.5.1. グループを対象にした事例研究 − 長期冒険キャンプにおけるグループプロセスの検討 −	187
	5.5.2. グラウンデッド・セオリー・アプローチを用いた事例研究 − 不登校児は長期冒険キャンプ後どのように社会へ適応していくのか −	194

第6章　研究法の理解と研究のスタート

6.1.	質的研究か量的研究か	201
	6.1.1. これまでの研究法を振り返る	201
	6.1.2. 質的研究と量的研究の解説	202
	6.1.3. 野外教育における質的研究、量的研究の重要性	205
6.2.	研究へのスタート	206
	6.2.1. フィールド研究の紹介1：人は自然のなかのリスクをどう認知しているのか	206
	6.2.2. フィールド研究の紹介2：地域に根ざす、場所に感応する	209
	6.2.3. 障がいを有した子ども達のキャンプを対象とした実践研究の紹介	213
	6.2.4. 「経験の質」を読み解く研究の紹介	217
6.3.	本誌で取り扱ってきた研究法以外の方法の紹介	221
	6.3.1. 野外教育をアフォーダンスの視野からさぐる	221
	6.3.2. ノンバーバル的側面からの研究	224
6.4.	野外教育研究のスタート	226
	6.4.1. 野外教育研究の成果の与える影響	226
	6.4.2. まとめ：実践現場で活躍している人々や若き研究者へのメッセージ	229
索　引		236

第1章 わが国の野外教育の歴史と現状

1.1. 野外教育の概念

1.1.1. 「野外教育」が出現した歴史的背景とその教育思想

「野外教育」という用語は Outdoor Education の訳語である。Outdoor Education を「野外教育」と訳し、その基本的な考え方を日本に紹介したのは江橋慎四郎氏である[1]。氏が訳した Outdoor Education の原点は、アメリカで19世紀後半から20世紀初頭にかけて行われていた青少年のための組織キャンプ（organized camping）や、当時学校教育で行われていた自然教育（nature education）などが由来となっている[2]。キャンプにおける体験の教育的効果や、教室外での授業の有用性に気づいていた関係者たちにより、この organized camping が school camping や camping education、school-in-the wood、resident outdoor education、outdoor recreation などの名称で学校教育に導入されていった[3]。

これらの学校キャンプを「野外教育」（outdoor education）へと統一し発展させた中心人物が、シャープ（Lloyd .B. Sharp）である。彼は、camping education と school curriculum の関連を博士論文としてまとめ[4]、野外教育の用語と考え方を全米の学校教育現場に広めていった。

シャープが唱えた野外教育が、当時のアメリカ教育界で支持されていった背景には、同時代の教育哲学者デューイ（John Dewey）やキルパトリック（William H. Kilpatrick）らの進歩主義、経験主義教育の哲学思想が大きくかかわっている。つまり、シャープの野外教育の原点には、もともとルソー（Rousseau）やペスタロッチ（Johann Heinrich Pestalozzi）からデューイへと続く、人間の自然性の尊重や体験を重視した教育哲学、教育思想の流れがあり、シャープは、これら先人たちの教育思想、教育哲学を「野外教育」という形にして教育現場に応用しようとしたのである[5]。

L.B.シャープの考え方

シャープが残した以下の文章は、多くのところで引用されている。

「That which ought and can best be taught inside the schoolrooms should there be taught, and that which can best be learned through experience dealing directly with native materials and life situations outside the school should there be learned. (pp.363-364)」[6]。

教室のなかでより良く教えることができることは教室内で、学校外（教室外でのさまざまな状況）で直接体験を通してより良く学ぶことができることは、学校の外（教室外）で学ばれるべきである。（著者意訳）

シャープは野外教育を、inside the schoolrooms での教育に対する outside での教育と捉えている。国語、算数、理科、社会などの教科カリキュラムのうち、教室内で教えた方がよいものと教室外で教えた方がよいものを分けておき、教室外で教えたほうがよいものは、校舎外のあらゆる環境を利用しながら授業を展開すべきであるとしている。シャープはまた、各学校は、図書館や体育館、音楽室や実験工作室があるのと同じように、学校内施設としてキャンプ場（school community camp）を持つべきであるとも提案している[7]。そして、このコミュニティキャンプでは、子ども達を8名前後の少人数グループに分け、できるだけ自分たちでキャンプ生活を作り上げていくとともに、この小集団メンバーの構成は、異人種、異宗教の子ども達で構成し、キャンプ生活のなかで、仲間とのコミュニケーション、日常生活、そして、「真の民主主義」を学ぶ場としていくことも提案している。シャープは、学習を充実させる直接体験の場としてばかりでなく、児童生徒がキャンプを通して成長し、地域社会の暮らしや生活、アメリカの国家基盤である民主主義を学ぶ場として「野外教育」を全米に提唱している。

これらのことから、シャープは、デューイの教育思想である学校と社会の関係や経験を通した教育、民主的な課題解決学習を outdoor and camping education つまり「野外教育」という形で具現化しようと考えていたことがわかる。シャープの唱えた野外教育の考え方は、当時アメリカの教育界で自然学習（ネイチャースタディー）や理科教育を推進していたベイリィ（L. H. Bailey）、アガシス（Louis Agassiz）、バイナル（William G.Vinal）といった自然教育を推進する思想家や教育学者たち（後の自然保護や環境教育思想の基礎となる

人々）の支援も得られ、アメリカの学校教育に広く浸透していったのである。

1.1.2. ヨーロッパの新教育運動と野外教育

アメリカで19世紀後半から20世紀初頭にかけて野外教育が学校教育に導入されていた同じ頃、ヨーロッパでも同じような教育改革運動（新教育運動）が起こっていた。この新教育運動は、コメニウス（Johannes Amos Comenius）、ルソー、ペスタロッチへと続く直観教授・経験教育の系譜に連なる教育思想を元に、それまでの教科書中心主義の教育や教師中心の知識伝授型教育から、子どもの個性や自然性、自発性を重視した「子ども中心主義」教育への変革運動である。フランスのドモラン（J.E. Demolins）、イギリスのセシル・レディ（Cecil Reddie）、ドイツのヘルマン・リーツ（Hermann Lietz）、イタリアのモンテッソリ（Maria Montessori）、そして、アメリカのデューイらによって、ほぼ同時期に欧米で新しい理論や実践がなされたことで、新教育運動は一つの運動となった[8]。

イギリスでセシル・レディが創設した「アボッツホルム・スクール」（Abbotsholme School）（1889）やドイツでヘルマン・リーツが創設した「田園教育舎」（1898）といった寄宿舎型の学校教育が新教育運動の特徴である。ドイツ最初の田園教育舎は、リーツがアボッツホルム・スクールから得た知見をもとに、1898年にハルツ山地のイルゼンブルクに設立したもので、①大都市でなく田園、②知的な教授よりも人格的な教育、③通学制の学校ではなく寄宿舎での共同生活、という3つのコンセプトのもとに建てられた[9]。

リーツが設立した4つの田園教育舎をモデルにしたリーツ直系のドイツ田園教育舎はその後も各地に建てられていくが、その代表的な学校の一つにザーレム校（1920年）がある。ザーレム校の設立者こそ、後にその冒険教育哲学で知られることになるクルト・ハーン（Kurt Hahn）である。ユダヤ人であった彼は、第二次大戦中、イギリスに亡命し、後の1941年、イギリスでOBS（アウトワード・バウンド・スクール）を立ち上げることとなる。

このヨーロッパの新教育運動は日本にも影響を及ぼし、わが国では「大正自由教育」という新教育運動となって広まった。田園教育舎やアボッツホルム・スクールを、アメリカの野外教育や日本の野外教育と同じようには比較できないが、ヨーロッパの新教育運動に影響を及ぼしたものが①青年による野外活動、

ワンダーフォーゲル運動であったこと、②産業化、都市化への反動からの自然への回帰であったこと、③新教育運動の内容が労作教育、自然教育、生活教育や児童中心の教育であったこと、④通学ではなく寄宿舎での共同生活を基本としたこと、さらには、⑤ドイツ田園教育舎の教育がクルト・ハーンによってイギリスに渡り冒険教育へと発展していったことなどを鑑みると、ヨーロッパの新教育運動の内容はまさしくヨーロッパ型の野外教育であったと考えてよいであろう。当時の新教育運動、進歩主義教育の流れはそのまま現代まで受け継がれている。

1.1.3. 野外教育の定義と解釈

「野外教育」（outdoor education）の用語そのものについては、学会として、今日まで明確で一義的な定義づけはなされていない。明確な定義付けをしにくい要因としては二つのことがあげられる。一つには、野外教育の原点でもある「教育学」そのものが明確に定義しにくい学問分野であるということがあげられる。教育学には、対象となる学習者、学校や施設、教授法や教科教育技術、教育課程と評価、教育制度と教育行政、教育現象、教育理念、歴史、哲学などの理論的、実践的研究が含まれる。そのため一つの研究手法で区切れない、きわめて学際的、応用科学的な学問領域である。「野外教育学」も教育学の持つ複雑さ、幅の広さをそのまま受け継いでいる。

二つ目には「関係する人々の立場に応じて野外教育が多様に解釈されてきた」という歴史的経緯がある。たとえば、ハンマーマン（D.R. Hammerman）[10,11]は、アメリカで野外教育が学校に広まっていった当時の背景をよく知るとともに、1980年代後半まで北イリノイ大学大学院で野外教育の教員養成や研修にも直接かかわっていた一人である。彼は、野外教育について次のように述べている。

「…学校（コミュニティスクール）に、野外教育が導入された背景には、キャンプ関係者、学校、体育・レクリエーション、理科、福祉、そして自然教育（自然保護・環境教育）関係者など多くの協力があった。つまり、教育としての野外教育は、当初から多様に解釈されていた。野外教育は、教科内容を充実させる教育方法であり、それぞれの立場の人によって、その捉えられ方は千差万別で、明確な定義付けは難しい。」（著者意訳）

このように、野外教育は定義付けが難しい側面を持っているが野外教育学研

究を発展させていくためには、「野外教育とは何か」「その教育特性は何か」を明確にしていく必要がある。

「野外教育とは何か」については、これまで、さまざまな定義と解釈の試みがなされている。詳しい解説は専門書や研究論文に譲るとして、ここではいくつかの代表的な定義や解釈をあげておく。最も多く使用されているのがドナルドソン（George W. Donaldson）の定義 outdoor education is education in, about, and for the outdoors である[12]。このドナルドソンの定義は、「野外教育の行われる場所（in）と野外教育が扱う内容（about）、野外教育の目的（for）を最も簡潔に表現している定義」として現在でもよく使われている。また、野外教育を図解したものとしてこれまで最もよく使われている図は、プリースト（Simon Priest、1986）が描いた「野外教育の木」である[13]。この図は、野外教育・環境教育・冒険教育の関連を木のモデルを用いて表現している図で、太陽（野外の場）と土壌である六感（視覚、聴覚、味覚、嗅覚、触覚、直覚）や3つの学習領域（認知、感情、行動）からの養分を吸い上げ、体験学習過程を通し4つの関係（自然と人、生態系、他者と自己、自分自身）の理解が得られることを意味していると解説されている。

日本国内の野外教育の定義としては、『青少年の野外教育の充実について』（文部省報告書）[14]の解説文が引用されることが多い。この報告書は、平成7年に文部省に設置された調査研究協力者会議がまとめたものである。その解説文では、「野外教育とは、自然の中で組織的、計画的に、一定の教育目標を持って行われる自然体験活動の総称である。」さらに「自然体験活動とは、…〈中略〉…野外活動、自然・環境学習活動、文化・芸術活動などを含んだ総合的な活動である。したがって、野外教育は、自然体験活動を取り扱う教育領域であると位置付けることもできる。」と定義づけている。

小森[15,16]は、これら多くの過去の文章による定義や図示によるさまざまな野外教育の考え方、野外教育と環境教育との違いなども踏まえたうえで、①野外活動・自然体験活動（教材）、②自然環境（教育の場）、③体験学習（教育方法）、の三要素を中心とした周辺関連事項の相互関係について示した図を発表している。

1.1.4.「体験」「野外」「教育」をめぐる3つの研究課題

日本野外教育学会の設立総会時（1997 年）に来日し、基調講演を行ったバンダースミッセン（Betty van der Smissen）博士[17]は、研究分野（学問）として野外教育学を確立させていくには大きな三つの課題があることを指摘している。一つ目は「野外教育が何を目標とする教育なのかを明らかにすること」、二つ目は「野外教育の独自性はどこなのかを明らかにすること」さらに、三番目に「experience（体験）の意味（野外体験というのは人間にとって何なのか）を明らかにしていくこと」がアメリカでも課題として残されていると述べている。学会が設立されて 20 年が経過するが、博士が指摘した3つの課題についての研究はわが国では未だ不十分である。今一度、原点に立ち返ってこの分野の研究を深めていくことがきわめて重要である（experience「体験」の意味については第6章 6.3.2. を参照されたい）。

1.2. 日本の野外教育の歴史

野外教育の基本的条件の一つである体験学習についてその教育思想を溯ってみると、17 世紀の教育思想家コメニウスの直観教育（具体的なものを見せて、触れさせる教育）に始まり、子どもの内なる自然の発達に沿って経験から学び、民主的な社会を担う人間を育てることを主張したルソー、子どもを自然に親しませることによって子どもの感性を豊かにすることの大切さを説き全人教育を主張したペスタロッチらの教育哲学者の影響に加え、ダーウィンの進化論に代表される科学的探究の進歩と相まって直接体験によるネイチャースタディーの発達、そして 19 世紀にアメリカで生まれたプラグマティズム（実用主義）哲学を教育に応用し、試行錯誤のなかから正解を見出していく問題解決学習・総合学習を始めたデューイ、その教育思想を学んだシャープが、アメリカの伝統あるキャンプ活動にその教育思想を当てはめ、教育としてのキャンプの価値を示し、野外教育が萌芽した。

しかしながら、このような西洋近代社会における野外教育の発展の歴史に加え、自然豊かな日本では独自の野外教育の素地が育てられ、明治以降の近代学校制度のなかで、野外教育が発展していくことになる。明治の初期、文部省から教員養成の実態を学ぶためアメリカに派遣された伊沢修二や高嶺秀夫らは、

当時主流であったペスタロッチ主義の教授法とネイチャースタディー等を学び、明治10年代の師範教育に取り入れ、全国に広まった。しかしながら、1885（明治18）年初代文部大臣となった森有礼の教育改革の一環として、師範学校において兵式体操や行軍を実施することになり、このことに反発した高嶺は、学術研究（自然学習・地域学習等）の要素を取り入れた行軍（長途遠足、後に修学旅行）を1886（明治19）年2月に実施した[18]。そして、同年8月に行われた「高等師範学校生徒第二回修学旅行」[19]において、生徒の一部が教員に引率されて、中禅寺から二荒山登山（当初は浅間・富士登山を計画していたが、流行病の影響で目的地を変更したため実施されなかった）を行い、翌1987（明治20）年8月に行われた「高等師範学校第三回修学旅行」では、浅間山と富士山の登山が実施された。現代においても学校登山が盛んな長野県では、長野県尋常師範学校が1889（明治22）年に実施した第三回修学旅行において白根・浅間登山を実施した（翌年は富士登山を行っている）[20]。その後県内の小学校や女学校に普及していった。

　アメリカで発展した野外教育は、経験主義教育とキャンプが融合して生まれたとされるが、日本の野外教育は、前述したように経験主義教育と登山が融合して生まれたと考えられる。

　わが国は古来より、他の国々にはほとんどみられない、山に登ることが信仰となる山岳宗教があり、現代まで脈々と実践されている。その源流は修験道に求められるが、その修験道の普及・発展過程で、単なる宗教活動だけにとどまらず、山岳をもとにしたさまざまな文化・医療・習俗等を形成し、庶民のなかに深く浸透し、わが国の精神文化の基礎を形成するうえで大きな影響を及ぼしてきた。信仰登山のなかでとりわけ顕著なのは、江戸時代に隆盛をきわめ、今日に及んでいる富士講、御岳講、月山講、立山講、筑波講などの各地の「講中登山」である。霊山登拝を目的とする団体登山であり、そこには庶民の登山熱をあおるのに十分のものがあった。富士講は修験者である長谷川角行によって16世紀末に始められ、江戸八百八講といわれたほどに急速にその数を増やし、文政8年（1825年）には富士講に加わるものが7万人に達したといわれている。このような登山が一般大衆に浸透したのは、世界の登山史上特筆すべきことである。また特に野外教育と関係があるのは、成人登山・元服登山といわれる習俗である。これは、大人になるためと同世代の仲間との絆を深めるために、通

過儀礼として登山を行うことである。成人登山はわが国の各地でみられたことから、明治以降、登山が学校登山という形式で学校制度が成立して間もない時期から実施される要因となった[21]。

わが国のキャンプの歴史についてみてみると、多くのキャンプ関連書籍では、日本の組織キャンプの始まりは、1911（明治44）年に学習院院長である乃木希典の提唱により神奈川県片瀬海岸で実施された学習院のスカウト式臨海キャンプであるとしている。しかしながら、師岡[22]は、1907（明治40）年から、乃木院長が学習院中等科の学生を対象に、テントを用いた組織キャンプを実施していたことを指摘している。学習院輔仁会[23,24]によれば、学習院は、1880（明治13）年から隅田川下流で夏季游泳演習を行っていたが、水質が悪化したことから、1891（明治24）年から片瀬海岸に游泳演習場を移していた。また、単に遠泳だけを行うのではなく、有志を対象に富士登山も実施していた。1907（明治40）年からテントを用いた理由は、参加学生の増加に伴い宿泊場所を確保できなくなったことと、乃木院長がテント生活が学生の精神修養上多大な効果があると考えていたためであった[25]。

また、日本キャンプ協会の会長を務めた酒井[26]は、日本のキャンプの源流には二つの流れがあり、その一つは大阪YMCAが1920（大正9）年7月に兵庫県六甲山麓、西宮市の北側にある南郷山の松林で簡易天幕を設営して開設した教育的組織キャンプであり、もう一つは東京YMCAが1922（大正11）年に中学生を対象にグループワークを中心とした組織的少年キャンプを日光中禅寺湖畔阿世潟で実施したものであるとしている。

このようにキャンプや組織キャンプの捉え方の違いにもよるが、日本の教育キャンプの始まりに関しては諸説がある。

林間学校を野外教育の原点として捉えた場合、いくつかの見解がみられる。梅田ら[27]は、「1907（明治40）年東京、下谷保養会が日本における最初の林間学校を鎌倉で開催した」と指摘している。その共同研究者であった山田[28]は、その後「東京の精華学校が鎌倉で1908（明治41）年『転地修養会』として実施したのが最初である」と述べている。いずれにしても、当時の林間学校は、現在行われているものとは異なり、病弱児を主な対象とした転地療法的な意味を持っていた。その後、現在実施されているような形式へと変化していくが、普及期の林間学校について詳述している鵜飼[29]の『日本アルプスと林間学校』と

いう著書によれば、「我国夏期における野外教育の施設は、大正五六年頃より順次隆盛になり、大正七年度には七七一箇所で大正八年度では一、三七九箇所に増加し、大正九年度には二、一三二箇所に及び、同年度には施設のない県は絶無となるに至った」と記されている。また、「どの地域の林間学校においても登山がメインのプログラムになってきている。」とも述べている。

以上のように日本の野外教育の源流を、学校登山、キャンプ、林間学校の観点から整理してみると、学校登山が最も早く実施されていたことがわかる。学習院が行っていた臨海学校においても登山が実施されているように、高等師範学校の登山を契機に、明治20年代に徐々に広まっていったようである。

また、長野県尋常師範学校および高等師範学校を卒業し、1895（明治28）年に高等師範学校附属小学校の訓導となった樋口勘次郎は、当時主流であったヘルバルト主義教授理論や、アメリカのフランシス・パーカー（Francis W. Parker）の中心統合法の影響を受け、子どもの自発活動を尊重する統合教授の事例として、「飛鳥山遠足」を1896（明治29）年に実施した。その内容と意義について、山本[30]は以下のようにまとめている。

「樋口は尋常小学校二年生の生徒37人と上野・飛鳥山往復約6キロを遠足し、自然や地理、産業や博物などの教材を実地、実物に触れさせることを通して学習させた。当時、遠足は学校行事として一応の定着を見ていたが、その意義が教授活動との関連で理解されることは稀で、むしろ軍事訓練的色彩を帯びた身体鍛錬の手段と見なされる傾向にあった。それに対し、樋口は遠足に教授活動（教科統合）としての方法的意義を与えた。ここに樋口の斬新さがあった。（pp.210-211）」[30]

樋口の「飛鳥山遠足」は、現代の総合的な学習の源流となった実践であり、当時の教育界に大きな影響を及ぼしたといわれている。

以上、日本の野外教育の源流を概観したが、自然豊かなわが国では、諸外国に比較して、早い時期から野外教育の実践がなされていたといえるだろう。

急速な産業化と社会変化の19世紀に、「子ども中心主義」を掲げた「新教育運動」は1889（明治22）年にイギリスのアボッツホルムで始まり、フランスやドイツにも田園教育舎系の新学校が生まれた（アウトワード・バウンド・スクールの創始者クルト・ハーンは、ドイツ田園教育舎運動の実践者であった）。

わが国の新教育運動は、大正自由教育として知られるが、その多くで自然を

利用した教育が取り入れられていた。たとえば、澤柳政太郎が1917（大正6）年に始めた成城小学校の教育方針の一つに「自然に親しむ教育」が揚げられている[31]。また、橋詰良一が1922（大正11）年に始めた「家なき幼稚園」（後に「自然幼稚園」に改称）では、自然そのものを園舎とするものであり、現在盛んになっている「森のようちえん」に該当するものである[32,33]。しかしながら、これら新教育は大学の附属学校や私立学校において実践されたのみで、広く公教育には広まらなかった。

第2次世界大戦後、日本の教育はアメリカの教育政策に従い、経験主義教育（個性尊重・自発性の原理）が実践された。しかしながら、明治10年代と同様に、経験主義教育に不慣れな教師たちは、「這いまわる経験主義」という言葉に代表されるように混乱をしていた。そのようななか、徐々に国力を取り戻しつつあった日本では、手軽に楽しめる登山・ハイキングといった野外活動が普及していった。1951（昭和26）年の文部省社会体育指導要項[34]では、公文書で初めて「野外活動」という用語が使用された（実際は、野外活動と野外運動が同じ意味で併用されていた）。1950年代は、アメリカにおいて野外教育が定着した時代といわれるが、この時期の野外教育を視察した体育関係者がその内容を専門誌に寄せている。たとえば、日本体育大学学長であった栗本[35]は、体育研究者数名でアメリカのナショナルキャンプ場（National Camp）を訪問し、シャープから直接野外教育について説明を受け、野外教育を「一定期間その学校を延長して教室を大自然に求め、自然現象や、社会事象を生きた教科書として学童の自発活動により教育活動を旺盛にしようとするもの。（p.257）」[35]と紹介している。

国民の心身の健全な発達と豊かな生活形成を目的としたスポーツ振興法が、1961（昭和36）年に制定されたが、この法律において、「野外活動（キャンプ活動を含む）」はスポーツと位置づけられ、普及奨励のために、国や地方公共団体において施設の開設やその他の必要な措置（指導者養成、安全対策等）をとることが決められた[36]。このようななか、1964（昭和39）年に東京教育大学体育学部に「野外運動研究室」が創設され、野外活動ならびに野外教育に関する研究の活性化に貢献した。

また、1960年代は産業の著しい発展に伴う公害・環境悪化が問題となり、1970年代には校内暴力やいじめなどが社会問題となった。文部省は1971（昭

資料1-1. 日本野外教育史概略年表

1800年代 / 1900年代初期
- …【8世紀】「修験道」などの山岳信仰
- …【19世紀】近代教育の発展(教育令(1879)など) 【1823】最初の教育キャンプ「ラウンドヒル学校」(J. Cogswell)
- 【1861】最初の学校キャンプ「ガナリー学校」(Frederick W. Gunn)
- 【1880】日本最初のYMCA 東京に創立
- 【1886】学校登山の始まり 東京師範学校 二荒山登山
- 【1889】新教育運動のはじまり
- 【1896】樋口勘次郎 飛鳥山登山(体験学習・労作教育の先駆的存在)
- 【1896】デューイ実験学校創設
- 【1908】日本にボーイスカウト設立
- 【1920】日本最初の教育的組織キャンプ 六甲で開催(大阪YMCA)
- 【1922】橋詰良一「家なき幼稚園」
  (後の「自然幼稚園」)開始
- 【1941】OBS設立(イギリス)
- 【1943】野外教育(Outdoor Education)の用語が初出
  『Outside the Classroom』(L.B.Sharp)

1950年代
- 【1951】「社会体育指導要項」(文部省)…公文書で「野外活動」用語が初めて使用
- 【1952】栗本義彦『米國の学校キャンプ理念と傾向』…野外教育協会とSharpについて紹介, 野外教育の考え方を解説
- 【1956】「教育キャンプ指導の手引」『教育キャンピング手帖』刊行(文部省)
- 【1959】日本初の国立青年の家が開設(国立中央青年の家)

1960年代
- 【1960】「第1回教育キャンプ指導者講習会」(文部省)
- 【1961】「スポーツ振興法」…野外活動が法的にスポーツの一部に
- 【1963】日本初の総合的野外活動センターが仮開設(大阪府総合青少年野外活動センター)
- 【1964】東京教育大学体育学部に野外運動学講座が開設
  江橋慎四郎『野外教育』出版
- 【1965】NOLS設立
- 【1966】後に日本野外教育学会の土台となる「野外運動研究会」設立
  「日本キャンプ協会」設立

1970年代
- 【1971】Project Adventure設立
- 【1975】「キャンプ指導者資格認定規定」制定(日本キャンプ協会)
- 【1976】AEE(体験教育協会)設立
- 【1977】小・中学習指導要領改訂「ゆとりの時間」

1980年代
- 【1984】「自然教室推進事業」(〜1997)
- 【1987】第2回国際キャンプ会議(ICF発足)
  第1回日本環境教育フォーラム
  江橋慎四郎編著『野外教育の理論と実際』出版
- 【1988】「自然生活へのチャレンジ推進事業(フロンティア・アドベンチャー事業)」(〜1992)

1990年代
- 【1990】日本環境教育学会設立
- 【1993】「青少年自然体験推進事業」(文部省)
- 【1996】「青少年の野外教育の充実について」
  (青少年の野外教育の振興に関する調査研究協力者会議・報告)
  文部省第15期中央教育審議会第1次答申…「生きる力」「自然の学校」がキーワードに
- 【1997】日本野外教育学会設立
- 【1997】第1回「野外教育全国フォーラム」
- 【1998】文部大臣認定社会体育指導者の知識技能審査事業に「野外活動指導者(キャンプ)」新設
- 【1999】「子ども長期自然体験村」開催

2000年代
- 【2000】自然体験活動推進協議会(CONE)設立
- 【2001】国立青年・少年自然の家が独立行政法人化
  学校教育法・社会教育法の一部改正(自然体験活動等の体験活動の充実)
  子どもゆめ基金創設
- 【2002】週休2日制「総合的な学習の時間」
- 【2005】「持続可能な開発のための教育の10年」
- 【2007】「小学校で, 1週間の集団宿泊体験や自然体験・農林漁業体験活動を実施」(教育再生会議)
- 【2008】子ども農山漁村交流プロジェクト(総務省, 文部科学省, 農林水産省)
- 【2013】自然体験活動指導者認定制度(NEAL)

(作成:佐藤冬果, 2017年)

和46）年度からグリーンスクール（移動教室・公立小・中学校児童生徒特別健康増進事業等補助金）を始め、1984（昭和59）年度から始まる自然教室推進事業へとつながり、学校教育における野外教育充実の基盤となった。

　一方社会教育においても、1975（昭和50）年に国立室戸少年自然の家が設立され（国立中央青年の家は1959（昭和34）年設立）、自然を活用した先導的なプログラム開発がなされていくなか、1988（昭和63）年に始まる自然生活へのチャレンジ推進事業（フロンティアアドベンチャー事業）をきっかけにキャンプの長期化・プログラムの多様化・指導者の養成が全国的に広まった。この1970・80年代は「第3の教育改革」が始められた時代に当たり、1970年代の教育問題を解決するための改革として、「ゆとり」「個性重視」などがいわれた時代であり、経験主義的な教育が重視され、野外教育が推進された時期ともいえる。

　そしてバブルがはじけた1990年代に入り、政治主導による教育改革が本格化し、「教育の自由化・能力主義・競争主義」（新自由主義・新保守主義・成果主義）が展開されていく。さまざまな教育審議会や諮問委員会が設置されるなか、『青少年の野外教育の充実について』（主査、飯田稔）[14]が1996（平成8）年に発表され、その翌年1997（平成9）年に多くの野外教育関係者が集まり、日本野外教育学会が設立された。この学会の設立に伴い、野外教育に関する研究がさらに活発になり、系統主義的教育・知識重視の教育改革に対し、体験の重要性を裏付ける研究データが多く発表された。

1.3. 野外教育の現状と課題

1.3.1. 学会設立当時の課題

　日本野外教育学会が設立された1997年当時、教育界では中央教育審議会答申[37]の「生きる力」が話題となり、青少年に生活体験や自然体験などの体験活動を提供することの重要性が唱えられていた。また、ほぼ同時期に、文部省内に設置された「青少年の野外教育の振興に関する調査研究協力者会議」から『青少年の野外教育の充実について』の報告が出された[14]。中教審答申やこの報告書をうけ、平成9年度からは文部省主催で野外教育全国フォーラム[38]が継続して開催されるなど、日本野外教育学会が設立されたこの時期は、野外教育の

用語や考え方が社会に知られ始めた時期であり、その意味では野外教育の発展期でもあった。

　先の報告書『青少年の野外教育の充実について』では「日本の野外教育の現状と野外教育を振興していくための課題」として、①野外教育プログラムの充実と開発、②野外教育指導者の育成・確保、③野外教育の場の整備・充実、④野外教育の安全確保と安全教育、という4つの課題があげられた。そして、野外教育をさらに充実していくための振興方策としてこれらの課題解決に加えて、⑤国や地方自治体の行政の支援と調査研究の充実、をあげている。また、1997年に設立された日本野外教育学会の第1回学会大会のテーマは「野外教育の体系化をめざして」であった。当時の課題に対しては、その後、何度か、さまざまなところで検証が試みられている[39-42]。

　また、平成10年度以降、文部省や国立オリンピック記念青少年総合センターとそれに続く国立青少年教育振興機構では、青少年の自然体験、生活体験、生活習慣の実態や自立に関する意識等についてさまざまな視点から全国規模の調査を継続して行い、「生活体験・自然体験が豊富な子どもほど道徳観・正義感が身についている傾向がみられる」といった数々の調査研究結果や詳細なデータを報告している[43-45]。

　野外教育にかかわる政策的な動きとしては、平成11年から「全国子どもプラン」の一環として「子ども長期自然体験村」が開始され、平成13年には、「21世紀教育新生プラン」の一環として、自然体験活動を含む体験活動の充実と促進のため、学校教育法や社会教育法の一部改正がなされている。具体的施策として、「悩みを抱える青少年対象の体験活動推進事業」や民間の体験活動の助成を目的とした「子どもゆめ基金」制度が開始されている。

1.3.2.　現状と課題

　学会設立から20年を経た現在、これら過去に指摘された現状と課題、その後の調査結果、課題の検証、施策等を俯瞰してみると、20年前に比較して、①野外教育プログラムが多様化したこと、②安全教育、安全対策の充実が推進されてきたこと、③野外教育プログラムを提供する民間団体数が増加したこと[46]、民間団体の体験活動への支援を目的とした「子どもゆめ基金」が制定されたこと、④野外教育にかかわるさまざまな研究が進められたことなど、この

20年間でわが国の野外教育は確実に充実し発展してきているといえよう。しかし、その一方で、子ども達の体験活動の機会減少など、解決されずに残され続けてきている課題もあり、そのような現状に対して野外教育は停滞しているとの指摘もある[47]。

　このような流れのなか、2017年に開催された第20回日本野外教育学会大会での学会企画委員会シンポジウムの検討課題には、①施設・フィールド、②事業・プログラム、③人づくり・担い手づくり、④グローバル化の4課題があげられ、3年間の連続テーマとして「広める」（18回大会）、「深める」（19回大会）、「発信する」（20回大会）が掲げられた。

1）グローバル化への対応

　①〜④の4課題のうち3つの課題は、学会設立当初からあげられていた課題でもある。当時課題としてあげられていなかった唯一の視点に「グローバル化への対応課題」がある。すでにグローバル化した現代社会にあって、野外教育や日本野外教育学会はどのような役割を果たすべきなのか、数多くある社会的課題（たとえば高齢化、人口減少、貧困、ジェンダー、気候変動など）に対して、野外教育はどのようにその役割を果たしていくべきなのか、あるいは学会としてどのようにかかわるべきかが今問われており、今後向かうべき方向性の確認や今後かかわるべき対象の取捨選択など、慎重な判断が求められる。

2）電子媒体と子ども達の自然離れ

　また、子ども達の体験活動の機会が減っていることは、20年前から指摘されていたことである。この問題は、教科のための授業時数の確保や、現在の学校での教員の多忙さなどから依然として解決されていない問題でもある。近年は、この体験活動の機会減少に加えて、さらに、急激なテクノロジーの発達による電子メディアの普及、SNS、スマホ、ゲーム機の普及などによる「子ども達の自然離れ」が深刻な課題として取り上げられている。第20回日本野外教育学会大会（2017年）に招待されたアメリカのデニスミッテン（Denise Mitten）博士は、基調講演でアメリカの野外教育界の大きな課題の一つとして、「電子メディアの発達によって、子ども達の自然への興味関心が失われつつあること」をあげている[48]。この深刻な課題は日本ばかりでなく、今後世界的な課題となっていくことが予想される。

3）野外教育を「広げること」と「深めること」「発信すること」

これらの現状を考えると、野外教育あるいは日本野外教育学会に今後求められることとして、以下のようなことが考えられよう。学会シンポジウムでも取り上げられた「広めること」と「深めること」は、一見、相矛盾する2つの課題に思われるが、野外教育や日本野外教育学会がその領域を広げ、グローバル化した世界とつながり、野外教育を「発信していく」ためには、多様な視点から野外教育をみていくことが必要である。野外教育に対するわれわれの既成概念、あるいは各自の固定観念を一端取り外し、より自由な目で野外教育を捉え直すことが必要である。

一方で、「深めること」に関しては、野外教育が扱う研究領域や研究対象を明確化すること、つまり学問的な体系化が不可欠で、これは学会が創設された第1回大会以来継続して言われ続けてきていることである[49]。つまり、野外教育の領域を拡大し、グローバル化した世界や社会とつながる一方で、なおかつ、再度、野外教育の原点に帰る原理的、歴史的、哲学的アプローチからの研究も進め、野外教育学の核を確立していくことがいま求められている。本書の「野外教育学研究法」は、この体系化に向けての第一歩である。

1.4. 野外教育研究の動向と課題

野外教育研究に関する研究動向を検討した論文は数件あるが、日本野外教育学会所有のデータベース Resouces in Outdoor Pursuits（ROP）に収録されている論文（野外教育や野外運動に関連する学会誌や学会大会発表論文、大学紀要、博士・修士論文等で、2016年9月8日時点での総データ数は7,496件である）を対象に、井村ら[50]が1997年に検討を行っているので、その後20年間の収録データと比較・分析することで、野外教育研究の動向をまとめ、今後の課題について考察を行うことにする。

井村ら[50]は、ROPに収録されていた3,258件の論文の内、野外運動種目区分の「その他」を除く「キャンプ、登山、スキー、水辺活動、氷雪活動、野外運動全般」の6領域の野外運動に関連する論文2,746件を対象に分析を行った。その結果をまとめると以下のとおりである。

①スキーが全体の約5割を占めていること、次いで、登山17％、キャンプ

表1-1. Resouces in Outdoor Pursuits(ROP)に収録されている論文の研究分野・活動分野別分類(1997〜2016年)

分 野	キャンプ	登 山	スキーSB	水辺活動	氷雪活動	野外全般	合 計	「野外全般」の内訳			
								野外教育	野外活動	環境教育	合 計
哲学	0	1	1	0	0	6	8	5	1	0	6
歴史学	4	18	49	1	0	9	81	9	0	0	9
社会学	4	7	9	6	0	10	36	6	4	0	10
心理学	122	13	21	14	0	43	213	26	17	0	43
教育学	17	1	1	13	0	59	91	25	25	9	59
生理学	18	22	18	10	0	13	81	3	10	0	13
バイメカ	0	1	47	7	0	1	56	0	1	0	1
健康管理学	4	2	0	1	0	0	7	0	0	0	0
経営学	0	0	3	3	0	2	8	0	2	0	2
方法学	47	5	78	42	3	81	256	36	34	11	81
安全管理	3	7	11	13	0	7	41	1	6	0	7
スポーツ医学	1	62	22	2	0	2	89	0	2	0	2
その他	559	389	553	162	1	845	2,509	497	279	69	845
合 計	779	528	813	274	4	1,078	3,476	608	381	89	1,078

14％と、これらで全体の8割を占めており、種目の偏りがみられる。②全体として研究部門の偏りがある。指導法に関する方法論部門、運動生理学部門が多く、全体の約半分を占める。③キャンプでは、心理学部門（36％）と方法論（41.7％）で全体の約8割を占めている。登山では、生理学とスポーツ医学で全体の8割を占めている。スキーでは、バイオメカニクス部門の研究が多く、生理学と、方法論で全体の8割を占めている。水辺活動では、他の種目に比べて、安全管理に関する研究が多い。野外運動全般については、広い分野から研究が試みられている。また、1980年代後半から、キーワードに「野外教育」を用いた研究が多くみられるようになったとしている。

　次に、1997年から2016年までのROPデータについて、同様にまとめた（表1-1）。野外全般に関する研究が1,078件と非常に多いので、その内訳を表の右側に示している。

　この20年間において、活動分野別の論文数の割合は、「野外運動全般」が11.9％から31.0％と約20％増加しており、逆に「スキー・スノーボード」は

表1-2．『野外教育研究』掲載論文および「日本野外教育学会大会」発表論文の分類と経年推移

分類項目	1997*	1998	1999	2000	2001	2002	2003	2004	2005	2006	2007	2008	2009	2010	2011	2012	2013	2014	2015	2016	合計	割合
参加者の心理効果	1	10	14	20	11	15	22	24	20	21	19	22	21	18	27	30	23	24	17	24	383	41.6
尺度開発	0	2	0	3	4	3	3	1	0	1	0	0	2	3	4	2	1	0	2	0	31	3.4
指導者・指導法	3	5	2	5	2	4	4	11	8	6	8	9	11	7	10	4	4	3	9	3	118	12.8
ハードスキル	0	1	7	0	1	3	0	1	2	1	0	0	1	0	0	0	0	1	0	1	19	2.1
哲学・歴史・理論	0	1	3	0	5	2	1	1	3	10	6	4	6	5	3	5	7	9	14	3	88	9.6
動向	2	4	7	3	4	4	6	2	5	2	10	8	5	9	6	6	5	2	1	0	87	9.5
環境保全	0	2	2	3	2	1	0	2	4	1	2	1	4	1	2	3	4	2	3	7	46	5.0
地域活性	0	0	0	3	0	0	4	2	1	3	4	0	2	1	1	3	1	1	3	7	35	3.8
実践報告	0	6	12	5	4	4	4	7	8	2	4	3	7	17	6	6	5	1	9	3	113	12.3
合計	6	31	47	42	34	36	44	52	47	49	53	53	58	59	61	56	46	44	64	38	920	100.0

＊：学会大会なし

48.0％から23.4％と約25％減少しているのが特徴的である。この増加した「野外運動全般」の内訳をみてみると、「野外教育」が56.4％と半数以上を占めている。また、研究分野別論文数の割合に関しては、「その他」の研究分野を除く論文数の割合では、「方法学」が29.1％から26.5％とあまり変化がなかったのに比べ、「生理学」が22.3％から8.4％と大きく減少し、逆に「心理学」が9.6％から22.0％と大きく増加していた。

ROPの分析から、近年野外教育に関する研究と心理学分野の研究が増加している特徴を確認した。次に、野外教育の研究動向について分析する。日本野外教育学会が編集している研究誌『野外教育研究』は、1997年から2016年までの約20年間に38冊が発刊され、123編の論文が掲載されている。また、日本野外教育学会が1998年から毎年開催している学会大会において発表された研究は797件である。これらの研究を、①参加者の心理効果、②尺度開発、③指導者・指導法、④ハードスキル、⑤哲学・歴史・理論、⑥動向、⑦環境保全、⑧地域活性、⑨実践報告、の全9領域に分類し、年度毎の発表件数の推移を検討した（表1-2）。

最も多い領域は、「参加者の心理効果」で383件（学会誌41件、学会大会342件）で全体の41.6％であり、次いで「指導者・指導法」118件（学会誌15件、学会大会103件、12.8％）、「実践報告」113件（学会誌9件、学会大会104件、12.3％）であった。これは、「野外教育において、どのような指導をすれば、ど

のような効果が得られるのか」という実践者の興味・関心をそのまま反映しているものと考えられる。野外教育における独自の効果をみるために、「尺度開発」に関する研究が31件（学会誌7件、学会大会24件）あり、件数は多くないものの、継続的に取り組まれている。

経年推移に関しては、全体として特徴的な変化をみることはできない。野外教育の詳細な研究動向に関しては、第2章以降において、研究方法毎にまとめられている。

上記のような野外教育に関する研究動向を踏まえ、今後の課題について検討することにする。

野外教育の定義や内容について、まだ共通認識がなされていない現状からすると、最初にあげられる課題としては、野外教育としての専門性を高める研究の推進とともに、野外教育の独自性を明確化するために関連領域との研究交流を通しながら、この両輪により野外教育を確立していく必要がある。具体的な課題として列挙すると、以下の課題があげられるであろう。

①野外教育を社会に認知してもらうために、野外教育の概念や対象領域に関する研究が必要である。また、諸外国の野外教育と比較検討しながら、日本の野外教育の特色について検討する必要もある。

②研究主体が体育分野に偏っているので、複合領域としての特性に基づき、関連分野と連携した研究が必要である。また、教育学としての価値を高めるために、教育学に関連する学会との交流と協同研究が必要である。たとえば、学校教育で実践されている集団宿泊学習、セカンドスクール、山村留学、通学合宿、農業体験学習、自然体験学習、社会体験学習、生活文化体験学習等について研究することにより、学校教育における野外教育の役割を明確にしていく。

③自然学校に代表される社会教育における野外教育の実践は、さまざまな広がりをみせている。ここでの研究課題を整理するとともに、実践と結合した研究の推進が必要である。たとえば、それぞれの実践事例を詳細に検討しながら、共通性と独自性を整理し、今後の野外教育の発展に役立つ資料を得ることも重要であろう。

④生涯学習社会、高齢化社会における野外教育のあり方についても研究していく必要がある。たとえば、自然環境における心身の健康増進、自然療法

など、今後の社会において益々求められていく課題に対して、野外教育の観点からどう取り組んでいくのか、貢献できるのか、検討する必要がある。

1.5. 野外教育研究の倫理と公正

1.5.1. 研究の倫理と公正

　近年、科学と科学者に対する厳しい目が注がれ、その信頼が揺らいでいる。その直接的な要因は、2011年の原発事故や2014年の論文捏造事件に求めることができよう。これらはいずれも、研究の倫理と公正にかかわる問題としてとらえることができる。優生学や核兵器開発といった科学や科学者の倫理が問われる問題は以前から存在し、論文をめぐる科学や科学者の公正が問われる問題も繰り返されてきている。研究の倫理と公正は、これからも問われ続ける問題であることを認識しなければならない。野外教育研究は扱う研究領域や研究対象が幅広い複合領域としての特性を有しているが、科学や研究全般が問われている倫理と公正の問題から逃れられるものではない。

　研究の公正は、研究者が所属する社会やコミュニティにおける約束事に照らして研究行動を問うものであり、約束事に従えば公正性が保たれる。これに対し研究の倫理は、より普遍的な次元から研究行動を問うものであり、倫理を保つうえでの明確な線引きはない。優生学や核兵器の研究開発は当時の社会において公正に行われたものであったが、倫理面からは厳しい批判の対象となった。倫理に反する公正に基づく研究の前例である。

　日本学術会議は、2014年に公表した『提言・科学と社会のよりよい関係に向けて－福島原発災害後の信頼喪失を踏まえて－』[51]のなかで、科学者自身が反省と自戒を踏まえて社会に相対する新たな姿勢として、「①科学は社会の中で生きる人間の行為としてあり、社会関係や人間の生き方の総体に大きな影響を及ぼす。科学者集団はそのことをよく自覚し、科学の成果についての社会的なコミュニケーションを促進すべきである。②科学者集団は追求している学術的成果がどのような政治的経済的利害関係にかかわっているのかについて、つねに自ら反省的に振り返るとともに、進んで他の分野や異なる立場の科学者集団や市民からの批判的検討を歓迎し、開かれた討議の場を設けることに積極的に取り組むべきである。」としている。野外教育研究の倫理と公正を確保するた

めには、後述する規定類に従うことが求められるが、その前提として研究者個人の倫理が問われていることを忘れてはならない。

1.5.2. 研究の倫理と公正に関する近年の動き

日本学術会議は、2006年に『声明・科学者の行動規範について』[52]を出した。同声明は、「科学者が、社会の信頼と負託を得て主体的かつ自律的に科学研究を進め、科学の健全な発展を促すため、科学者個人の自立性に依拠する、すべての学術分野に共通する必要最小限の倫理規範」とし、科学者の遵守すべき事項として、科学者の責任、科学者の行動、自己の研鑽、説明と公開、研究活動、研究環境の整備、法令の遵守、研究対象などへの配慮、他者との関係、差別の排除、利益相反の11項目をあげている。その後、2013年の改訂版[53]では、科学コミュニティ内に閉じていた行動規範を社会との関係性の上に置きなおしたうえで、社会的期待に応える研究、科学研究の利用の両義性、公正な研究、社会のなかの科学、法令の遵守に関する記述が書き加えられている。

このような日本学術会議の動きを追って、文部科学省と厚生労働省は2014年に『人を対象とする医学系研究に関する倫理指針』[54]を公表した。同指針は、①社会的および学術的な意義を有する研究の実施、②研究分野の特性に応じた科学的合理性の確保、③研究対象者への負担並びに予測されるリスクおよび利益の総合的評価、④独立かつ公正な立場に立った倫理審査委員会による審査、⑤事前の十分な説明および研究対象者の自由意思による同意、⑥社会的に弱い立場にある者への特別な配慮、⑦個人情報等の保護、⑧研究の質および透明性の確保、を基本方針とし、研究計画やインフォームド・コンセント、個人情報など、すべての関係者が遵守すべき事項について定めたものである。なお、同指針には2015年に『人を対象とする医学系研究に関する倫理指針ガイダンス』[55]が出され、指針における個別の規定の解釈や具体的な手続きの留意点等が解説されている。

医学研究に関しては、第2次世界大戦中の人体実験に対する倫理的な反省に基づいて世界医師会が1964年に作成した『ヘルシンキ宣言』[56]がある。同宣言の「医学研究の主な目的は新しい知識を得ることであるが、この目標は個々の被験者の権利および利益に優先することがあってはならない。」などとする考え方は、『人を対象とする医学系研究に関する倫理指針』にも引き継がれており、

野外教育研究にも広く適用されるべきものである。

この他、文部科学省は 2014 年に『研究活動における不正行為への対応等に関するガイドライン』[57]を公表している。同ガイドラインは、研究活動における不正行為を「研究者倫理に背馳(はいち)し、研究活動や研究成果の発表において、その本質ないし本来の趣旨を歪め、科学コミュニティの正常な科学的コミュニケーションを妨げる行為にほかならない。」と指摘し、後述のような具体的な不正行為をあげている。

日本野外教育学会は、日本学術会議が科学者の行動規範に関する声明を出した翌年の 2007 年に『研究倫理規定』[58]（以下学会倫理規定）を定めており、野外教育研究に対して倫理と公正が明示的に求められることとなった。

1.5.3. 野外教育研究の倫理と公正

研究の倫理と公正は、研究の着想から実施、成果の発表にいたるすべての過程、すべての研究対象において確保されなければならない。学会倫理規定が示しているように、野外教育研究が人間および自然を対象として行われるものであることから、野外教育研究においては、人間とともに自然も研究の倫理と公正の対象となることに留意する必要がある。

野外教育研究の倫理と公正について具体的に考えるために、便宜的に社会、研究コミュニティ、研究対象の3つの視点から研究の倫理と公正について考えることとする。なお、ここに記述する内容は、野外教育研究全般に関するものであるが、野外教育研究に用いられる各種研究法には、それぞれの特徴に応じた倫理と公正にかかわる留意事項等がある。本書の各研究法について記載されている内容を参照してほしい。

1）社　会

研究が行われるとき、そこには何らかの社会資源が投入されている。大学や研究機関で行われる研究には公的な資金や人材が投入されるが、企業や団体で行われる研究にも何らかの資金や人材が投入される。研究に対してこれらの社会資源が投入されるのは、社会から研究に対して信頼や期待が寄せられるからである。したがって、研究を行う者には、その立場にかかわらず社会から研究に寄せられている信頼と期待に応える義務がある。なお、研究に対して資金や人材を投入する側に常に倫理が確保される保証はない。先に指摘したように、

倫理に反する公正に基づく研究には前例がある。野外教育研究がその轍を踏むことがないよう、心に刻んでおきたい。研究の倫理は研究を行う各個人に帰するものである。

　研究を行う者の周辺には、経済的あるいは人間関係的な利害関係が存在する。研究と利害関係とが相反し衝突する状態（利益相反）が生じると、研究の方法や結果をゆがめる要因になり得る。利益相反の下で研究を行うことは避けなければならない。野外教育研究においては、研究者と実践者の間に複雑な利害関係が存在する場合が少なくないので、利益相反の発生に細心の注意を払う必要がある。

2）研究コミュニティ

　研究コミュニティは大学や研究機関、学会、研究会などのなかに形成されている。研究コミュニティは、組織の力ではなく研究者相互の信頼関係によって成立する。研究や研究者に対して寄せられる信頼も、研究コミュニティにおける研究者相互の信頼関係に起因する。研究成果の公表過程における審査や倫理規定等の施行は、研究コミュニティ内外の信頼性を確保するための方策である。

　研究の倫理と公正にかかわる規定類に記載されている捏造、改竄・偽造、盗用・剽窃は代表的な不正行為として知られるものである。『研究活動における不正行為への対応等に関するガイドライン』[57]は、「存在しないデータ、研究結果等を作成すること」を捏造、「研究資料・機器・過程を変更する操作を行い、データ、研究活動によって得られた結果等を真正でないものに加工すること」を改竄、「他の研究者のアイディア、分析・解析方法、データ、研究結果、論文または用語を当該研究者の了解又は適切な表示なく流用すること」を盗用としている。これらは、いずれも研究を行う者が決して犯してはならない不正行為である。

　同ガイドラインが、「他の学術誌等に既発表または投稿中の論文と本質的に同じ論文を投稿する二重投稿、論文著作者が適正に公表されない不適切なオーサーシップなどが不正行為と認識されるようになってきている。」と指摘しているように、二重投稿や不正なオーサーシップも行ってはならない不正行為である。このような意図的な不正行為の他に、間違いや手抜きによって発生する問題もある。たとえば、他の文章を引用する際に適切な表示を怠れば、それが間違いや手抜きによるものであっても盗用とみなされるので、結果的には意図

的な不正行為と変わらない。間違いや手抜きも犯してはならない。

3）研究対象

前述のように、野外教育研究は人間と自然を研究対象としており、人間と自然に対する倫理と公正が求められる。しかしながら、倫理と公正を確保するための具体的な対応については、人間を対象とする研究を対象として整理されている。たとえば、『人を対象とする医学系研究に関する倫理指針』[54]に直接該当する野外教育研究は限られるが、人間を研究対象として操作や介入を行う野外教育研究は少なくない。同指針に記載されている研究者等の責務や研究計画書、倫理審査委員会といった研究倫理を担保するための枠組、インフォームド・コンセントや個人情報の扱いなどに関する具体的な手続きは、野外教育研究においても準用あるいは参考にすべきものである。

自然を研究対象とする場合の倫理と公正の確保については、学会倫理規定をはじめ、具体的な考え方や対応について十分整理されているとはいえず、環境倫理等の観点から検討、整理していく必要がある。当面は人間を対象とする研究における対応を参考にしながら慎重に対応していくことが求められる。

1.5.4. 野外教育研究を行う際に遵守・参照すべき規定類

日本野外教育学会の会員は、野外教育研究を行うに際して学会倫理規定[58]を守ることとされている。学会倫理規定は、研究によって得られる利益（研究対象者、社会、自然）と危険性のバランス、研究費の適正使用、研究協力者への説明と同意、個人情報保護、調査および実験結果の改竄、成果発表の適正性（引用、二重投稿等）、権力行使の適正性（差別、セクシャルハラスメント、中傷）などの野外教育研究を行う際に必要な諸問題を取り上げているので、まず遵守、参照すべきものである。なお、学会倫理規定のみならず関係する規定類や図書を参照し、倫理と公正の水準を保つことも重要である。

この他、大学や研究機関などに所属している研究者や学生は、所属組織が定める規定類を遵守しなければならない。研究の内容が該当するか否かを確認し、必要があれば審査等必要な手順を踏まなければならない。なお、野外教育研究を行う者は誰であれ、研究の倫理と公正が求められていることを忘れてはならない。大学や研究機関に所属していない者であっても、学会倫理規定などに従うことが実施する研究の倫理や公正の確保につながる。

この他、前掲の『声明・科学者の行動規範-改訂版-』[53]、『人を対象とする医学系研究に関する倫理指針』[54]、『人を対象とする医学系研究に関する倫理指針ガイダンス』[55]、『研究活動における不正行為への対応等に関するガイドライン』[57]は、学会や研究組織の研究倫理規定等の基礎となっている。野外教育研究には幅広い研究対象や研究法が想定されることから、これらにも目を通しておきたい。

　上述の規定類は、特に学生など初めて研究に向き合う者にとっては、必ずしもわかりやすいものではない。研究活動の各場面において、具体的にどのような点を考え対応すべきなのかを示した図書などを参照することを勧めたい。たとえば、米国科学アカデミーによる『科学者をめざす君たちへ-科学者の責任ある行動とは-第3版』[59]は、同アカデミーが1989年に刊行した初版に改訂を重ねたものであり、野外教育研究の倫理と公正を理解し実践するために必要な事項についてわかりやすい解説が載っている。インターネット上で英語版の原書『On Being a Scientist: A Guide to Responsible Conduct in Research』[60]をダウンロードできる。

📖 引用文献・参考文献

1）江橋慎四郎（1969）：野外教育、杏林書院．
2）Eells, E.（1986）：Eleanor Eells' History of Organized Camping: The First 100Years, American Camping Association, 128-129.
3）Hammerman, W.M.（1980）：Fifty Years of Resident Outdoor Education, American Camping Association.
4）Sharp, L.B.（1930）：Education and the Summer Camp: An Experiment, Teachers College, Columbia University.
5）星野敏男（1986）：アメリカにおける野外教育の歴史と展望、レクリエーション研究、16：62-69．
6）Sharp, L.B.（1943）：Outside the classroom, The Educational Forum,7（4）：361-368.
7）Sharp, L.B.（1948）：Why outdoor and camping education? The Journal of Educational Sociology, 21（5）：313-318.
8）坂本卓二（2003）：フリースクールの歴史、日本私学教育研究所紀要、38（1）：155-181．
9）渡邊隆信（2000）：田園教育舎運動の史的再構成-「ドイツ自由学校連盟」の創設と活動に着目して-、教育学研究、67（3）：322-332．

10）Hammerman, D.R., Hammerman, W.M., Hammerman, E.L.（1985）: Teaching in the Outdoors, Third Edition, The Interstate Printers & Publishers, Inc.
11）Hammerman, D.R., Hammerman, W.M., Hammerman, E.L., 日本野外教育研究会監訳（1989）: ティーチングインザアウトドアーズ－なぜ教室の外で学ぶのか－、杏林書院.
12）Donaldson, G.E., Donaldson, L.E.（1958）: Outdoor education: a definition, Journal of Health,Physical Education and Recreation, 29（17）: 63.
13）Priest, S.（1986）: Redefining outdoor education: a matter of many relationship, Journal of Environmental Education, 17（3）: 13-15.
14）青少年の野外教育の振興に関する調査研究協力者会議（1996）: 青少年の野外教育の充実について（報告）、文部省.
15）小森伸一（2010）: 野外教育理論の再考Ⅰ－「三大学習観点」の提言から－、東京学芸大学紀要芸術・スポーツ科学系、62：39-46.
16）小森伸一（2011）: 野外教育理論の再考Ⅱ－その特性：基本構造（構成基礎要素：教材・教育の場・教育方法）の観点から－、東京学芸大学紀要芸術・スポーツ科学系、63：31-44.
17）Bettty van der Smissen（1997）: 野外教育の過去・現在・未来、野外教育研究、1（1）: 3-18.
18）高嶺秀夫先生記念事業会（1987）伝記叢書5、高嶺秀夫先生伝、大空社.
19）――（1886）: 高等師範学校生徒第二回修学旅行概況、東京茗溪会雑誌、47：3-27.
20）――（1889）: 長野縣尋常師範學校生徒第三脩學旅行概況、信濃教育会雑誌、36（付録）: 1-49.
21）井村仁（2006）: わが国における野外教育の源流を探る、野外教育研究、10（1）: 85-97.
22）師岡文男（2007）: 日本における青少年組織キャンプ開始年について　学習院キャンプの始まりを探る－、日本野外教育学会第10回大会プログラム・研究発表抄録集、54-55.
23）学習院輔仁会（1892）: 転地水泳彙書、第2回、学習院輔仁会、明25「学習院輔仁会雑誌、18（附録）、転地水泳演習（明治25年7月29日-8月25日）の報告書.
24）学習院輔仁会（1893）: 転地水泳彙書、第3回、学習院輔仁会、明26「学習院輔仁会雑誌、26（附録）.
25）学習院百年史編纂委員会（1981）: 学習院百年史、学校法人学習院.
26）酒井哲雄（2002）: 戦後の日本YMCAキャンプの流れとその系譜-1945年以降より－、サイエンスプレス.
27）梅田利兵衛、長谷川純三、野沢巌、山田誠、東原昌郎、土井浩信（1971）: 学校における野外活動-大正時代の林間学校－、日本体育学会第22回大会大会号、48.

28）山田誠（1973）：明治・大正期における林間学校について、東京教育大学大学院体育学研究科修士論文.
29）鵜飼盈治（1923）：日本アルプスと林間学校、同文館.
30）山本正身（2014）：日本教育史－教育の「今」を歴史から考える－、慶應義塾大学出版会.
31）成城学園澤柳政太郎全集刊行会編（1979）：澤柳政太郎全集4、国土社.
32）橋詰良一（1928）：家なき幼稚園の主張と実際、東洋図書.
33）米津美香（2014）：橋詰良一の「家なき幼稚園」構想－幼児期における自然との関わりに関する一考察－、保育の実践と研究、19（2）：56-67.
34）文部省（1951）：社会体育指導要項、文部省.
35）栗本義彦（1952）：米國の学校キャンプ理念と傾向、体育の科学、2（7）：256-260.
36）川口頼好、西田剛（1961）：スポーツ振興法－逐条解説－、柏林書房.
37）文部省中央教育審議会答申（1996）：21世紀を展望した我が国の教育の在り方について（第一次答申）、平成8年7月19日、文部省.
38）青少年の野外教育推進全国会議実行委員会（1998）：平成9年度野外教育全国フォーラム報告書、文部省.
39）飯田稔（2002）：野外教育の新たなる挑戦、平成13年度年度主催事業「青少年野外教育全国フォーラム」報告書、国立オリンピック記念青少年総合センター事業課、1-5.
40）井村仁、橘直隆（2002）：野外教育における実践と研究、前掲書[39]、38-40.
41）伊藤俊夫、森田洋、西田真哉、坂入宣成、星野敏男（2002）：野外教育の課題と今後の方向性、前掲書[39]、41-45.
42）飯田稔（2012）：野外教育の定義と体系化、野外教育研究、15（1）：1-10.
43）文部科学省生涯学習審議会（1999）：生活体験・自然体験が日本の子どもの心をはぐくむ－青少年の［生きる力］をはぐくむ地域社会の環境の充実方策について－、文部科学省.
44）国立オリンピック記念青少年総合センター（2006）：平成17年度青少年の自然体験活動等に関する実態調査、国立オリンピック記念青少年総合センター.
45）国立青少年教育振興機構（2014）：青少年の体験活動等に関する実態調査報告書－平成24年度調査－、国立青少年教育振興機構.
46）自然学校全国調査委員会編（2011）：第5回自然学校全国調査2010調査報告書、公益社団法人日本環境教育フォーラム.
47）日本野外教育学会（2017）：歴代会長インタビュー、日本野外教育学会20周年記念誌、日本野外教育学会、12-28.
48）Denise Mitten（2017）：For The Future of the Outdoor Education、日本野外教育学会第20回記念大会国際シンポジウム.

49）星野敏男（2015）：巻頭言－第7期理事会の3年間をふりかえって－、日本野外教育学会ニュースレター、70（Vol. 18、No. 3）：2-3.
50）井村仁、橘直隆（1997）：野外運動に関する研究論文データベースの作成と研究動向の分析、野外教育研究、1（1）：33-44.
51）日本学術会議（2014）：提言・科学と社会のよりよい関係に向けて－福島原発災害後の信頼喪失を踏まえて－、（www.scj.go.jp/ja/info/kohyo/pdf/kohyo-22-t195-6.pdf、参照日：2017年3月3日）.
52）日本学術会議（2006）：声明・科学者の行動規範について、（http://www.scj.go.jp/ja/scj/kihan/、参照日：2017年3月3日）.
53）日本学術会議（2013）：声明・科学者の行動規範－改訂版－、（http://www.scj.go.jp/ja/scj/kihan/、参照日：2017年3月3日）.
54）文部科学省、厚生労働省（2014）：人を対象とする医学系研究に関する倫理指針（2017一部改正）、（http://www.mhlw.go.jp/file/06-Seisakujouhou-10600000-Daijinkanboukouseikagakuka/0000153339.pdf、参照日：2017年10月18日）.
55）文部科学省、厚生労働省（2015）：人を対象とする医学系研究に関する倫理指針ガイダンス（2017一部改訂）、（http://www.mhlw.go.jp/file/06-Seisakujouhou-10600000-Daijinkanboukouseikagakuka/0000166072.pdf、参照日：2017年10月18日）.
56）World Medical Association、日本医師会訳（1964）：ヘルシンキ宣言、（http://www.med.or.jp/wma/helsinki.html、参照日：2017年3月14日）.
57）文部科学省（2014）：研究活動における不正行為への対応等に関するガイドライン、（http://www.mext.go.jp/b_menu/houdou/26/08/__icsFiles/afieldfile/2014/08/26/1351568_02_1.pdf、参照日：2017年3月14日）.
58）日本野外教育学会（2007）：研究倫理規定、（http://joes.gr.jp/?page_id = 33、参照日：2017年3月3日）.
59）米国科学アカデミー編、池内了訳（2010）：科学者をめざす君たちへ－科学者の責任ある行動とは－第3版、化学同人、116.
60）Committee on Science, Engineering, and Public Policy, National Academy of Sciences, National Academy of Engineering, and Institute of Medicine（2009）: On Being a Scientist: A Guide to Responsible Conduct in Research: Third Edition, The National Academies Press,（http://biblioteca.ucv.cl/site/colecciones/manuales_u/12192.pdf、参照日：2017年3月14日）.

第2章 歴史・哲学的研究法（文献研究）とその成果

2.1. 文献研究法を用いた研究

2.1.1. 文献研究法とは何か

文献研究法とは、ある研究テーマに関して、既存の文献情報を元にまとめる文献研究を論文作成上の方法とするものである。英語表記では、literature review（s）とするのが一般的とされ、「文献レビュー」とも称される[1]。

1）論文とは何か－論文の定義・要件・種類－

（1）論文の定義

論文とは、字義のごとく「論議する文章」である[2]。それは、ある特定のテーマについての取り組みを通して得られた研究成果について、客観的根拠に基づき論理的に構成された著作である[3,4]。

一般的に研究とは物事をよく調べかつ深く考えてその事実を明らかにし、真理を知り極めることであり、またその内容を意味している[5,6]。このように、広く解釈すれば個人的な趣味で行われる取り組みも一種の研究といえる。しかしここでいう研究とは、自然科学、社会科学、人文科学など、広く認知されてきた学問分野で扱われる科学的手法に基づく学術研究を指す。

その「科学」の意味は多義であるが、ここではアインシュタイン博士が言及した「無秩序で多様なわれわれの感覚的な経験を、統一された論理的思考のシステムに対応させる試み。（p.8）」[7]という解釈をふまえて考えてみたい。そしてこの指摘に従えば、学術論文はある事実や考えなどについて、自分本位の主観的な主張を単に示すのではなく、他者も理解し共用できるようにすることが求められる。それゆえ学術論文は、可能なかぎりの客観的根拠および方法を通して証明が試みられる論理的文章であることが肝要となる。

そして、このような学術研究の究極の目的は、先行する研究によって蓄積されてきた知識体系に、それまで明らかにされていなかった事実に関して当該研

第2章　歴史・哲学的研究法（文献研究）とその成果

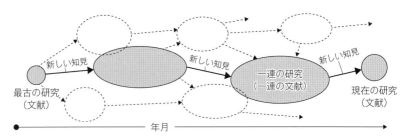

図2-1．学術研究の目的と発展するプロセス（大木、2013[11]）

究によって意味あるものをつけ加えることである。すなわち、何らかの「新しい知見（ノイエス）」（新規性）を得ることとされる[8,9]（図2-1）。

　以上をふまえ、本書では論文について次のように定義する。「学術上のある特定のテーマ（課題）について、科学的手法（事実や理論に基づいて十分な客観的根拠をあげながら主張や証明が展開される）を基盤とする学術的研究によって得られた成果（何らかの「新しい知見」）を、論理的な構成を通して説明される著作である。」

　このような言語化された学術論文において、研究者が自らのテーマについて研究し、そこで得られた成果（知見）が公表されるのである。そのような論文を通して、研究者同士は成果を共有する。研究成果の公表ということでは学会での口頭発表もあるが、それは一過性のものとなるため、学術的な知的財産とはならない。それゆえ、論文は誰もが活用・評価できる文章化（知識化）されることが重要条件となる。そのように言語化されることで、続く研究上の参考資料としての文献となるのである。なお、学会発表時の発表内容を要約したものを「抄録（abstract）」という。あくまでも要約であるため、概要理解のためにしても、論文中の援用資料としては直接の対象にしないのが一般的である[10]。

（2）論文の要件

　論文に必要な条件を考えるにあたっては、「論文ではない質の文章」に代表される「『作文』とは何か」という逆の発想から捉えてみるのが有効であろう。「作文」は、自分自身の経験したことや感じたことについての考えや意見を記す文章である。いわば、「作文」は出来事や感想を中心とする主観的で随想的な記述となり、日記、エッセイ（随筆）、ブログなどの文章がその例としてあげら

図2-2. 論文と作文の違い(桑田、2015[13])

れる[12]。そこで、「論文」と「作文」との違いを考えてみると、「科学的な手法に基づく文章(客観的根拠に基づく主張や説明文)」、「何らかの『新しい知見』を提示している文章」、「全体が論理的な構成」などといった点を指摘できるであろう。それら双方の違いを示した簡略図が図2-2[13]となる。

このようなことをふまえ、より具体的な論文の要件として以下に4要素[14]をあげ、簡潔に説明してみたい。

①問題提起(目的の提示):論じ明らかにしようとするテーマ(課題)について示している。論文の冒頭にて、主として研究(論文)の目的として提示されることが多い。

②客観的根拠に基づく説明:①での課題を遂行するために明確にしようとする点(論点・仮説、など)の正しさや妥当性について、信頼できるデータや理論を取り上げつつ考察し、論説・論証されている。論文の中核をなす。

③知見(主張・結論)の提示:上記①での課題(目的)に対する答え、すなわち、明らかになった結論としての知見(主張)を明確に示している。論文の結びにおいて提示される。

④信頼できるデータ・理論の出所明記:上記②の論説プロセスにおいて、援用したデータや理論の信頼性を証明する出典が明らかにされている。参考文献・資料や文献表として、脚注または論文の最後に補足的に示される。

2) 先行研究の文献レビュー

先行研究とは、設定する論文のテーマ(目的)と密接な関係のある過去の研究のことである。その先行研究が掲載された文献をレビューすることは、文献となった先行研究を概観し、(再)検討することである。

レビュー対象となる文献とは、各学問分野によってその意味や種類は異なるが、一般的には研究上の参考資料となる言語化された著作物のことである。そ

表2-1. 文献の種類と文献レビューの役割(大木、2013[15])

文献の種類	検討対象として	情報源として	引用対象として
原著・学術誌・資料	○	○	○
総説論文	△	○	○
抄録	×	△	△~×
インターネット情報	×~△	×~○	△

○:適する △:場合による ×:適さない

れらは学術雑誌に掲載されている研究論文や、学術書・専門書などの書籍類が中心に扱われるが、新聞や一般向け(科学)雑誌、その他の媒体も文献になり得る。近年ではインターネットの普及に伴い、論文も含めて、電子媒体として得られる文献(資料)やそこからの情報やデータも資料となる。

　冊子体、電子媒体、インターネット上での情報のいずれの場合であっても、重要なのはレビュー対象とする文献の質である。たとえば「学術雑誌に掲載された論文なのか」「査読付きの論文か」「著者または出版元・発信元の属性」「出典元が信頼できかつ明記されているか」などの観点を判断基準にできるであろう。学術論文においてレビュー対象とする文献は、その援用時も含めて、そのような質について十分留意することが大切である。とくに、インターネット上で簡単に情報が入手できる現代においては、可能な限り質の高い文献の意識的な選定が必須である。なお、論文類を含む主たる文献の種類とそのレビューの役割について表2-1に整理した[15]。

　このような先行研究の文献レビューは、どのような研究であっても多かれ少なかれ必ず行わなければならない研究上のプロセスである。その理由には、以下のような点があげられるであろう[16]。

①自分の研究テーマが、過去の研究とどのような関係にあるのかを認識することで、そのテーマの現在の位置づけを知ることが可能となる。また、そうすることでその研究の取るべき方向性(扱う手法・内容、など)についても明確にすることができる。

②たとえ独創的な研究テーマが浮かんだと自身で思っても、先行研究を実際に確認しなければ、その考えが本当にそうなのか、どの程度そうなのかについての正確な真偽はわからない。しかし、上記①について認識すること

で、自分の発想が過去の研究と比べて「どこが違うのか」について理解できる。このことは、自分の研究がこれまでの研究では扱われてこなかった「取り上げる価値あるテーマ」であることを示すことになる。
③上記②の先行研究との差異を認識かつ提示することは、自らの研究の「独創性」や「新規性」を示すことにも通じ、そのような性質の研究によって、成果としての「何らかの新しい知見」を得ることにつながっていく。このことは、これまで蓄積されてきた知識体系に「新たな知見を積み上げる」という学術研究の最終目的となる点においても欠かせない。

3）総説論文

文献研究の一形式として「総説論文」がある。英語表記では「review article」とされることから、日本語でも「レビュー論文」と称されることもある。総説論文の主たる目的は、特定の研究分野およびテーマ（課題）に関する論文などの先行研究を収集して要約し、体系立ててまとめ分析することを通して、その着目した分野や課題についての整理や評価を行うことである。

このように、総説論文によって、ある研究領域を俯瞰して捉えることができるため、それを参照することによって次のような利点があるとされる[17]。
①着目する研究領域の主要な研究者などを知ることができる。
②当該分野における、より最新の進展や導き出された知見（発見内容）を把握することができる。
③課題に対しての研究デザインやアプローチ（手順・手法など）について理解するとともに、それらの有効性や成熟度について確認できる。
④着目する研究分野や課題において、これまでにどのような研究テーマが扱われ解決されてきており、一方で何がそうでないかという全体的な傾向や概要を捉えることができる。
⑤上記④に関連して、特定の研究テーマについての重要な空白部（無着手な点）が明確となり、次に取り上げ解決すべきテーマが浮き彫りとなることで、今後にむけた新たな研究課題を見いだすことができる（着目分野の研究を手がけるうえでの展望（指針・方向性）を得ることができる）。
⑥以上のことにより、着目する研究分野および課題についての現状を多角的に把握することにつながり、より最新で幅広い有効な情報（あるいはデータベース）として活用できる。

表2-2. 研究法の分類（大区分として）

主に研究の目的を視点にした分類		研究アプローチによる分類	
量的	収集データを数量的に分析し観察された事象から一般的法則を導き出す。	実験	ある事象を、人為的な条件を設定し、実験によって得られた結果を分析する。
質的	個別事例において観察された事象から物事の本質をとらえる。	調査	観察、アンケート、面接などで得た資料を分析する。上のような人為的設定はしない。
文献	既出理論を取り上げ、論考・論証を通して言説された新たな概念（知見）を得る。	文献	文献上の既出の知見（理論・概念、など）を資料として主題について分析する。

4）独立した研究論文としての文献研究

　前述した「文献レビュー」、「総説論文」に加え、それ自体が一つの論文として書かれ、独立した出版物となる「文献研究」の形がある。

　本項で取り上げる独立した一つの論文形式としての文献研究（法）は、大きな区分で捉えた場合、量的研究と質的研究にならぶ代表的な研究方法の一つである。概して、量的研究は実験やアンケート調査などよって収集したデータを数量的に分析し、観察された事象について一般的法則を見いだすことを目的とする。一方で、質的研究は個別事例において観察された事象から物事の本質を捉えることが目的となる[18]。これらに対して、文献研究は既出の理論やデータを取り上げつつ主題についての論考を通して、何らかの言説された新たな概念（知見）を導き出すことが目的となる（表2-2）。

　また、視点をかえて研究アプローチ面（分析手法・扱うデータなど）に目を向けると、大別して、文献研究法は後述する調査研究法、実験研究法にならぶ研究法の一つとしてもみてとれる。実験研究法（experimental study）は、特定の事象・現象を、実験群（experimental group）・統制群（control group）といった人為的な設定条件のもとで、ある装置・道具を用いた実験によって得られる結果を分析する。一方、調査研究法（survey）は、観察、検査、アンケート、面接などによって得られた資料を分析し、実験研究法のような人為的条件は設定しない[19]。そして、文献研究法は、前述のとおり先行研究による文献上の既出の知見（理論・概念など）を資料として主題について分析する（表2-2）。

　このような文献研究（法）における目的については、下記のような5分類があげられている[20]。

　①新たな理論の構築

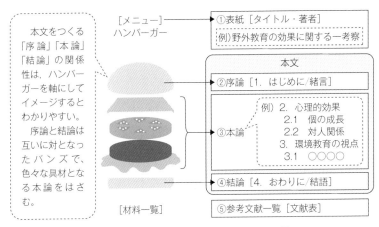

図2-3. 論文構成のイメージ(桑田、2015[21])

②既存理論の妥当性の評価
③研究状況の概説:特定の現象についてどこまで明らかになっているか
④問題点の指摘:仮説上の解決策やその分野における難しさ
⑤研究の歴史的意義:その影響や欠落点

そして、この文献研究法における主なアプローチとして、「哲学的研究法」と「歴史的研究法」による二つがあげられる。それら各研究法についての詳細は後述する別項を参照されたい。

2.1.2. 文献研究法における基本的手続き
1) 論文の構成 (テーマ・問題設定、本文の組立て方)

論文の構成[21, 22]は、「①表紙(タイトル・著者)」「②序論」「③本論」「④結論」「⑤参考文献一覧」の5要素からなる(上掲「論文の要件」に対応)。図2-3のように、その本文を形成する「序論・本論・結論」部をハンバーガーになぞらえて考えると有効である[21]。

① 表紙(タイトル・著者):どの論文においても、そのタイトル(表題)と著者名を明記する。特にタイトルは、論文の主内容や論点がわかるように、そのキーワードを盛り込み、より具体的に提示するように考慮する(下例を参照)。そのために、必要に応じて副題を付けるのも効果的である。

　　　　例：(×) 野外活動の指導法について
　　　　　　(○) 野外活動の効果的指導法とその課題
②序論（問題提起）：論文の「問い～取り組む課題（テーマ）は何か」、つまり、論文の目的を明示する。なぜそのテーマを取り上げたのか、何が問題なのか（研究の背景／問題の所在）などの点や、着目テーマに関する先行研究を示しつつ自身の論文の位置づけ（独創性／新規性）を明確にする。
③本論（考察：論考・論説・論証）：テーマに対する仮説や自らの考え・主張について、客観的根拠を示しつつ考察（論考・論説・論証）を展開する。
④結論（知見／主張提示）：これまでの考察プロセスを通して、テーマについてわかったこと（解決事項）や、導き出された新たな知見（発見事項）を整理し、最終的にもう一度主張をまとめる部分になる。また、今回の論文で解決できたことと、そうでないことを明確にしたうえで、さらに関連テーマにおけるこれからの課題や展望についても提示するのが望ましい（研究の限界と今後の課題）。
⑤参考文献一覧（文献表）：文中にて引用した文章や参考にした「文献」情報の出典を、論文末尾にすべて明記する。当該論文が単なる自身の感想（作文）でないことや、盗用・剽窃でないことを証明するために必ず記載する。

2）注釈・引用・文献表

「注釈・引用・文献表（参考文献一覧）」[23,24]の3項目は互いに密接に関連し、すぐ上で指摘したように論文を構成するうえで不可欠な要素である。しかし、その表記法は専門分野によって異なるため各分野の方式に従う。

①注釈の表記：下記の2通りがある。下線は「文献表」の作成に関連。
・バンクーバー方式（引用順方式）：本文の引用・参考箇所や補足説明をする箇所に連番で表記する方法。番号は「○[1)]、×[(1)]、△[1]」のように、小さな数字を文字の右肩に付け（括弧の付け方は全文で統一）、<u>脚注または後注（章末・巻末・論文最後、など）にその通し番号順に一括して記述する。</u>
・ハーバード方式（挿入方式）：引用・参考箇所に括弧 () を挿入し、そのなかに「著者名、出版年、該当ページ／例：（小森、2016、pp.2-4）」のように記載し、<u>論文最後に「著者名・発行年順」にまとめて列挙する。</u>なお、注釈については該当箇所に小さな数字を右肩に連番で付け（例：

〇〇[1])、脚注にて表記する。
②引用の表記法：「直接引用」と「間接引用」の2種類がある。
直接引用：引用したい部分をすべてそのまま抜き出し「　」をつける。
　［短文の場合］

> 小森（2016）は「〇〇は～である（p.24）」と定義している。「〇〇は～である」と定義されている。（小森、2016、p.24）

　［長文の場合］引用部の前後（上下）は1行空け、引用部すべての行頭を2
　　　　　　　～4文字下げることで、引用範囲を独立させて明確にする。

> 小森（2016）は、野外教育について次のように述べている。
> 　　　　　　　　　　　　　　　　　　　｝1行分空ける
> ←2～4字分→六感を伴う直接体験による学び（体験学習）に基づく野外教育は、全人的な成長を促すより実際的な学習の方法、内容、機会になると期待されている。それゆえ、その教育は「生きる力」を育む教育実践として考えられる。（p.8）
> 　　　　　　　　　　　　　　　　　　　｝1行分空ける
> この見解は、・・・・・・・・・・・・・・

間接引用：引用したい部分を要約して使う

> ・その指導法には3つの原則がみられる。（小森、2016、p.8）
> ・小森（2016）によると、その指導法には3つの原則があるという。（p.8）

　以上の引用の方法については、ハーバード方式で例示したが、バンクーバー方式は、上例のように単に引用箇所に小さな数字を連番で右肩付けする。
　なお、これまでに例示した該当ページ数を表す「p.〇／pp.〇-〇」の「p」については、記載しないで数字のみとする場合もある。また「p〇」のように、「p」の後に「.」を付けない形式もある（各分野による）。
　③文献表（参考文献一覧）の作成：前記①の各形式に沿って参考文献一覧となる文献表を論文末尾に作成する。諸種文献の表記法の代表的なものに、APA（American Psychological Association：アメリカ心理学学会）スタイル、MLA（Modern Language Association of America：米国現代語学文学協会）スタイルなどがある。日本では、科学技術振興機構（JST）が「SIST02」という引用・

表2-3. 接続表現の役割と種類(石井、2011[25])

理由の提示	なぜなら、というのも、・・・ので
具体例の提示	たとえば、例をあげると
結果・帰結	したがって、ゆえに、そこで、そのため
逆接・対照	しかし、ところが、・・・のに、・・・だが
まとめ・言い換え	つまり、要するに、すなわち
補足・注意の喚起	また、さらに、それに加え、なお、ただし
話題の変更	さて、ところで、その一方で、それでは

表2-4. PREP法

◆	①Point	【要点・結論】	"Reason"の部分では、「内容のカウント予告」をするのが有効。(例)「その理由は3つある。まず〜である。次に〜である。そして〜である。」
	②Reason	【理由】	
	③Example	【具体例・データ】	
▼	④Point	【要点・結論】	

参考文献の記載方法を提示している。一方で、各専門分野(学会)によっては、それらのスタイルを基準としつつ独自形式を取っている。日本野外教育学会もその一例で、代表的な書誌については下例のようになる。

　[書籍]著者氏名(発行年、西暦):書名、発行所名、発行地、始めの頁-終わりの頁.
　　(例)野外花子(1998):野外教育、野外教育出版社、東京、24-28.
　[雑誌]著者氏名(発行年、西暦):題目、掲載雑誌名、発行所、巻号:始めの頁-終わりの頁.
　　(例)野外真(1997):野外教育の効果に関する研究、野外教育研究、日本野外教育学会、第4巻第2号、2-18.

3) 接続語・接続表現による文の論理的結合

「さらに」「すなわち」「〜だが」などの接続語を使った接続表現は、文と文および語句同士をつなぎ、両者の前後関係を明確にする機能がある[25]。それゆえ、接続表現を活用することで、主張内容をより論理的に伝えるのに有効となる。表2-3は、代表的な接続表現である。また、ある一つの話題を論理的に説明するときには「PREP法(Point, Reason, Example, Point)」(表2-4)を意識するとよい。そして、その各ステージを接続表現でつないで説明すること

によってより論理的かつわかりやすい表現にすることができる。

2.1.3. 歴史的研究法とは何か：文献研究法Ⅰ
1）歴史的研究の意義
　歴史的研究の意義は、歴史を通して現代あるいは将来の課題を検討することにある。われわれが歩んできた道を分析することにより、これからの行き先のヒントを得ることができる。また、「野外教育とは何か」という本質的な命題を解明するためにも、歴史的研究は重要である。人類の歴史が始まって以来、人間と自然との関係は常に問われてきた。文明の発達とともに、人間と自然との関係が希薄化していくなか、自然が人間にもたらす数多くの恩恵の大切さが再認識されてきた。このような歴史的過程において、野外教育はどのように考えられてきたのかを検討していくことで、野外教育の特性が明らかになってくる。

　野外教育に関する歴史的研究は、他のアプローチによる研究と比較して、あまり研究がなされておらず、さまざまな課題が未解明のままである。野外教育の成り立ちや教育学との関連性、それにかかわった人々に関する歴史的研究、あるいは各時代における野外教育の意義や関連する種々の施策とその背景に関する歴史的研究等々、まだまだ解明していかなければならない課題が多く残されている。野外教育に関する歴史的研究を通して、野外教育の教育学における位置づけや独自性、あるいは自然と人間とのかかわり方などに示唆を得ることができるであろう。

2）歴史的研究の方法
　歴史的研究は、史料やその他の証拠（たとえば、文献資料の他、民俗資料、映像資料、テントやスキーなどの用具）を用いて研究する手法である。そのため、研究テーマに関連する史料の収集と分析が基本となるが、研究者自身の歴史観・テーマに関連した歴史の捉え方が重要となる。

　歴史的研究は、何がいつ起こったかを記すだけでは意味がない。その時代になぜ、どうして起こったのか、その背景を十分吟味しなければならない。そうすることによって、歴史から現代の課題に繋がりが生まれる。論文として現れるのは、そのような資料や検討したごく一部である。

　たとえば、学校登山の嚆矢を検討する場合、高等師範学校教頭・高嶺秀夫に

より1986（明治19）年8月に実施された「高等師範学校生徒第二回修学旅行」[26]において行われた二荒山登山である、とするだけでは不十分である。なぜ修学旅行（行軍）において登山を実施したのかを明らかにするためには、高嶺やその関係者の教育の考え方に始まり、その時代の教育の捉え方や、時代そのもの、あるいは登山の歴史的背景等を検討しなければ理解することができないし、現代への示唆も得られないであろう。学校登山の嚆矢に関係する人物を列挙してみると、当時陸軍から派遣された高等師範学校校長は山川浩（元会津藩士若年寄、陸軍大佐。妹捨松は、日本初の女性留学生の一人であり、帰国後、会津戦争で戦った薩摩藩の大山巌大将と結婚した）であり、教頭・高嶺秀夫（元会津藩士・小姓）と同郷人である。初代文部大臣・森有礼に、師範学校において軍隊式行軍を実施するよう命令された際、行軍に学術的要素を取り入れ修学旅行として実施できたのには、山川校長の存在があったからであろう。

　また、その後学校登山が盛んになった信州については、長野県尋常師範学校校長・浅岡一（元二本松藩士）が1889（明治22）年に修学旅行において白根・浅間登山を実施した[27]。信濃教育会に大きな影響を及ぼし女子学校登山を実践した渡辺敏（浅岡一の兄、元二本松藩士）等、会津と信州の関係性がみえてくる。これは、会津松平家藩主が信州高遠藩主であったこと、会津は教育熱心であったこと、会津戦争時に修験隊（修験者を集めた部隊）があるなど磐梯山などの山岳宗教が盛んであったことなどが関係している。

　それでは、なぜ高嶺が行軍（修学旅行）に登山を取り入れたのか。高嶺は、伊沢修二（信州高遠藩出身）らとともに1875（明治8）年に文部省からアメリカの師範学校に留学生として派遣され、最新のペスタロッチの教育思想とネイチャースタディー（自然学習）を学んでいた[28]。そのため、明治10年代の教育は、ペスタロッチの直観教授・開発教授（具体的事物に基づいて児童の心性を開発する教育）が主流となっていた。したがって、修学旅行においても、自然学習と教材づくりもかねて、気象観測、動植物採集、岩石採集等が修学旅行中に行われ、山岳もそれら観測・採集の対象とされた点もあげられる。また、信州において学校登山が盛んになった背景には、伊沢修二の推薦で1882（明治15）年に長野師範校長となった能勢栄（高嶺、伊沢よりも早い時期にアメリカの大学に留学していた）が、信州において実物教授・開発教授や自然学習を推進していくなかで、信州教育を提唱し、教育県長野の基を築いたことが影響し

ている[29]。

　このように、ある歴史的事象が生まれるとき、その背景には、さまざまな要因があり、それらを理解することにより、歴史的つながりがみえてくる。

3）野外教育における歴史的研究の方法に関する問題点

　野外教育における歴史的研究の問題点として第一にあげられることは、野外教育という概念の広汎性により、その研究対象や範囲が不明瞭な点にある。自然をどう捉えるのか、自然体験活動の範囲はどこまでとするのか、教育をどう解釈するのか、によって扱うべきテーマや範囲が大きく異なってくる。

　野外教育の定義や概念も、時代背景によって変化してきており、また野外教育に関する実践者や研究者の専門領域の違いによっても異なってくる。たとえば、日本野外教育学会の会員は、野外活動、自然体験、冒険教育、環境教育、森林・林業教育、博物学、自然解説、自然保護、自然療法、自然公園、自然を活用した観光や地域振興等に携わる実践者・研究者で構成されている。これらすべてを対象とした歴史的研究となると、その専門性が曖昧となってくる。

　同様に、野外教育の定義によく使用される「自然体験活動」という用語は、「自然の中で、自然を活用して行われる各種活動であり、具体的には、キャンプ、ハイキング、スキー、カヌーといった野外活動、動植物や星の観察といった自然・環境学習活動、自然物を使った工作や自然の中での音楽会といった文化・芸術活動などを含んだ総合的な活動である。(p.2)」[30]と定義されている。

　この定義からわかるように、野外教育として利用される活動には、スポーツ領域の野外活動から自然を活用した自然・環境学習活動や文化・芸術活動までが含まれるため、歴史的研究の対象が非常に広範囲となっている。その範囲を規定する条件である「教育」もまた、多様な意味をもっている。教育区分の一つとして学校教育と社会教育という立場がある。一般に野外教育は、社会教育の場で発展してきたといわれているが、社会教育およびその担い手である社会教育団体も多種多様な歴史・背景をもっている。

　上記のような問題点を整理するための一つの視点は、現代のあるいはこれからの野外教育に、取り上げようとしている歴史的研究課題がどのようにつながるものなのか、どのような意味をもつのかを、しっかりと定めておくことである。

　第二の問題点としては、研究テーマに関する歴史解釈の多様性にある。第一

の問題点にも関連するが、どの範囲まで史料収集を広げるのか、あるいはその研究テーマを掘り下げていくのか、といった問題点があげられる。解明すべき研究課題を明確にしておかないと、研究の区切りをつけることができない。これは、歴史的研究の宿命なのかもしれないが、研究者の主観と客観が混在した形で研究が進められるため、どの段階で研究が完結したかを明確にすることが容易ではない。

第三の問題点としては、方法の問題点というよりも、研究テーマの偏りという問題があげられる。野外教育分野における歴史的研究が余り実施されていないため、特定の研究者による特定のテーマに関する研究に偏る傾向がある。野外教育の歴史を体系的に整理するためにも、多くの研究者による多様なテーマへのアプローチが必要となる。

2.1.4. 哲学的研究法とは何か：文献研究法Ⅱ

ここでは、野外教育研究のなかでも哲学的な方法による研究について考えてみたい。

1) 哲学的研究の意義
(1) 哲学とは何か－哲学の意義－

「哲学的研究法とは何であるか」について論じるに先立ち「哲学とは何か」が問題になる。その輪郭を描くことができれば、（野外教育における）哲学的研究の意義もおぼろげながらみえてくるのではないだろうか。

学問的体系としての哲学のはじまりは古代ギリシャに求められる。当時、ソクラテス（BC470/469-BC399）、プラトン（BC427-BC349）、アリストテレス（BC384-BC322）らは哲学の萌芽を担った。内山[31]によると、はじまりの哲学（ピロソピアー）は何か一個の学術として固定されたものではなかった。その本質をなすのは「知」（ソピアー）それ自体ではなく、むしろ既成の知に満足することなく、それを超え出てさらなる知の高みを求めようとする意欲＝知の愛求にあった。それは何よりも、まず思考する人間精神が生き生きと躍動する「状態」を表していた。これをもって哲学は「愛知（智）」とも表現される。

このような知の愛求について佐藤[32]は、プラトンにより描かれたソクラテスの問答を取り上げ、既知のものに疑義を呈し「それは何であるか」と追及してやまない彼の姿勢について、決して他人を窮地に追い込もうとする詭弁など

ではないとした。そして「勢い単純化をして」と本来は複雑な議論を要することを指摘しつつも、前提を疑い「それは何であるか」という問い続けに象徴される「現状批判」と「原理論の構築」が哲学であると結論付けた。「現状批判」では、社会的・文化的・政治的に正当であると評価される諸々の事柄（理論、学説、思想等）が問題視され批判的な態度（懐疑）がとられる。一方「原理論の構築」では、世界の根源、人間のあり方、社会の成り立ちについて、普遍的な原理や基礎的な概念による解釈や説明（基礎付け）が試みられる。そしてこれら相反する2つの営みが哲学の大きな枠組を構成し、それらはメタ次元において「問う（愛知）」という運動として結ばれた表裏といえる。

このように現在の知を超え出し、根源的なものに到達しようとする絶えざる問いの営みこそが哲学である。このような「哲学」を表したカントの言葉を最後に取り上げ、哲学的研究方法として紹介を試みるうえでの申し添えとしたい。

「人は哲学を学ぶことは決してできない。せいぜい哲学することを学びうるだけである。（p.16）」[33]

（2）野外教育における哲学的研究の意義

哲学は、先に述べたように「問う」ことそれ自体をその本質とするので、研究対象を限定しない。岩崎[34]が指摘するように、探求者の抱く関心に相関して哲学する領域が決定される。

今、私たちは野外教育という学問領域に関心を寄せている。この分野は、本源的には同一であった「人間」と「自然」との距離が離れた近・現代社会における危機感からの要請により拡大したといえる。18世紀に端を発する産業革命から現在に至るまで、科学的成果や資本主義経済による価値観を背景に、多くの事柄が効率性および即時的有益性に偏重してきた。今日では、大学教育においてさえも、文系学部・学科の縮小や廃止などに象徴される実学志向という「即有用」な価値観が顕在化してきている。この潮流は野外教育においても無縁ではないだろう。

野外教育は人間の生に直接関係するテーマに満ちている。自然と人間、人間と人間の関係、人間の自然性ともいえる「身体」等さまざまある。では、「無用の用」とも表現される哲学は、このような野外教育に何をもたらしてくれるのであろうか。石浜[35]は、哲学とは、一見無用、つまり即時的な有用性を期待されていないからこそ、現実に距離をとることができるという。これにより

先述した「現状批判」を行うことが可能になるのである。

この点からみれば、現代的諸価値観から距離をとる（外に出る）ことで教育的効果を期待された野外教育が、無意識のうちに「それ」に絡めとられないためにも、哲学的な「現状批判」や「原理論の構築」はきわめて重要な課題といえる。つまり、今日ほど野外教育に哲学的反省が求められている時代はないのである。

また、野外教育はコメニウス、ルソー、ペスタロッチ、デューイそしてシャープといった教育哲学者の思想的背景をその起源の一部とする[36]。現代的諸価値観から距離をとることが「野外」を観点にした価値であるならば、その起源からみて「教育」を観点にした価値についても問われる必要があろう。このような理由からも「哲学」のみならず「教育哲学」の視点（たとえば「教育とは何か」「体験とは何か」）からの研究が重要となる。

2）哲学的研究の方法
（1）哲学的研究の方法という難題

先にも述べたが、哲学は対象を限定しない「問う」という運動である。そして、このことは方法とも関係し、哲学では一般的に確立された手続きは用意されていない。しかし、佐藤[32]が指摘するように学問にとって方法は死活的に重要であり、それは哲学においても同様である。

そこで、ここでは哲学的研究方法についてごく簡単にではあるが解説を試みてみたい。しかし、ここで注意しなければならないのは、哲学では問いの対象を探求者が自身の関心に相関して選択し、その対象に即した形で「方法」が「選択」もしくは「創造」されるということである。これは、厳密には対象から独立して方法が存在し得ないことを意味する。その好例として「ヘーゲルは自らの問いについて具体的に思考を推し進めた。そしてその営みを顧みるとそれが『弁証法』として見いだされるものとなっていたに過ぎない」という矢崎[37]の指摘があげられる。

以下、このような哲学の特性に十分注意を払ったうえで、さまざまな著述の多くに共通してみられる哲学的方法のエッセンスを紹介してみたい。

（2）哲学的方法による研究（論文）

哲学の研究は、多くの場合、論文という形をとって発表される。自然科学における実験研究などでは、測定の結果（データ）が分析・考察され、それが論

文としてまとめられるケースが多い。しかし、哲学的な論文の多くは、議論をテキストとしてまとめる（論文化する）ことで「研究」となる場合がほとんどである。

　哲学に限らず研究論文では、ある関心に対して主張をすることになる。自然科学の研究のような客観的測定データをもたないほとんどの哲学の論文では、特に、その主張が妥当である理由を「論証」する必要がある。

　　例：野外教育は必要である。　→　主張
　　　　野外教育は必要である。なぜなら自然は人間に不可欠だからである。
　　　　　　　　　　　　　　　→　主張と理由：論証

このように、自分の主張が妥当な理由を述べるという形で論証しなければならない。

　哲学で主張されることの多い主な内容を以下に例示する（これに限定されるものではない）。

　　議論や命題（後述する）、概念を検討の対象に選び、
　　対象となる議論を批判する
　　対象となる命題を批判する
　　批判から対象となる議論や命題を守る
　　対象となる命題の妥当性を強化する理由を述べる
　　対象となる概念を再検討（発展・再解釈等）する　　等

そして、これらの主張が妥当であることを強調するために論証を行う。

(3) 論理（学）的論証

　論理学は正しい思考の道筋について検討する学問である。論理（ロゴス）を成立させる論証の構成および体系を研究の対象にする。哲学のみならず言語を使用する研究にとって論理は重要な要因となる。特に哲学的研究においては、この論理の妥当性が研究の成否（論証の成否）に大きく影響する。そして、論証には論理学での成果が度々援用される。以下にアリストテレスにより大成された伝統的論理学の主要な要素についてごく簡単に触れ、哲学的な方法としての論理をどのように捉えていけばよいかの一助としたい。

①概念・名辞

　「概念」とは、複数の事物や事象から共通の特徴を取り出して、それらを包括的・概括的に捉える思考の構成単位を意味する。概念が言葉によって表現さ

第2章 歴史・哲学的研究法(文献研究)とその成果

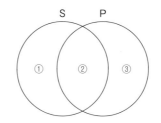

図2-4. ヴェン図(S：主語，P：述語)

れたものを「名辞」という。概念・名辞とは「もの」や「事柄」の「名前」のことである[38]。

②判断・命題

2つの概念(主語概念と述語概念)の一致(真)あるいは不一致(偽)の断定が「判断」であり、これを言語で表現したものが「命題」である。「命題」とは、少なくとも2つ以上の名辞を結合して、何らかの主張を表明した文(判断)のことである[37]。

・定言命題：主語(S)と述語(P)の二つの名辞が「である」または「でない」によって結合された命題である(図2-4)。

　　すべてのSはPである　　(A：全称肯定→部分①を打消し)
　　すべてのSはPでない　　(E：全称否定→部分②を打消し)
　　あるSはPである　　　　(I：特称肯定→部分②)
　　あるSはPでない　　　　(O：特称否定→部分①)

・条件命題：仮言命題と選言命題があり、前者は2つの定言命題によって「もし定言命題1ならば定言命題2である」という形で、後者は「定言命題1であるか、または定言命題2である」という形で表される命題である。

③推論

あるいくつかの命題から、一つの結論を導くものを推論という。代表的なものに「演繹的推論」があげられ、これは一般的・普遍的な前提(命題)から、より個別的・特殊的な結論を得るための方法である。演繹的推論の場合、正しい前提を設定しそれを認めることができれば絶対に正しい。この演繹的推論の代表的なものに、有名なアリストテレスの三段論法がある。

　　例：すべての犬は哺乳動物である。

すべてのビーグルは犬である。
　→　すべてのビーグルは哺乳動物である。

　また、対話・問答などに端を発する弁証法なども演繹的推論の一つである。有名なヘーゲルの弁証法的論理学は、命題（テーゼ＝正）とそれに矛盾・否定する反対の命題（アンチテーゼ＝反）から、それらを統合した命題（ジンテーゼ＝合）を生み出す創造的思考方法といえる。

　哲学の研究を進めるにあたり、ここまで紹介した方法が単純な仕方で適用されるとはいえない。しかし、思考を推し進め、自らの主張を論証するにあたり演繹的推論は欠くことのできない方法といえるであろう。

（4）おわりに

　演繹的推論以外にも、帰納的方法や先験的方法などさまざまな方法が哲学的方法として試みられているが、それらの詳細な解説については他に譲る。

　哲学的方法に関して野矢[39]は、論理は閃きを後追いで説明するものと主張する。つまり、哲学のあり方と大いに関係するのだが、探求者が問い続けた結果閃きが訪れる。論理は思考の整理の助けとなるが、最終的に問いに対する答えを齎（もたら）すのは閃きであるという。

　いずれにしても、哲学的研究は自然科学的研究方法のような客観的データを提示しにくい方法によりなされる。そこでは丁寧な論証による論理の妥当性が求められる。

3）野外教育における哲学的研究の方法に関する問題点

　わが国における野外教育研究では、その実践性故か、哲学的方法による研究が少ないといわれる（2.2.3.参照）。この点については、現代社会における野外教育の重要性から考えても、さらに活発な議論が必要となる。また、哲学的研究方法において研究を進める場合には、「実践の学」としての野外教育を常に視野に入れて「机上の空論」に陥らない問い続けが必要であろう。

2.2.　研究のレビューと今後の課題

2.2.1.　総説論文のレビューと今後の課題

1）はじめに

本項の材料となる「野外教育に関連する総説論文」を特定するにあたり、国

内外のいくつかのジャーナルに絞り込んだ。歴史の古い雑誌では過去10年以内を目安に発表されたものとした。

野外教育が関係するほとんどの学術雑誌では「総説論文」を原著論文と区分けせずに掲載しているため、本項の著者はいくつかの雑誌の10年分の論文すべてを、総説にあたるかどうかを判断するために概観した。量と時間の点から、漏れや判断の誤りがありえることを断っておきたい。総説論文が扱う分野はさまざまであり、その時々の特集や扱うジャーナルの特性に導かれている例が多かった。かつすべてのトピックにおいて、総説論文が存在するわけではないため、論文で扱っているテーマが必ずしも現在の野外教育全体の動向を示すものとはいえない。したがって本項では、野外教育全体としての研究動向としてではなく、どのようなテーマにおける総説があるか、紙面の許す限り紹介したい。

ここでは総説論文を「記述の研究を概観し、その分野の動向、傾向、展望を示すもの」と広く、かつ緩くくくる。また、対象ジャーナル以外でも、レビューに基づいた重要なメタ分析と思われる論文や報告書は検討材料とし、紹介することにした。

まず対象としたジャーナルは以下のとおり。

『野外教育研究』『環境教育』『体育学研究』『Journal of Adventure Education and Outdoor Learning』『Journal of Outdoor Recreation, Education, and Leadership』『Journal of Experiential Education』。

このなかで、『野外教育研究』と『体育学研究』に関しては、編者が素材を抽出した。また『環境教育』は、創刊時より投稿区分に「総説」があり、そのカテゴリーに分類されているもののみを拾った。

2) 国内誌

『体育学研究』には総説にあたるものはなし。『野外教育研究』においては、創刊以来19年のなかで9本の総説論文があげられた。2010年以降1本であり、過去10年でも2本となっている。

9件の論文では、野外教育を捉えるうえで鍵となる概念の整理を目的とするもの[40,41]や、野外運動関連学術論文のデータベース化を図ろうとしたもの[42]のほか、アメリカにおける野外教育指導法のメタ分析も試みられている[43,44]。山田は海外での成人学習理論を紹介したり[45]、インタープリテーションの効果を示す理論提示[46]や、評価概念を概説し自然公園における評価の視点を提

示している[47]。国内の野外運動に関する論文すべてを整理しようとした井村ら[42]と、日本の学校教育における自然体験活動の方向性を提示しようとした中村[48]、そして「教育」や「体験」の概念を学際的に探った張本ら[40]以外は、基本的にアメリカでの調査研究をもとにした総説論文となっている。タイトルをみるだけでも、アメリカの野外教育に大きく影響されていた頃から時を追って、日本の野外教育研究の展開がみえるようである。

「総説」のカテゴリーをもつ1991年創刊の『環境教育』では、2004年に最初の総説論文が発表され[49]、次が2008年で2本、2009年にも2本、最新の2016年第26巻第1号までの間に、合計で14本の総説論文が発表されている。2010年以前と比べると近年は増加しているが、2010年以降9本の総説論文中7本が特集のなかに組み込まれている。

特集から独立した総説7本のうち、4本は環境教育指導資料や日本教職員組合全国教育研究集会報告を分析するなど、学校教育を主に扱っている。ほかは幼児期の環境教育、自然体験学習、持続可能な開発のための教育の振り返りとこれからを展望した論考である。

特集に呼応した総説としては、グローバリゼーションが進行する現代において、環境教育と開発教育を実践的に統合して持続可能な社会を目指す必要性を論じたもの[50]や、東日本大震災と原発事故を受け、環境教育研究の再構築に向けた特集のなかで、これまでの教育とは異なる文脈で使われてきていた「リジリアンス」概念を「災害に向き合う地域の力」として組み立て直そうとするもの[51]がある。また、2013年には野外教育と環境教育の接合領域を探る枠組のなかで、柳[52]が「水辺」をキーワードに概念や事例を含めて幅広く論考し、高野[53]が「地域に根ざした教育」について国内外の歴史を踏まえ、現代における可能性について論じている。同じく2013年には自然学校と持続可能な社会の特集において、西村[54]が自然学校の実態を整理したうえで、持続可能な社会作りにおける自然学校の役割の展望を示している。他にも、「国連・持続可能な開発のための教育の10年」の終了を受けて、成果と課題を示したもの[55]や、公害教育ならびに研究と環境教育ならびに研究の関係を取り上げた安藤[56]がある。

3）海外誌

海外3誌における総説は、国内でのそれに比べて扱っているテーマが非常に

多岐にわたっている。野外教育研究の分野にかかわる人数も研究の幅も広いことから当然でもある。あえていえば、アドベンチャーセラピーに関係するものが多いが、それをテーマにした特集が多く組まれていることに起因するとも思われる。紙面の制約により、ここではいくつかのテーマを選んで紹介する。

数が多いアドベンチャーセラピーについては、『Journal of Experiential Education (JEE)』に、リッチー (Ritchie) ら[57]が、カナダにおけるアドベンチャーセラピーの実践状況と研究全容の把握を試みた総説が掲載されている。そのなかで、アドベンチャーセラピーという分野そのものがまだ混沌としており、アメリカの状態と比べて大きく異なること、研究論文も数が限られ、カナダでアドベンチャーセラピーを理解するためには、しっかりした方法による調査研究が必要としている。『Journal of Adventure Education and Outdoor Learning (JAEOL)』に発表されたアドベンチャーセラピー分野の総説には、rites of passage (通過儀礼) の利用をテーマにしたもの[58]や、比喩を取り上げたもの[59]があり、他にはナラティブカウンセリングやナラティブセルフの概念に関する研究を整理し、個人や社会がより環境的な持続可能性に向かう支援としての展望を述べる論考[60]がある。

あとは多様だが、コーン (Cohn)[61]は人と自然の関係において、伝統社会または先住民族のあり方の論考を整理して野外教育の文脈に位置付け、ブラウン (Brown) ら[62]は冒険教育における「リスク」の役割を再評価する総説を発表し、ラグ (Lugg)[63]は大学教育における野外での体験的教育と持続可能性教育のつながりに焦点をあてる。

『Journal of Outdoor Recreation, Education, and Leadership (JOREL)』ではポフ (Poff) ら[64]が、「決定や判断」に関する議論を概観するため、野外冒険リーダーシップに関係するジャーナル5誌に、ある期間のなかで掲載された197本の論文を分析し、それを受けてカルプ (Culp)[65]が、さらに論文の数を増加して整理し、野外冒険リーダーシップ分野での「決定や判断」研究の展望を論じている。シューマン (Schumann) ら[66]は自己効力感 (self-efficacy) 研究の動向を批判的に整理し、「自己効力感神話」が行き過ぎるとフィールドにおいて誤った判断や行動につながることや、その改善策の整理を行った。

最後に、上記にあげた特定のジャーナル以外または10年以上前の掲載ではあるが、英語で発表されたレビューペーパーとして重要な文献をいくつか紹介

しておきたい。だいぶ古くなっていることや手法への批判もあり新たなレビューが期待されているが、未だにこれらの引用は多く、重要な位置を占めているため、本項においても触れておきたい。

ケイソン（Cason）ら[67]は、それまで25年間になされた、青年期対象の冒険プログラムの研究を取り上げ、プログラム成果を定量的に分析した。その手法による限界と、1960年代後半から1990年代にかけての研究そのものの課題も記されている。ハティ（Hattie）ら[68]はオーストラリア・アウトワードバウンドのプログラムを研究材料とした96本の論文を用い、冒険プログラムの効果研究のメタ分析をした。ハンス（Hans）[69]は上記の研究をもとに、特にLocus of control（統制の所在、力の根源）に着目した分析を行った。リキンソン（Rickinson）ら[70]は、1993年から2003年の間に発表された150本の野外学習に関する論文のレビューを行った。野外学習の対象は、小・中学生ならびに大学生であり、フィールドワークや訪問視察、野外冒険教育、学校の校庭や地域でのプロジェクトなどを野外学習に含んでいる。

トーマス（Thomas）ら[71]は、『Australian Journal of Outdoor Education（AJOE）』、『JAEOL』、『JEE』が1998年から2007年に掲載した論文すべてを分析し、研究テーマの動向や執筆者が属する機関の国などを分類している。すでに10年経つが、みえてきた動向は興味深い。

4）おわりに

これまで上げたように、総説としての論文の数は多くない。一方、どんな研究でもその過程において先行研究のレビューは必須であり、博士研究の過程として発表された総説論文も見受けられる。総説は、絞られた範囲であるとしても、ある分野の蓄積や課題をまとめて理解できるため、読者には大きな価値がある。1990年代から2000年代始めに出された、広範にわたる論文のレビューのアップデートは希求されており、発表論文全体の傾向を分析し論じるレビューもこれからの研究を考えるうえで重要なものとなろう。総説の価値にあらためて思いをいたし、特集をきっかけとしたものに加え、さらに多くの論考を期待したい。

2.2.2. 歴史的研究法を用いた研究のレビューと今後の課題

1）はじめに

ここでは、過去10年間に内外で発表された野外教育に関する歴史的研究をレビューし、研究動向と今後の研究課題について検討する。

2）国内誌

まず、日本における野外教育に関する歴史的研究論文に関し、過去10年間を中心にレビューする。日本野外教育学会所有のデータベース Resouces in Outdoor Pursuits (ROP) およびサイニ論文情報ナビゲータ (CiNii) の他、野外教育に関する関連資料を用いることにした。

日本野外教育学会の研究誌『野外教育研究』では、4本の論文が発表されている。井村[72-74]は、日本における野外教育の源流と「野外教育」という用語が、いつ頃から使用されてきたのかについて検討している。その結果、アメリカの野外教育は、キャンプと進歩主義教育・自然学習が結合して始まったのに対し、日本の野外教育は、明治時代中期頃に、登山と進歩主義教育・自然学習が結合して始まったと結論している。

林[75]は、樋口勘次郎が1896（明治29）年に行った飛鳥山遠足を野外教育史に位置付けることを目的として文献研究を行った。その結果次のような結論を導き出している。

①飛鳥山遠足は高等師範学校附属小学校尋常科2年級生徒37名を対象に、上野・飛鳥山・田端の約10kmの行程で自然観察や社会見学を行ったものであった。これは樋口の主張する「統合主義」「活動主義」教育思想の実践であり、校外を教場とし、教科教育との関連性をもって実施されていた。

②飛鳥山遠足は直観教授を提唱した高嶺秀夫、中心統合法を主張したF.W.パーカーなどの影響を受けて行われた。その実践は全国の小学校で引き継がれ、のちの新教育運動や現在の総合学習に影響を及ぼした。

③飛鳥山遠足は児童中心主義、自然学習の要素を含み、明確な学習目標を持って行われていたことから、学校教育における野外教育の先駆的な実践事例として、わが国の野外教育史に位置付けることができる。

このように、高嶺によって始められた野外教育が、学校教育の各教科と関連させた総合学習として、樋口により実践され、その後野外を用いた郷土教育などの実践が試みられるようになる。この点に関し、倉品[76]は、飛鳥山遠足を

実物教授としての遠足の始まりとし、その後の遠足の実践として、公立小学校である誠之小学校に取り入れられた過程を野外教育史の観点から検討し、次のように結論している。1903〜1906（明治36〜39）年の試行錯誤期に、飛鳥山遠足をモデルにしながら、次の原則で校外教授の質の向上を目指していた。①高等科などの上の学年でその地域で校外教授を行い、その結果を基に下の学年におろしていく。②高学年女子の校外教授地は事前に男子が行った所。この原則に従い、校外教授の質と量が向上し、周辺区の小学校の実践に波及していった。

　野口は、大正期の小学校における野外教育を比較的・総合的に考察し、各校の野外教育の実質や意義を究明することを目的として、明治末期から昭和初期における林間学校や臨海学校及び新教育学校を対象に多くの論文を発表している。たとえば、新教育学校の一つである成蹊小学校（1915（大正4）年創設）に関する一連の研究[77-79]では、創設者である中村春二と教員の論説を分析し、同校の野外教育の特質を検討している。中村が行った野外教育に関しては、当時の教員が知識の注入主義に陥っていると批判し、教育とは自力教育の基礎を養い、学習の主体者としての個人を確立することだと説き、その方法として鍛錬主義による「行うことに依って学ばしむる」という立場を取り、そのために、野外教育を重視することになった、と説明している。また同校の教員も、自然環境に多くの教育的効果が内包されているとの立場から、自然と人との再結合を図る教育実践を行っていたとしている。さらに、校外教育では、実行にある種の苦痛を伴うような季節を選定し、子どもの身体的諸能力を発達させる上で大きな成果を上げたものの、学習と生活態度の養成には不十分な結果に終わってしまったとも報告している。

　野口の林間学校関連の研究[80-87]では、東京市、大阪府、京都市、香川県、高松市、函館市といった大都市や地方都市における実践内容を検討し、「虚弱児童」の擁護を目的とした林間・臨海学校と並行して、それまで実施されてきた体験学習（自然学習や郷土学習等）を加えた特色ある実践や健康な子どもを対象とした林間・臨海学校が行われていたことを報告している。

　以上日本の野外教育に関する歴史研究論文から、修学旅行、登山、遠足、林間・臨海学校などの活動を通しながら、欧米先進国で始まった新教育運動の影響を受け、大正期に、師範学校附属小学校や私立学校において、さまざまな試みがなされ、今日の野外教育の基礎が作られた経緯がわかる。

一方、諸外国における野外教育を対象とした歴史的研究に関しては、西島[88]が、アウトワード・バウンド・スクール（OBS）の創始者であるクルト・ハーンに着目し、新教育運動との関連をとおして彼の教育思想を検討している。冒険教育の創始者であるハーンについての検討は、野外教育の独自性として重要な要素である冒険教育を究明していくうえで非常に重要である。新教育の一つである田園教育舎運動として、ハーンがザーレム校で実践していた、個性の伸長と精神性の育成を象徴した体育的で冒険的な教育方法が、アウトワード・バウンド・スクールの基盤となっていることを指摘している。また、ハーンの教育思想の特徴として、理性重視でありながらも調和的な人間像を目指すことにあり、その人間形成を独自の精神教育の方法によって達成させるものであった。その身体的鍛錬による若者の全人的な人間形成を目指した教育活動は、当時の重要な新教育運動の一つとして評価できると結論している。

　このようなハーンの教育理念は、渡辺敏が1902（明治35）年から実施した長野高等女学校の学校登山にもみられる。渡辺は、女子体育を重視し、「身体を鍛え、精神を練るのに登山は必要なことである」として、険山として名高い戸隠の登山を継続して実施していた[89]。また高木[90]は、富山県内の高等女学校における学校登山について検討しているが、その論文において、女子の学校登山の嚆矢は、先ほどの渡辺が実施した長野高等女学校の戸隠山登山であり、富山県では1919（大正8）年に、富山女子師範学校と県立富山高等女学校が合同で行った立山登山であるとしている。さらに女性登山の開始には、男性の場合と比較にならないくらいの困難があり、それは、女性がスポーツをすることへの抵抗と女人禁制意識であったが、その両者の影響の及ばない場所が学校であったことが女子の登山を可能にしたとしている。

　藤岡[91]は、1970年代のアメリカにおけるプロジェクト・アドベンチャー（PA）の誕生とその発展過程に着目し、PAの普及とともにその質的変化について検討している。OBSの普遍的原理である、「生徒に、①高い期待レベルを持ち、②生徒自身が既定している限界と遭遇するような未知の状況を設定し、③生徒に自分の限界を超える経験の機会を与える」という考え方を、高校のカリキュラム改革に適用し、高い評価を得たPAが、連邦教育局から補助金を得ながら、財政的基盤を築き、さらに財政的援助を受けやすい障害児・特別なニーズ教育領域におけるプログラムの開発・普及を同時並行して行い、質的変化を

していったと結論している。

3）海外誌

　続いて、過去10年間で海外で発表された論文についてみてみると、第1にアメリカキャンプ協会（American Camp Association：ACA）の100周年（2010年）および組織キャンプ150周年（2011年）を記念して発表された歴史関連記事・資料が注目される。ACA100周年記念の歴史部門の編集責任者であるヤークス（Yerkes）[92]は、「未来に踏み出すために、われわれがどこから来たのかを知る必要がある」として、これまでの歴史を振り返る必要性を指摘し、『Camping Magazine』において、キャンプの基礎を作った人々について理解するための2年間の特集記事を組んだことを説明している。たとえば、その特集記事で、ヤークス（Yerkes）[93]は、アメリカの組織キャンプの始まりから現代に至るまでの100年の歴史について、キャンプ史関連の文献を引用しながら簡単にまとめている。そのなかでパリス（Paris）[94]の論文が引用されているが、1960年代から1990年代までのキャンプ史が簡潔に述べられている。

　「1960年代になり、ACAやキャンプ産業は、新しい挑戦の時代を迎えた。キャンプ場オーナーに対する土地所有税の増額、高齢化と不景気による子ども参加者の減少などである。その結果、多くのキャンプ場が廃業していった。1970年代になると、長期キャンプが見直され、短期キャンプが人気を集めた。またこの時代は、若者の反抗的な文化、たとえば、大人や戦争、政治などに対しての反抗という新しい時代となった。1980年代とそれ以降は、キャンプは、電子化時代に入った。1990年代では、ACAは教育と若者へのキャンプ効果検証に取り組んだ。キャンプスタンダードも年間プログラムにも対応できるように改正した。キャンプ産業やACAは、キャンプ効果に関する研究とデータ収集を継続実施した。その結果、ACAが高等教育と連携し、若者に対するキャンプ経験の効果に関する研究助成を開始した。」

　このようにアメリカ社会の変化とともに、ACAやキャンプ事業がその変化に対応すべく努力している様子がうかがえる。ルーブ（Louv）[95]の著書『あなたの子どもには自然が足りない』では、アメリカ人の生活において電子化が進み、学力重視の教育改革、安全な遊び場の減少など種々の要因により、子ども達の自然体験が減少し「自然欠損障害」が生まれていることが指摘され、子ど

もの身体的・情緒的発達に欠かせない自然環境における直接体験の復活が提唱されている。野外教育の先進国とされてきたアメリカにおいて、社会や経済状況の変化により、自然体験に対する価値観にも変化が生じてきているなか、野外教育の効果や価値について、改めて検証していく必要性があるのかもしれない。

たとえば、アメリカの野外教育の基礎を築いたシャープ（L.B. Sharp、1895-1963）の影響について再評価した研究がある。カーソン（Carlson）[96]は、アメリカの野外教育形成期におけるシャープの経歴と指導力の影響について、オーラルヒストリーのアプローチによりまとめている。具体的には、シャープに関連する人々からの聞き取り調査によりデータを収集し、その口述データと文献資料を年代順に整理し、分析した。結論として、共有のビジョンを造り上げる重要性と直接体験に基づく学習強化の価値を示したことが、シャープが野外教育を確固たるものにするうえで及ぼした影響であるとしている。

アメリカ以外の野外教育に関する歴史的研究論文としては、イギリスやオーストラリアの野外教育の地方史研究を行った論文がある。

リン（Lynn）[97]は、イギリスのヨークシャー地方西部区（West Riding of Yorkshire）において、1890～1944年までの間に、「野外教育」という用語がどのように理解されてきたのか、またそれに、政策的、社会的、教育的な決定因子がどのようにかかわったのかについて検討している。当初野外教育は、社会経済的不平等を軽減するために利用されていたが、20世紀になってからは、身体を通しての教育として、性格の育成や教育面が強調されたり、非行防止や階級意識の解消などの社会的側面なども強調されるようになった。ヨークシャー地方の西部区では、野外教育は個人的・社会的発達のためのプログラムとして発展していった。

Georgakisら[98]は、オーストラリアのニューサウスウェールズ州の野外教育史について検討している。現在この州では、野外経験と野外教育はすべての教育レベルにおいてカリキュラム上重視されており、大学の野外教育課程では、教育や健康分野の学生が専攻している。ニューサウスウェールズ州の野外教育の歴史は古いが、その歴史に関する文献は少ない。そのため、1890年に始まった学校キャンプが、野外教育という用語が教育用語として定着した1960年代までの発展過程を検討した。また、どのようにして社会環境の変化に応じて野

外教育の実践と目的が形成されてきたのか、さらに野外体験により好ましい社会性や道徳を育成するうえで、ニューサウスウェールズ教育局のような教育機関が関与してきたのかを明らかにした。

このような野外教育の地方史研究にみられるように、地域に根ざした野外教育の歴史的研究も、野外教育の特質上、今後取り組まれていく必要がある。

4) おわりに

およそ過去10年間について、内外で発表された野外教育に関する歴史的研究をレビューしたが、この分野の歴史的研究に関しては多くの研究課題が残されている。地域の歴史や文化に深い関係をもつ野外教育に関する歴史的研究では、地方史を丹念に調べていく必要性があげられる。また、野外教育の重要な要素である冒険教育史に関しても、海外に比べ国内における研究の遅れが指摘される。自然環境が豊かな日本では、各地域において独自の方法で冒険教育に該当するような教育が実施されていたことが予想される。地方史の研究と合わせ、冒険教育史についても並行して研究していくことが、野外教育の独自性と重要性を再認識するうえで必要であろう。また、野外教育の近代史を検討するうえで、オーラルヒストリーのアプローチによる検討の必要性もあげられる。野外教育史の文献資料が少ない現状からすると、戦後の野外教育を形成するうえで活躍した人々を対象としたオーラルヒストリー研究により、その成立過程を明確にしていくことができるであろう。

2.2.3. 哲学的研究のレビューと今後の課題

1) はじめに

ここでは、歴史的研究法および総説論文と同様に、国内外で発表された野外教育に関する哲学的研究法を用いた研究のレビューを試みる。ところで、当該テーマは「哲学的研究」の線引き(定義)に関係する原理的不可能性という難問を抱えている。哲学とは特定の方法をもたない、「現状を批判」し新たな「原理論を構築」しようとする「運動：知の愛求」である(「2.1.4. 哲学的研究法とは何か：文献研究法Ⅱ」、p.42参照)。一方、厳密なレビューとは、特定のテーマのもと範囲を絞るなど条件を統制して論文収集を実施し、その分野における動向や課題などを析出しようという試みである。今回は哲学的研究法をテーマとするレビューであるが、先の「哲学は特定の方法をもたない」「知の愛求と

いう運動」という説明から明らかなように、定義上「哲学的方法を用いた研究」の特定を許さない。以上の理由により厳密なレビューを行うことが不可能である。そこで、ここでは緩やかにレビューの枠組に従い、論証を主な方法とする論文の紹介を筆者の主観により行うこととする。この点についてご留意願いたい。

2）国内誌

国内では学術誌『野外教育研究』（日本野外教育学会）、『環境教育』（日本環境教育学会）、『体育学研究』（日本体育学会）を中心に論文を収集した。野外教育に関する研究を中心とする『野外教育研究』からは4本が抽出された。自然環境体験活動の基底としての自然観や自然から学ぶ視点を「大教授学」を中心としたコメニウスに探り考察した田中[99]の研究や、風土概念をキーワードとして「野外」を従前の「戸外」や「自然」ではなく、現代文明の基底となる価値観から「外に出ること」という関係概念として基礎づけ、また、その再解釈の成果を受けて野外教育の原理を明示した土方の2つの研究[100, 101]をあげることができる。加えて、前田[102]により発表された、自然と社会の持続可能性の探求に貢献できるかという問いへの一つの答えとして、ワッチョウ（Wattchow）とブラウン（Brown）により発表された「場所に感応する野外教育」が何を目指していて、場所に着目することがなぜ自然と社会の可能性の探求に結びつくのかを明らかにしようとした「場所に感応する野外教育は何を目指すのか」という合計4本であった。田中の論究を除く3本については、野外教育の文脈における「空間」や「場所」の意味、つまり、なぜ「外」で、そして、なぜ「ここ」で野外教育が行われるのかという野外教育を本質的に問う内容に関連するものであった。

一方、日本環境教育学会の機関紙『環境教育』からは、哲学的研究方法により発表された論文として11本が抽出された。総合的な学習の時間に焦点をあて、学校教育における環境教育の現状と課題、今後に期待される展開について論じた藤岡[103]の研究をはじめ、その内容は多岐にわたる。石田梅岩らの環境思想を基軸に論を展開した関[104, 105]やパワーズ（Powers）の「持続可能な文化に向けての環境教育」論の批判的検討を行った今村ら[106]、食教育の概念整理を目指した小野瀬[107]、構造構成的環境教育の構築を試みた神林[108]、森のようちえんに現代の学校教育再考の契機を求めた今村[109]、環境教育の教科化要件

を明示し望ましい環境教育像を提示し教科化要件との関連について検討した楠美[110]、環境教育における試験の意味を問うた新田[111]、ヴァンダナ・シヴァの近代科学批判を手掛かりに自然学校が社会変革に対して持ちうる要因を検討した野田[112]、環境学習言論の構築に向け生涯にわたる環境学習過程の構造について論じた木俣[113]といった多種多様な研究であった。

日本体育学会発刊の『体育学研究』における過去10年間に関する収集では、野外教育分野における哲学的方法による研究発表は確認されなかった。

3）海外誌

海外における研究においては、Institute for Outdoor Learning から発刊されている『Journal of Adventure Education and Outdoor Learning（JAEOL）』と Association for Outdoor Recreation and Education, Wilderness Education Association, Western Kentucky University Research Foundation による『Journal of Outdoor Recreation, Education, and Leadership（JOREL）』を中心に過去10年にわたり収集を実施した。

『JAEOL』より11本、『JOREL』では3本が抽出された。前者ではビームス（Beames）ら[114]が野外教育分野における社会資本構築のための議論欠如を指摘し野外教育を通した社会資本構築の可能性について論じた。ハリソン（Harrison）[115]は北米に比較して英国における「場所（place）」研究の少なさに言及し、その必要性について指摘し分野横断的に多種多様な文献を検討して「場所」に対する意識の重要性を示した。また、コーン（Cohn）[61]は、野外教育の教育的本質を自然の一部として生きる先住民族の文化様式に求め、野外教育における先住民文化から得る知見の有効性を論じた。サンデル（Sandell）ら[116]は、野外教育と環境教育に資するための教育ツール（モデル）開発のための議論を提出し、クエイ（Quay）[117]は自己、他者、自然の関係にとどまらない野外教育における美的経験の可能性について報告している。さらに、ブライマー（Brymer）ら[118]は野外での体験学習に有用な生態学的ダイナミクスの枠組について議論を行い、クラーク（Clarke）ら[119]はドゥルーズとガタリの哲学的研究を援用しながら、持続可能性のために自然と文化の分裂を前提とする二元論を批判した論考を発表している。加えて、ヒル（Hill）ら[120]は、持続可能性の原理に則った個人や社会の変革に向けて、身体的、体験的な場所に感応する野外教育の具体的実践が果たす役割について検討した。ダイメント（Dyment）

らは野外教育は専門的分野として成り立ちえるのかを検討した2つの研究[121, 122]を、パウルス（Paulus）[123]は教育における持続可能性の学習に関して、多元主義的な理解を促進する野外教育実践の可能性について論考した。

他方、『JOREL』からはキャッツェリン（Cachelin）ら[124]による持続可能性が必須といえる現代社会における野外教育者の役割について論じた研究や、デューイから読み取るレクリエーション論についてのウー（Wu）ら[125]の論考、そしてエリソン（Ellison）[126]によるプレイス・ベースの体験学習（PBEL）モデルを構築する試みについての研究が抽出された。

4）おわりに

国内の文献収集から、特に野外教育研究における哲学的方法による研究の乏しさが顕著であった。雑誌『環境教育』と比較して『野外教育研究』における哲学的・原理的な議論の少なさが目立った。当該学術誌は刊行20年を迎える。ここまでの掲載論文数は132本（1997年〜2016年12月）であるが、そのうち哲学的方法によると解釈された研究は4本である。野外教育における根本命題「人間にとって自然とは何か」「自然は人間に不可欠であるか」「野外教育とは何を教育するのか」等についての検討が不足している状況といえよう。井村ら[42]が1997年の第1巻第1号で指摘した当該分野における「哲学的研究の少なさ」は20年を経た現在でも継続課題といえるであろう。しかし、哲学的方法において発表された4本の研究のうち3本は近年（2016年）のものであり、わが国の野外教育における哲学的議論活発化の兆しともいえる。

他方、海外について、特に『JAEOL』においては哲学的方法による研究が活発に行われている。特に近年は「持続可能性」「場所に根差した教育（Place Based Education）」といったテーマについての議論が活発に行われている。また、本項では哲学的方法によると解釈できる研究のみを扱ったが、この他にも、文献学的な方法による社会学的な議論等に関する研究が多く見受けられた。この点については、野外教育研究および野外教育学会においてもより一層の議論の活発化が求められるであろう。

当該分野は体験・実践を旨とする学問領域であり、基礎的な研究とは距離があるように思えるかもしれない。しかし、高度情報化、市場経済中心主義といえる現代社会の価値観を相対化する重要な視点でもあるので、活発な議論による理論的整備等が不可欠であろう。理論と実践が相互に作用する研究文化を醸

成し、積極的な発表を行うことで社会に貢献をしていく必要があろう。

2.3. 代表的な研究の解説

2.3.1. 代表的な総説論文の執筆者による解説

ここでは『野外教育研究』第19巻第1号に掲載された研究資料「「教育」および「体験」に関するレビューと野外教育における課題と展望」[40]について解説する。

1）論文の概要

まず最初に、執筆に至る背景や動機といったものに触れてみたい。当該論文「1．はじめに」に記したように、「野外教育とはどのような教育なのか」については、暗黙のうちに了解されているが故に十分な理論的構築が重ねられておらず、日本野外教育学会の設立以降たびたび指摘されている課題であった。一方で近年になって「野外教育の"野外"とは何か」については、土方が風土の概念を援用しつつ、連続して学会発表を行っていた[127, 128]。また、近接して高野[129]や前田[130, 131]も、"場所"や"地域"という観点から野外教育理解につながる論を展開していた。正直なところ著者自身も、これまで「野外教育とはどのような教育なのか」を深く自問することは多くなかったのだが、土方や高野、前田らの議論には興味を覚え、また共感する部分も多かった。

このように、野外教育の"野外"に関する理論的な検討や整理が近年になって試みられており、著者はそれらに刺激されたように「野外教育の"教育"とは何か」について改めて問うてみたい、そう思ったのが執筆のきっかけであった。また同時に、直接的な体験を重視する野外教育の特性上、改めて"体験"とは何かについても俯瞰してみたいと思った。

以上のような背景や課題、研究動機を踏まえて当該論文では、「教育」と「体験」の概念を原理的、歴史的に概観し再整理したうえで、野外教育の今後の課題と可能性について示すことを研究目的とした。

実際のレビューを通じて、教育および体験には、それぞれ2つの側面や捉え方が存在していることが確認できた。

教育については、人間の内にもっている発達や成長の可能性を育み引き出す「育」という側面と、人間の外から必要な知識や技能を教える「教」という側面

との2つが存在していることが確認できた。また関連して、「教」の多くは意図的にそれが為されるのに対して、「育」が成立する場合は無意図的に、あるいは結果的にそれが為されている状況が存在しており、意図的な教育と無意図的な教育の2つの側面があることも確認できた。

一方の体験については、その時点で起こった主観的事実そのものが「体験」で、それを契機として個人の発展や成長を促すものが「経験」であるという解釈が認められた。そのうえで、体験に対してより積極的な意義や効果を見出し、経験へと昇華させようとする考えやアプローチと、そのような教育や発達の論理、またそれら有益性に還元されない次元においてすでに体験そのものに存在意義があるという主張が読み取れ、やはり体験においても2つの側面を確認することができた。

教育および体験に関するレビューをとおして互いに関連し合うような2つの側面や視座といったものが浮かび上がったが、これらの視点を持つことで野外教育における課題や限界について指摘できた。具体的には、特に野外教育実践における過度な教育的意図による弊害が見出された。逆にまた、教育的には無意図、無作為な臨場で産まれる生活や体験、また遊びなどの詳細な分析によって、意図的な野外教育に偏らない、野外教育全体像の把握や本質的な理解につながることが期待できた。

上記の内容に関して実際の論文では、「1．はじめに（背景、研究動機、研究目的）」、「2．教育（教育に関する諸文献の概観）」、「3．体験（体験に関する諸文献の概観）」、「4．問題提起と課題（教育および体験に関する諸文献の概観をとおして浮かび上がった視座をもとにした問題提起）」、「5．展望（今後必要となること、今後の可能性）」、の5章で構成した。以下、それぞれの章について展開内容および引用文献の概略について示す。

2）執筆の方法

「1．はじめに」については、これまで日本野外教育学会や『野外教育研究』において指摘されている、人文社会科学分野における理論的な研究の必要性について最初に述べた。後に近年展開されている"野外"概念の理解に関するアプローチに触れ、本研究の必要性について述べた。ここでの引用は主に『野外教育研究』掲載論文、日本野外教育学会発表論文であった。

「2．教育」はそもそも論からスタートしたので、まず教育という言葉の語義

を各種の辞書、辞典などから辿った。後に教育の必要性と成立背景については、時代の変遷に関連づけながらそれぞれ教育専門書や一般書、ウェブサイトなどから参照した。そして最後に、それらから浮かび上がった2つの視座について示した。

「3．体験」については、体験の意義について幅広い観点から概観した。ここでもそもそも論として、最初に人の生活や精神の基層を支える体験の意味について概観した後、体験を重視した教育思想の変遷、体験と経験の違い、野外における体験の意味について、それぞれ教育専門書や一般書、学術誌掲載論文、大学等紀要論文、学会発表論文を中心としながら概説した。そして「2．教育」と同様に、レビューの結果明らかとなった2つの視座について示した。

「4．問題提起と課題」および「5．展望」では、「2．教育」と「3．体験」に関する諸文献の概観をとおして示した2つの視座を踏まえ、現在の野外教育の自明性について再考し、"無意図的な教育"へも目を向けることで野外教育の本質的な理解が深まると論じた。ここでも教育専門書や学術誌掲載論文、大学等紀要論文、学会発表論文などから引用しつつ問題を提起した。

以上のような内容と構成は、広義に解釈すれば総説論文といってもよいであろう。

『野外教育研究』掲載規定によれば、「総説論文とは一定の研究分野について体系的に概観し、課題の整理や評価・展望を伴っている論文を指すものとする。」とされている。ちなみに、『環境教育』投稿規定では、「総説は、研究、教育実践、新しい思潮、政策に関して一定の分野を系統的に概観し、課題の整理や評価・展望を行っている論文とする。」とある。

上記のように総説論文は原則として、"一定の研究分野"について概観したものである。したがって、レビューする対象としては原則的に学術論文であり、なかでも査読のある学術誌掲載論文が客観性や妥当性の保証という点で最適の対象文献である。しかしながら当該論文で扱った文献の出典は多岐にわたり、辞書・辞典、書籍（専門書、一般書）、学術誌掲載論文、大学等紀要論文、学会発表論文抄録、ウェブサイトなどであった。それは当該論文が「そもそも教育とは」「そもそも体験とは」という非常に広範な問題意識から出発しており、またその理解のための観点も複数、しかも任意に設定したため、必ずしも査読を経た学術誌掲載論文に留まることはなかった。どちらかといえば、あらゆる

情報源から改めて教育や体験について理解を試みようとするものであった。

　また、今日では文献をレビューするにあたって、ナラティブレビューとシステマティックレビューの2つの方法があるとされている。前者は従来から実施されていた方法によるもので、研究者が必要であると判断する文献を選択し、そのように判断した根拠を述べることで妥当性を示すものである。一方、後者は文献選択の基準（用いたデータベース、検索語、スクリーニングのプロセス）を明示したうえでレビューし、方法の透明性と結果の妥当性を示すものである。前者には文献選択の段階において研究者の主観やバイアスが入り込む余地が残るのだが、後者はより客観的で再現性のある量的、統計的な理解が可能となり、一定の方法論[132]も確立されている[133]。しかしながら先述したように、当該論文は著者の主観によっていくつかの観点を設定し、理解につながるであろう文献を任意に選択したものであった。文献選択の基準といったものを特に設定しておらず、また論文内で明示することもなかった。

　これらのように、当該論文は総説論文としての"引用文献の質"と"文献選択の方法"に十分な客観性や妥当性が備わっていると厳密にはいえない。したがって投稿規定に定められる"一定の研究分野"を"体系的・系統的"に概観しているとはいえず、実際に『野外教育研究』に掲載された区分は総説論文ではなく、研究資料となっている。

　以上のような総説論文に本来求められる質や方法について踏まえたうえで、以下に述べる執筆の実際、詳細について参照されたい。

3）執筆の実際

　第2章では、最初に教育の語義を辿った。先述しているが、今日の日本社会では教育という言葉がそれほど疑問をもたれることなく、何気なく発したり見聞きする言葉となっているのであるが、その意味を改めて理解したいと考えた。そこで国語辞典、語源辞典などをまず調べた（文献40中の引用文献番号11〜16）。この時点で「日本語としての教育の意味とは、被教育者に対して、愛情を込めながらその人の外側から知識や技能等を教えるという意味と、被教育者の内側にある能力や可能性を引き出したり、伸ばしたりするという2つの意味があると考えることができる。（p.28）」[40]という教育に対する捉え方を確認できた。語義についてはその後、漢字「教」と「育」の成立背景および英語「education」の語源についても各種辞典類（文献40中の引用文献番号17〜21

から辿った結果、やはり先述した教育の2つの側面を確認できた。

　実はこのことが後の文献検索や収集、執筆に大きく影響を与えた。すなわち一括りに教育と捉えるのではなく、2つの意味や側面が存在しているという基本理解のもと、以後の執筆作業を進めた。

　第2章ではその後、教育の必要性については主に教育に関する専門書（文献40中の引用文献番号24〜30）、また教育の成立背景については主に一般書を中心にしながら文献収集を進めた（文献40中の引用文献番号31〜36）。原理的、歴史的、文化的にも、やはり教育の2つの側面を確認することができ、第2章の最後を以下のように締めた。「教育における2つの視座は生活形態、産業構造などの背景によってその比重や捉えられ方に差違があるものの、教育を成立させる普遍的な要素であり、野外教育においてもその双方が存在しうることが推察できた。（p.31）」[40]

　第3章でも、最初にそもそも論として人の生活や精神の基層を支える体験の意義について概観したが、これは第2章で引用した原[134]による『子どもの文化人類学』による影響が大きい。すなわち、教えるという概念が成立しない原初的で狩猟採集による生活においては、体験すること、直接的に行動することが生きるために不可欠であるという、体験の基盤的な意義を概観した。このことは野外教育関連書、学会誌掲載論文においても主張されており、それらを引用した（文献40中の引用文献番号41〜42）。

　次に、体験の重要性を指摘している教育の諸理論や教育思想について、主に学術誌掲載論文、各種紀要論文、教育学専門書などから引用した（文献40中の引用文献番号43〜52）。また、「溶解体験」や「フロー体験」をキーワードとしながら、教育的文脈から離れた体験の意義について紀要論文や社会学専門書から引用しつつ述べた（文献40中の引用文献番号56〜59）。さらに、特に野外における体験の意味に特化したレビューを行った。まず、井村[72]や坂本[135]が修験道や儀礼などの宗教的キーワードを用いながら行に着目しており、野外教育との類似性や親和性について論じた（文献40中の引用文献番号60〜62）。次に野外教育研究においては体験にどのようなアプローチが図られているかについて、『野外教育研究』や『野外教育学会大会抄録集』などから引用しつつ、その傾向についてまとめた（文献40中の引用文献番号63〜79）。

　最終的に第3章においても、体験についてより積極的な教育的意義や効果を

見出そうとする見方と、もう一方で教育や発達などの有益性に還元されない次元において、すでに体験の価値が存在しているという見方の、2つの側面が確認されたとして次のようにまとめた。

> 「(前略) 言語や知識を重視した教育へのカウンターとして体験の重要性が指摘され (中略) 体験学習法を取り入れた野外教育の成果が数多く報告されており、それらは体験についてより積極的な教育的意義や効果を見出そうとするものである。しかし一方で、教育や発達の論理、またそれらの有益性に還元されない次元において、体験は既に存在意義があるとする立場も存在する。(中略) 教育の論理だけで体験の意味を追求する困難さが読み取れた。(p.35)」[40]

　第4章では、第2章および第3章をとおして関連し合うような2つの視座が浮かび上がったことに触れ、見落とされがちな「教育的な有益性に還元できない体験そのものの価値」と「過度な教育的意図による弊害」について指摘した。ここでは矢野[136, 137]の論と、いわゆる過剰適応による問題点に関する学術論文や紀要論文などを引用しつつ問題提起を行った（文献40中の引用文献番号80〜84）。

　第5章では今後の展望や可能性について取りまとめた。ここでは第4章までの議論を踏まえて論を展開したため、特に文献を引用することはなかった。

　再掲するが、『野外教育研究』掲載規定によれば、「総説論文とは一定の研究分野について体系的に概観し、課題の整理や評価・展望を伴っている論文を指すものとする。」とされている。当該論文では、"そもそも論"として改めて教育や体験について"俯瞰したい"という問題意識に端を発し、教育の語義について辿るなかで得られた「教育には教える側面と育む側面とがある」という基本理解の元、広範な文献を収集し、執筆を進めた。最終的には問題提起として「意図的な野外教育に偏らない、教育的に無意図な野外教育に目を向ける必要性」を指摘することができた。「引用文献の質」と「文献選択の方法」に十分な客観性や妥当性が備わっているといえず研究資料となっているが、「ある分野について概観し、一定の問題提起や展望について論じている」という点で、"準"総説論文的な評価をされているものとして本項で取り上げた。

4）おわりに

　総説論文は、野外教育に関連する分野を俯瞰して把握することができ、野外

教育研究を進めるうえでの貴重な参考資料、いわば道しるべとなり得る。これまでにどのようなことが明らかになっており、今後どのような課題や発展可能性があるのかを知ることができる。『野外教育研究』は1997年に創刊され、2017年3月現在までに通巻39号までが発行されているが、総論文136本に対して、投稿区分上の総説論文は8本にとどまっている。今後、より多くの総説論文が出版され、野外教育研究の発展に寄与することを期待したい。

2.3.2. 代表的な歴史的研究の執筆者による解説

ここでは『野外教育研究』第16巻2号（2013年6月）に掲載された原著論文「アウトワード・バウンドの創始者クルト・ハーンの教育思想について－ザーレム校での教育実践と新教育運動・青年運動との関連－」[88]について解説していきたい。

1）論文の概要

まずは論文の概要を述べたい。この論文は、冒険教育のさきがけとして知られるクルト・ハーン（Kurt Hahn、1886-1974）の教育思想について歴史的観点から分析したものである。ハーンの業績は1941年にウェールズのアバドヴェイを発祥とした冒険学校アウトワード・バウンドの創設に代表され、その教育実践は現在の野外教育の原点とも捉えることができる。しかしながら、彼の数多くの業績と裏腹に彼自身の思想体系については資料が非常に少なく、またハーンそのものに焦点を当てた人物研究もこれまであまり進められてこなかった背景がある。ハーンの研究が進められてこなかった理由は主に彼の評価の難しさにあり、彼の辿ってきた足跡が政治的な影響によってとても複雑に込み入っていることや、教育実践がドイツ、イギリス、アメリカなど、さまざまな地域に跨がっていること、また本人の書いた論文や著書が非常に少ないといったことなどがあげられる。

この研究においてはそのような背景をもとに、ハーンを近年の冒険教育の思想的基盤として捉え、アウトワード・バウンドへ至るまでに培われたハーンの教育思想について、4つの着眼点からその傾向と特徴を探ることを課題とした。4つの着眼点とは、①ハーンの大学時代の師であるネルソン（Nelson, L.、1882-1927）の教育思想との比較、②ハーンの最初の代表的教育実践となるザーレム校での教育方法、③当時の新教育運動との比較、④当時の青年運動との比

較であり、彼にかかわる文献や講演録等の資料を分析した結果、次のような考察を得ることができた。

① ハーンの卒業論文の指導に携わった新フリース学派のネルソンと、ハーンの2人の共通項やザーレム校での教育方法からハーンの教育思想の傾向を探った結果、ハーンの教育思想はネルソンと同様に意志や理性を重要視する傾向にあり、理性重視の教育はザーレム校において個性の伸長と精神性の育成を象徴とした体育的で冒険的な教育方法によって実現化されてきたことがわかった。

② ハーンの教育思想の特徴は、規律や正義感といった理性を厳格に求める一方で、知識や性格に偏りのない調和的な人間像を目指すことにあり、その人間形成を独自の精神教育の方法によって達成させるというものであった。

③ ハーンの教育には当時の政治状況の混乱や、教師の主導性が強調されているといった特徴があるものの、身体的鍛錬による若者の全人的な人間形成を目指した教育活動は当時の重要な新教育運動のひとつとして評価すべきと考えられた。強いリーダーシップと身体的活動による精神教育が認められてきたという点から、当時のわが国の教育にも十分通用する部分があったと考えられた。

④ ハーンの教育活動が、ワンダーフォーゲルやボーイスカウトなどの当時の青年運動とは違い、ヒトラー・ユーゲントと化すことなく民族主義や国家主義に抵抗し、世界市民の育成を目指して実践されたものであることが理解できた。当時の時代背景のなかで、ハーンの教育活動がワンダーフォーゲルやボーイスカウトと決定的に異なることは、ヒトラーやナチスとのかかわり方であったといえる。ハーンは根本的にナチスアレルギーをよい意味で持ち合わせていた。

　この研究では、ハーンの教育思想の傾向と特徴について前述したいくつかの着眼点をもとに、部分的ながらもハーンの思想解明に繋げることができた。アウトワード・バウンドにかかわるハーンの思想的アプローチという課題は、今後の冒険教育のみならず野外教育という概念の一端を紐解くものになると主張できるだろう。

　また、この論文では今後の課題として2つの論点を残している。一つはハー

ンがアウトワード・バウンドを通してどのように冒険教育の思想を発展させてきたのかということ、そしてもう一つはアウトワード・バウンドが冒険教育を発展させたのであればハーンはどのようにアウトワード・バウンドに影響を与え続けたのかということである。本論文で取り上げることのできなかったこれら2つの論点を整理することにより、ハーンおよび冒険教育のさらなる思想解明に繋げることができると考えられる。本研究はそのような発展の可能性を大いに残している。以上が論文の概要である。

2）執筆の方法

この研究は文献の調査によって行われたものである。研究の対象はクルト・ハーンの人物そのものであり、論文や資料をもとに彼の思想を分析し評価している。

この研究を進めるにあたって苦労した点は、前述したとおり本人の書いた著書や論文が非常に少なく、さらに彼の教育実践がさまざまな地域に跨るため、彼にかかわる資料の収集に多大な労力を要することであった。この研究では特に海外の文献を中心にハーンの生涯をまとめ、教育思想を整理することに努めた。

この論文においてはハーンの教育思想を総括的に解明することを目標にしたわけではなく、いくつかの着眼点から一歩ずつ彼の教育思想を探ることを求めている。ハーン自身の論文や講演録のほか、ハーンの生涯の活動や業績を評価した人物らの資料から彼の全体像を捉え、その他国内外に散見する資料を収集して論文の骨子を固めることとした。

本論文の枠組は「序論」と4つに分けられた「本論」、そして「結論」部分で構成されている。また、論文の構成要素に見出しを合わせ、「序論」は「緒言」、「結論」は「結び」として表記している。4つの本論の見出しについては、「クルト・ハーンとネルソンの教育思想の共通点」「ザーレム校の教育方法にみられるクルト・ハーンの教育思想の特徴」「当時の新教育運動と比較するクルト・ハーンの教育理念」「当時の青年運動と比較するクルト・ハーンの教育理念」とし、ハーンの思想を複合的な視点で捉えられるような内容とした。

この論文ではハーンを取り巻く人物との関係性や当時の時代背景として特筆すべき事象について、注釈を付け補足説明している部分も多い。この点については査読者の方々からいただいた多くのご指導・アドバイスによるところが大

きく、論拠となるポイントに対して細かく補足説明を行うことで、自身の主張をきちんと明文化させることに繋げられた。なお、本文中の注釈については、論文の「結び」の後に「引用文献及び注」として引用文献とともに示している。

3）執筆の実際

　この研究で最初に問題意識として捉えたところは、冒険教育とは一体どういうものであるのか、そしてどのような歴史的背景があるのかについて、議論の余地がいまだ多いということであった。冒険教育の「祖父」または「さきがけ」としてわが国でも名前を聞くことの多いハーンであるが、同じ時代の著名な教育学者などと比べるとその知名度は高いといえず、実はあまり知られていないことが多い。彼を解明することにより野外教育分野の基礎的研究の充実に寄与できるのではないかと考えたことがこの研究を始めたきっかけである。

　ザーレム校での教育実践や教育運動・青年運動との関連に焦点を当てた理由は、まずはハーンの基盤となる思想や理念をしっかりと理解しておくことが重要だと考えたからである。基盤となる部分への研究に力を入れることによって、彼の冒険教育に対する考え方や道のりの整理を試みた。この論文では「緒言」においてこのような研究の動機とハーンの人物像を述べている。

　この論文では最初の論点としてゲッティンゲン大学の師であるネルソンとハーンの関係に注目している。ハーンの教育思想を整理するにあたってはまずネルソンを引き合いに出し、2人の共通項を教育に対するそれぞれの主張から探った。ネルソンとハーンの教育思想の共通点を理解するのにあたっては、ハーンやネルソンの論文[138,139]、天野の著書[140]などいくつもの文献資料を複合的に検討し、ハーンの教育に対する主張を裏付けた。また、検討を進めるにつれネルソンとハーンには教育思想や教育活動の共通点の他、政治思想に相違のあることもわかった。限られた資料による分析であったことは否めないが、ハーンとネルソンの教育の方向性の理解に繋げることができた。

　2つ目の論点はザーレム校での教育実践とした。ザーレム校とハーンを特徴づける資料を紡ぎ合わせることで、彼の教育思想の特徴を探った。たとえばマン（Mann）の著書[141]や石川の論文[142]からハーンの政治に対する姿勢を読み取り、さらに「ザーレムの七箇条」や「ザーレム校での成績表の項目」といった資料からハーンの教育に対する姿勢を分析した。また、ここではハーンの教育への姿勢を先行研究やハーン自身の講演録等から整理することによって、ハー

ンのこれまでの評価に対する自身の見解を主張した。

　3つ目の論点には新教育運動とハーンの教育活動の関係性をあげた。ゴッドフリー（Godfrey）ら[143]、当時のハーンの教育を伝える文献や田園教育塾の状況を詳しく解説する資料からハーンの教育活動の特徴を検討した。新教育運動との比較については次のように3点の特徴を示した。

　①ナチスとの対立といった特殊な政治状況のなかで教育が行われてきたこと。
　②子どもの自発性・関心よりも鍛える教師側の主導性に強調があること。
　③当時の田園教育塾において大自然のなかで行われる教育は特別なものとはいえなかったが、身体的鍛錬といった意味においては独特な特徴を持っていたこと。

　上記3点の特徴を分析することで、ハーンの教育活動がそのオリジナリティや現代教育に与えた影響といった点で評価でき、当時の重要な新教育運動であったと結論づけることができた。

　最後に4つ目の論点である青年運動との比較については、当時の青年運動であるワンダーフォーゲルやボーイスカウトなどを引き出し、文献資料をもとに検討を行った。ここでは一定の所見を示したうえで、4つの類似点と2つの相違点をあげた。4つの類似点とは「①盛んになった時代が近いこと、②冒険的な要素を含んでいること、③青少年に強い影響力を与えていたこと、④調和的・全人的な人間形成が活動の目的や目指す方向性として重要視されていること」であり、また2つの相違点とは「①ハーンの教育活動がワンダーフォーゲルやボーイスカウトのように青年運動ではないこと、②ハーンは最後まで真っ向からヒトラーと対立していたこと」であった。これらの点の分析から、ハーンの教育活動と当時の青年運動の特に異なる点が、根強い反ナチズム意識と平和な社会づくりを目指す市民の育成の意識にあったとの理解に繋げることができた。

　第3、第4の論点では新教育運動や青年運動をあげたが、ハーンを紐解くにはナチスやヒトラーとの関係をきちんと理解しておく必要があった。混乱した時代のなかでハーンの主張した教育観は現代の冒険教育と性質が若干違うものの、目指す人間像は現代社会の課題に大いに直結するものと考えられた。

　以上、この研究ではクルト・ハーンという人物の歴史的評価と彼への解釈の

見直しといった観点から分析を進めてきた。特に歴史的評価といった点ではこれまでの解釈をもとに多くの論文や書籍などから彼の人物を整理することに努めた。またハーンが強調する調和的な精神形成や人間形成について、これまでの評価を改めて見直すといった視点から自身の主張を展開することができた。

4）おわりに

論文末尾に付記として述べているが、この論文は日本野外教育学会第7回大会および第13回大会で発表したものを一部加筆・修正している箇所がある。この論文は学会発表を通じて論文の内容を強化し、一つの成果物としてまとめたものであるともいえる。学会発表を通して研究経過を発表できたことは、この論文を作成するにあたって非常に大きな意義があった。

限られた資料による分析を試みなければならなかったことや、ハーンの思想をさらに追及する必要性があることなど、この研究には課題も残る。今後さらに多くの文献資料が読み込まれることによって研究の発展を目指していくことができればと思う。

わが国の野外教育分野は歴史的研究がまだまだ少ないといった状況にある。実証的研究と同時に歴史・思想を追うような研究が進むことによって、野外教育研究のさらなる充実に繋がることを期待したい。

2.3.3. 代表的な哲学的論文の執筆者による解説

ここでは野外教育を扱った哲学的研究として『野外教育研究』第20巻第1号に掲載された原著論文「風土概念により再解釈された野外教育の原理の明文化」[101]について解説を行う。

1）論文の概要

この論文では野外教育の文脈における「風土」概念の具体化と、野外教育原理の明文化が企図されている。先行する土方の研究[100]における野外教育定義の再解釈「現代文明から外に出ることにより人間の実存性を露わにする教育であり、それらと相互に作用しながら醸成されてきた風土及び風土性へ曝す教育」の「風土」を具体化し、そして、その結果を受け「野外教育」を明文化することが試みられている。

「1. はじめに」で述べられているが、当該論文の背景には野外教育が主に米国由来の概念として認知されている現状への懐疑が存在する。野外教育を定義

付ける試みは現在までさまざまになされ、わが国においても知見が提出されてきた[144-146]。しかし、ここで取り上げられる「野外教育」は outdoor education の訳語としてである。そのようななか、わが国における野外教育の源流を修験道に見出した井村[72,74]の研究は、米国由来の概念という従前の文脈変更の可能性を示唆している。日本は世界でも類をみないほど豊かな自然を有しており、「山野河海に根差した」といった視点から「野外教育」が構想されることはきわめて自然なことであろう。これは、野外教育がなぜ「そこ」で実施されるのかといった「場所」の意味（価値）への問いであり、ナショナリズムや排外主義等とはまったく異なる、野外教育にとってきわめて本質的な問いでもある。

　また、野外教育は体験を主軸とした実践性を旨とする教育である。そこでは抽象論に終始しない実践への貢献、つまり「具体性」の獲得が求められる。この研究における野外教育原理の明文化（具体化）は実践に資することを視野に入れたものである。以上のような背景や課題、研究動機を当該論文は有している。

　続く2章では、和辻哲郎をはじめとする風土論者について検討が行われている。野外教育原理の明文化を図るためには、先述の先行研究[100]で再解釈された定義における「風土」の抽象性を払拭し、野外教育の文脈における「風土」に具体性を与える必要がある。まず、和辻哲郎の風土論について、その要点を紹介するとともに本研究の趣旨からみた「実践性に対する不足（抽象性）」を指摘している。これは、和辻の理論に関する知見が現象学的方法により導出されたことに由来する。次に、この問題をクリアするために、和辻風土論のエッセンスを継承した研究の検討にとりかかった。ここで対象となったのは、束原[147]、谷津[148]、ベルク（Berque）ら[149]、である。束原は結論として風土を単に自然科学の対象とするのみならず、社会科学、人文科学の対象として、さらに哲学の対象とすることを提案した。しかし、風土の概念について独自の定義を提示するまでには至らず、自然という言葉に代わる風土という言葉の使用についての可能性を示唆するにとどまっている。一方、谷津は風土に関連する論者の主張を概観、整理し、自然環境を「第一種風土」、自然環境と生産様式・社会構造・政治などをふくめて「第二種風土」、さらに、それらに精神文化と伝統・風習などを加えたものを「第三種風土」という定義を行った。また、ベルクは風土を「自然と空間に対する社会の関係」と規定し、風土に関する以下の3つの命

題（公理）を示した。①自然的であると同時に文化的である、②主観的であると同時に客観的である、③集団的であると同時に個人的である。しかし、命題①にあるように、自然と文化が対置されるものという自然＝非文化という前提を無意識にとっており、人間と自然の「身体」を介した相互関係という重要な要因への着目に対する希薄さが感じられた。

3章では、風土の具体的記述のために、2章における各論者の検討を踏まえ亀山[150]の風土論に着目した。亀山は人間を共同関係において存在する文化的身体的主体（類的存在としての感性）ととらえ、そのような人間が根源的には自然に依存すると捉える点を基本とし、風土を「一定の地理的空間における共同社会の人々と生活的自然との一体的かかわりの全体である。(p.81)」[150]と定義した。また、この定義のポイントを、①人間の共同性（諸個人の共同関係、文化生活様式の共有性、身体的振る舞いと感覚の同一性）、②生活の自然の諸事象との具体的身体的なかかわり、③かかわりの自然調和性・場所的一体性とした。この定義および補足ポイントは、先の土方[101]の野外教育再解釈の内実を反映・網羅しているものと思われ、野外教育の再解釈における風土の具体的記述に際しては亀山[150]の知見を援用することとなった。

そして4章では、3章で援用を検討した亀山[150]の風土に関する示唆に基づき、野外教育の文脈における風土を記述し明文化することを試みた。以下に記す。

Ⅰ　野外教育実践では風土および風土性が意識されるべきである

Ⅰ-1　野外教育実践では身体的なかかわり合い（体験、あるいは実存的に外にでること）が意識されるべきである

Ⅰ-2　野外教育実践では地域（実践の場）の自然は生活的自然として理解され扱われるべきである

Ⅰ-3　野外教育実践では地域社会・人々の自然とのかかわりにおける共同性・共同関係が理解され扱われるべきである

Ⅰ-4　野外教育実践では、地域の自然と人々とのかかわりにおける一体性・身体的かかわりが理解され扱われるべきである

ここまでの内容に関して実際の論文では、「1．はじめに（背景、研究動機、研究目的）」「2．「風土」という概念-和辻哲郎の風土概念を契機として-（先行知見の詳細な検討）」「3．「野外」を基礎付ける「風土」はいかに具体的記述

が可能か（方法の検討及び提示）」「4．風土的野外教育の原理に関する明文化の試み（考察）」「5．今後の課題」、の5章で構成した。以下、それぞれの章について論の展開方法について示す。

2）執筆の方法

　研究の背景、動機、目的が「1．はじめに」で述べられる。まず、野外教育関連分野の先行研究について概観がなされ、それにより問題意識が生じる（研究の動機、目的）。また、同時に当該分野における当研究の位置づけ（布置）をすることができる。形式上は現状に関する情報をインプットし研究者の身体（というフィルター）を介してアウトプットがなされるが、実際にはこのような直線的な流れで執筆がすすむとは限らない。多くの場合は直感的に違和感として問題意識が生じ、先行研究とその直感を往還することにより問題が明確化される。感じられた違和感に対して言語化がなされることにより問題提起となる。次にその問題を解決する方法を考え、提示することになる（研究目的、方法の提示）。哲学的研究の場合、先にも示したが（2.1.4．哲学的研究法とは何か：文献研究法Ⅱ，p.42 参照）、自然科学的研究のように特に定められた「方法」がなく、問題の解決に最適な方法がその都度考案される。いずれにしても読者を説得する論拠を提示することになる。

　本研究では、先行研究を批判的に検討し、それら議論および命題（批判的検討の結果得られた知見）を前提として演繹的に論を展開するという方法がとられている。

　「2．「風土」という概念－和辻哲郎の風土概念を契機として－」において、野外教育の文脈における「風土」の検討が行われる。ここでは、和辻風土論における理論的エッセンスを継承すると考えられる論考の収集および検討が行われた。また、この収集にあたっては、研究の趣旨から風土の具体的記述に資するという観点も設けられた。このような視点から、野外教育の文脈に適した風土を模索するために代表的な4名の風土論者について検討を行った。

　そして「3．「野外」を基礎付ける「風土」はいかに具体的記述が可能か」で風土の具体的記述の可能性について考察した。先の2章における各風土論者の検討を踏まえ、ここでは亀山[150]の知見について、本研究におけるその援用の妥当性がまず説明された。亀山風土論の定義について解説がなされ、その意味するところが野外教育の再解釈の内実を反映しているかについて検討が加えられ

た。この作業は、上記2つの土方[101]と亀山[150]の研究内容を対比しながら詳細に進められた。これにより援用するに足る妥当性が見出された。

さらに「4．風土的野外教育の原理に関する明文化の試み」では、原理の実践活用を意識した明文化がおこなわれた。亀山が提示する風土記述のポイントを援用し仮説的に試みられている。「2.1.4．哲学的研究法とは何か：文献研究法Ⅱ」でも述べたが、哲学では一般的に確立された手続きは用意されていない。そこでは、論理性が担保され、読者を説得するに足る論展開になっているという研究の前提が「方法」として再確認されることになる。基本的な論の運びはある命題（議論）を是として次の命題（議論）を演繹的に導く仕方がとられていく。そしてこの命題同士の結びつきの正しさについて論証を行うことにより説得がなされる。

3）執筆の実際

ここでは、「4．風土的野外教育の原理に関する明文化の試み」を例として扱う。この4章では、3章までの「風土」概念に関する検討を受けて野外教育の原理の明文化がなされた。

亀山[150]は、風土概念により環境倫理を基礎付ける試みにおいて、フォイエルバッハの人間学的唯物論を基礎的視角とする風土の概念構築を行った。これは人間を共同関係において存在する文化的身体的主体（類的存在としての感性）と捉え、そのような人間が根源的には自然に依存すると捉える点を基本とするものである。そして風土を「一定の地理的空間における共同社会の人々と生活的自然との一体的かかわりの全体である」と定義した。さらにこの定義に3つの基本ポイントを付け加えた。①人間の共同性（諸個人の共同関係、文化生活様式の共有性、身体的振る舞いと感覚の同一性）、②生活的自然の諸事象との具体的身体的なかかわり、③かかわりの自然調和性・場所的一体性、である。また、これら3つのポイントをもつ風土定義の一般的な契機を「かかわりの対象としての地域の生活的自然」と「かかわりの主体としての地域の人間の共同的あり方」とした。

本研究ではこの風土記述の要点を援用し、野外教育の具体的な原理の明文化を行った。

 Ⅰ 野外教育実践では風土および風土性が意識されるべきである
  ○まず、風土で基礎づけられた経緯から、この内容が大前提とされる。

Ⅰ-1 野外教育実践では身体的なかかわり合い（体験、あるいは実存的に外にでること）が意識されるべきである
　○これは野外教育の「野外」が実存性や「（現代文明から）外に出ること」と再解釈されことを反映している。

Ⅰ-2 野外教育実践では地域（実践の場）の自然は生活的自然として理解され扱われるべきである
　○これは風土定義の一般的な契機である「かかわりの対象としての地域の生活的自然」から導き出されたものである。

Ⅰ-3 野外教育実践では地域社会・人々の自然とのかかわりにおける共同性・共同関係が理解され扱われるべきである
　○同様に、風土定義の一般的な契機である「かかわりの主体としての地域の人間の共同的あり方」から導出されたものである。

Ⅰ-4 野外教育実践では、地域の自然と人々とのかかわりにおける一体性・身体的かかわりが理解され扱われるべきである
　○そして最後は、先の契機である「かかわりの対象としての地域の生活的自然」と「かかわりの主体としての地域の人間の共同的あり方」が身体を介して混然一体となり風土という現象を形成していることから導き出されている。

また、それぞれには、亀山の風土記述のポイントを参考に詳細な補足が加えられている。

4）おわりに

本研究では、先行研究を批判的に検討し、それら命題（批判的検討の結果得られた知見）を前提として演繹的に論を展開するという方法がとられている。基本的にはこの手続きを繰り返すことで思考を推し進め、論証（説得）をしていくことが「研究の方法」となっている。

注・引用文献

1） 大木秀一，彦聖美（2013）：研究方法論としての文献レビュー－英米の書籍による検討－，石川看護雑誌，10：7-8．
2） 新村出編（2008）：広辞苑 第6版，岩波書店，3016．
3） 東郷雄二（2000）：文科系必修研究生活術，夏目書房，156-159．

4）石井一成（2011）：ゼロからわかる大学生のためのレポート・論文の書き方、ナツメ社、18.
5）小学館大辞泉編集部編（2012）：大辞泉 第2版（上巻あーす）、小学館、1157.
6）前掲書[2]）、896.
7）Remenyi, D., Williams,B., Money, A., Swartz, E.、小樽商科大学ビジネス創造センター訳（2002）：社会科学系大学院生のための研究の進め方-修士・博士論文を書くまえに-、同文舘出版、8.
8）グレッグ美鈴、麻原きよみ、横山美江編著（2007）：よくわかる質的研究の進め方・まとめ方-看護研究のエキスパートをめざして-、医歯薬出版、1.
9）前掲書[7]）、5.
10）大木秀一（2013）：文献レビューのきほん-看護研究・看護実践の質を高める-、医歯薬出版、5.
11）前掲書[10]）、2.
12）前掲書[4]）、18.
13）桑田てるみ編（2015）：学生のレポート・論文作成トレーニング-スキルを学ぶ21ワーク-改訂版、実教出版、11.
14）前掲書[4]）、18-22.
15）前掲書[10]）、2-3.
16）前掲書[4]）、106-107.
17）テキサス大学オースティン校図書館ホームページ、What's a "Review Article?"、(http://www.lib.utexas.edu/lsl/help/modules/review.html、参照日：2016年11月14日).
18）前掲書[8]）、3.
19）白畑知彦、冨田祐一、村野井仁、若林茂則（1999）：英語教育用語辞典、大修館書店、261.
20）Baumeister, R.F., Leary, M.R.（1997）：Writing narrative literature reviews, Review of General Psychology, 1（3）：311.
21）前掲書[13]）、12.
22）前掲書[4]）、26-30.
23）小笠原喜康（2009）：新版大学生のためのレポート・論文術、講談社、42-62.
24）前掲書[13]）、16-17.
25）前掲書[4]）、138-141.
26）――（1886）：高等師範学校生徒第二回修学旅行概況、東京茗渓会雑誌、47：3-27.
27）――（1889）：長野縣尋常師範學校生徒第三脩學旅行概況、信濃教育会雑誌、36（付録）：1-49.
28）高嶺秀夫先生記念事業会（1987）伝記叢書5、高嶺秀夫先生伝、大空社.

29）長野県教育史刊行会（編）（1976）：長野県教育史 第6巻 教育課程編3、長野県教育史刊行会.
30）青少年の野外教育の振興に関する調査研究協力者会議（1996）：青少年の野外教育の充実について（報告）、文部省.
31）内山勝利（2008）：総論－はじまりとしてのギリシャ－、哲学の歴史第1巻1哲学誕生、中央公論社、20-24.
32）佐藤臣彦（1993）：身体教育を哲学する、北樹出版、11-12.
33）山本信（1988）：哲学の基礎、北樹出版、15-17.
34）岩崎武雄（1978）：哲学概論、北樹出版、3-5.
35）石浜弘道編（1984）：Next 教科書シリーズ、哲学、弘文堂、1-8.
36）井村仁（2017）：日本の野外教育の歴史、日本野外教育学会編、野外教育学研究法、杏林書院、6-12.
37）矢崎美盛（1947）：ヘーゲル精神現象論、岩波書店、4-5.
38）前掲書[35]、134-137.
39）野矢茂樹（2006）：新版論理トレーニング、産業図書、1-3.
40）張本文昭、土方圭（2016）：「教育」および「体験」に関するレビューと野外教育における課題と展望、野外教育研究、19（1）：27-40.
41）中山恵一（2002）：野外教育、環境教育、及び環境解説の三分野間の関連についての考察、野外教育研究、6（1）：29-39.
42）井村仁、橘直隆（1997）：野外運動に関する研究論文データベースの作成と研究動向の分析、野外教育研究、1（1）：33-44.
43）岡村泰斗、飯田稔（1998）：アメリカのキャンプ研究における Environmental Literacy 評価の動向、野外教育研究、1（2）：37-48.
44）林綾子、飯田稔（2002）：アメリカにおける体験学習理論を取り入れた野外教育指導法について、野外教育研究、5（2）：11-21.
45）Yamada, N.（2005a）: Implications of adult learning theories to interpretive programs、野外教育研究、9（1）：45-54.
46）山田菜緒子（2005b）：インタープリテーションの背後にある理論－自然資源管理に効果的となりうる理論的説明－、野外教育研究、9（1）33-43.
47）山田菜緒子、Sam H. Ham（2004）：インタープリテーションの評価－評価の概念、視点、および自然公園への適用－、野外教育研究、7（2）：1-12.
48）中村正雄（2009）：学校教育における野外活動と自然体験活動の動向、野外教育研究、13（1）13-27.
49）井上美智子（2004）：幼児期の環境教育普及にむけての課題の分析と展望、環境教育、14（2）：3-14.
50）鈴木敏正、佐藤真久（2011）：「外部のない時代」における環境教育と開発教育の実践的統一に向けた理論的考察－「持続可能で包容的な地域づくり教育（ESIC）」

の提起-、環境教育、21（2）：3-14.
51）降旗信一、二ノ宮リムさち、野口扶美子、堀洋美（2012）：環境教育の再構築に向けたリジリアンス研究の動向-災害に向き合う地域の力-、環境教育、22（2）：47-58.
52）柳敏晴（2013）：水辺の野外教育と環境教育-人、自然と共に生きる繋がりを目指して-、環境教育、23（2）：14-26.
53）高野孝子（2013）：地域に根ざした教育の概観と考察-環境教育と野外教育の接合領域として-、環境教育、23（2）：27-37.
54）西村仁志（2013）：自然学校による持続可能な社会へのイノベーション、環境教育、23（3）：17-28.
55）二ノ宮リムさち、阿部治（2015）：国連・持続可能な開発のための教育の10年（DESD）を通じた国内の環境教育研究・実践における成果と今後の課題、環境教育、24（3）：18-31.
56）安藤聡彦（2015）：公害教育を問うことの意味、環境教育、25（1）：4-13.
57）Ritchie, S.D., Patrick, K., Corbould, G.M., Harper, N.J., Oddson, B.E.（2016）：An environmental scan of adventure therapy in Canada, Journal of Experiential Education, 39（3）：303-320.
58）Norris, J.（2011）：Crossing the threshold mindfully: exploring rites of passage models in adventure therapy, Journal of Adventure Education and Outdoor Learning, 11（2）：109-126.
59）Hartford, G.（2011）：Practical implications for the development of applied metaphor in adventure therapy, Journal of Adventure Education and Outdoor Learning, 11（2）：145-160.
60）Willis, A.（2011）：Re-storying wilderness and adventure therapies: healing places and selves in an era of environmental crises, Journal of Adventure Education and Outdoor Learning, 11（2）：91-108.
61）Cohn, I.（2011）：Indigenous ways-fruits of our ancestors, Journal of Adventure Education and Outdoor Learning, 11（1）：15-34.
62）Brown, M., Fraser, D.（2009）：Re-evaluating risk and exploring educational alternatives, Journal of Adventure Education and Outdoor Learning、9（1）：61-77.
63）Lugg, A.（2007）：Developing sustainability-literate citizens through outdoor learning: possibilities for outdoor education in Higher Education, Journal of Adventure Education and Outdoor Learning, 7（2）：97-112.
64）Poff, R., Stenger-Ramsey, T., Ramsing, R., Spencer, S.（2013）：Outdoor recreation journals: A topical analysis from 2009–2012, Journal of Outdoor Recreation, Education, and Leadership, 5（2）：151-154.

65) Culp, C.A.（2016）: Judgment and decision making in outdoor adventure leadership: a dual-process model, Journal of Outdoor Recreation, Education, and Leadership, 8（1）: 57-74.
66) Schumann, S., Sibthorp, J., Hacker, D.（2014）: The illusion of competence: increasing self-efficacy in outdoor leaders, Journal of Outdoor Recreation, Education, and Leadership, 6（2）: 97-113.
67) Cason, D., Gillis, H.L.（1994）: A meta-analysis of outdoor adventure programming with adolescents, Journal of Experiential Education, 17（1）: 40-47.
68) Hattie, J., Marsh, H.W., Neill, J.T., Richards, G.E.（1997）: Adventure education and outward bound: Out-of-class experiences that make a lasting difference, Review of Educational Research, 67（1）: 43-87.
69) Hans, T.A.（2000）: A meta-analysis of the effects of adventure programming on locus of control, Journal of Contemporary Psychotherapy、30（1）: 33-60.
70) Rickinson, M., Dillon, J., Teamey, K., Morris, M., Choi, M.Y., Sanders, D., Benefield, P.（2004）: A Review of Research on Outdoor Learning, National Foundation for Educational Research and King's College London.
71) Thomas, G., Potter, T., Allison, P.（2009）: A tale of three journals: a study of papers published in AJOE, JAEOL and JEE between 1998 and 2007, Australian Journal of Outdoor Education, 13（1）: 16-29.
72) 井村仁（2006）: わが国における野外教育の源流を探る、野外教育研究、10（1）: 85-97.
73) 井村仁（2006）: わが国で初めて用いられた「野外教育」の意味と歴史的背景、野外教育研究、10（1）: 99-111.
74) 井村仁（2006）: わが国において「野外教育」という用語が初めて使用された時期とその内容について、野外教育研究、11（2）: 13-27.
75) 林丈（2011）: 樋口勘次郎の飛鳥山遠足について-野外教育史における位置付けの検討-、筑波大学大学院体育系修士研究論文集、33: 361-364.
76) 倉品康夫（2007）: 明治期における誠志小学校の野外教育としての活動主義的遠足の実践、日本野外教育学会第10回大会プログラム・研究発表抄録集、56-57.
77) 野口穂高（2006）: 成蹊小学校における野外教育理論に関する一考察-その自然観の理論的展開を中心に-、早稲田大学大学院教育学研究科紀要（別冊）、13（2）: 193-204.
78) 野口穂高（2006）: 成蹊小学校における小瀬松次郎の校外教育に関する一考察-1915年度の実践を中心に-、早稲田大学大学院教育学研究科紀要（別冊）、14（1）: 183-194.
79) 野口穂高（2007）: 成蹊小学校における夏期特別課程に関する一考察-中村春二の「夏期授業論」と「夏の学校」-、早稲田教育評論、21（1）: 31-50.

80）野口穂高（2008）：大正末期の東京市における「林間学校」-「御殿場夏期林間学校」と「佛蘭西寄贈病院」-、早稲田教育評論、22（1）：23-42．
81）野口穂高（2008）：大正末期東京市における「身体虚弱児童」の実状とその教育に関する一考察、地方教育史研究、29：65-87．
82）野口穂高（2010）：大正期における林間・臨海学校の展開-東京市の事例を中心に-、日本の教育史学、53：30-42．
83）野口穂高（2010）：大正期の地方都市における林間学校受容に関する一考察-大阪府と香川県の事例を対象に-、論叢：玉川大学教育学部紀要、91-110．
84）野口穂高（2011）：大正期における「虚弱児童」の教育問題化と「野外教育」、論叢：玉川大学教育学部紀要、47-64．
85）野口穂高（2012）：「赤坂臨海教育団」に関する一考察-大正期の「林間学校・臨海学校」をめぐる議論に着目して-、論叢：玉川大学教育学部紀要、63-81．
86）野口穂高（2015）：大正期における「林間学校」の受容と発展に関する一考察-その目的と実践内容の分析を中心に-、学術研究（人文科学・社会科学編）、64：387-407．
87）野口穂高（2015）：大正末期から昭和初期の函館市における「林間学校」の研究-函館教育会「夏期林間学校」と函館市「五稜郭林間学校」を中心に-、早稲田大学大学院教職研究科紀要、7：1-16．
88）西島大祐（2013）：アウトワード・バウンドの創始者クルト・ハーンの教育思想について-ザーレム校での教育実践と新教育運動・青年運動との関連-、野外教育研究、16（2）：1-13．
89）渡辺敏全集編集委員会編（1987）：渡辺敏全集、長野市教育委員会．
90）高木三郎（2006）：高等女学校における立山登山の歴史、研究紀要（富山県立山博物館）、13：67-79．
91）藤岡恭子（2006）：アメリカにおけるアドベンチャー・プログラムの普及過程とその質的変容-1970年代プロジェクト・アドベンチャーの誕生と展開を中心に-、名古屋大学大学院教育発達科学研究科紀要（教育科学）、52（2）：69-79．
92）Yerkes, R.（2010）: Celebrating our history: an introduction, Camping Magazine, 83: 38.
93）Yerkes, R.（2010）: His story, her story, our story- 100 years of the American camp, Camping Magazine, 83: 40-47.
94）Paris, L.（2008）: Children's Nature: The Rise of the American Summer Camp, New York University Press.
95）Louv, R.、春日井晶子訳（2006）：あなたの子どもには自然が足りない、早川書房．
96）Carlson, J.A.（2002）: Lloyd Burgess Sharp: An oral history of a career that shaped outdoor education, Doctral dissertation, Stephen F. Austin State University.
97）Lynn, C.（2000）: Outdoor education: its origins and institutionalisation in schools

with particular reference to the west riding of yorkshire since 1945, Doctoral dissertation, University of Leeds.
98) Georgakis, S., Light, R.（2010）: The outdoor classroom: school camping as education in NSW 1890-1960s, Australian Journal of Outdoor Education, 14（1）: 3-12.
99) 田中廣喜（2008）: コメニウスの自然観から学ぶ自然環境体験活動、野外教育研究、11（2）: 1-12.
100) 土方圭（2016）: 野外教育における「野外」概念の再解釈-風土概念を手がかりとして-、野外教育研究、19（1）: 14-26.
101) 土方圭（2016）: 風土概念により再解釈された野外教育の原理の明文化、野外教育研究、20（1）: 1-11.
102) 前田和司（2016）: 場所に感応する野外教育は何を目指すのか-「地域に根ざした野外教育」の理論化を見すえて-、野外教育研究、19（2）: 1-13.
103) 藤岡達也（2007）: 総合的な学習の時間における環境教育展開の意義と課題、環境教育、17（2）: 26-37.
104) 関智子、岡島成行、進士五十八（2009）: 石田梅岩における環境思想についての一考察、環境教育、18（3）: 35-46.
105) 関智子（2013）: 蕃山・梅岩・昌益にみる日本型環境思想の原型、環境教育、23（2）: 67-78.
106) 今村光章、五十嵐有美子、石川聡子、井上有一、下村静穂、杉本史生、諸岡浩子（2010）: パワーズの「持続可能な文化に向けての環境教育」論の批判的検討、環境教育、19（3）: 3-14.
107) 小野瀬剛志（2010）: 社会システムとしての食糧問題と食環境概念の再検討-食教育の概念的整理にむけて-、環境教育、20（1）: 68-79.
108) 神林哲平（2012）: 環境教育における原理的な共通理解のためのメタ理論「構造構成的環境教育モデル（SCEEM）」の構築、環境教育、22（1）: 39-52.
109) 今村光章（2016）: 現代の学校教育の再考契機としての森のようちえんの意義-「自然学校としての森のようちえん」を手がかりに-、環境教育、22（3）: 4-16.
110) 楠美順理（2014）: 試案としての環境教育像に基づく教科化の検討、環境教育、24（1）: 53-64.
111) 新田将宏（2014）: 環境教育における試験の研究序説-将来世代へのアカウンタビリティとしての試験-、環境教育、24（1）: 65-76.
112) 野田恵（2014）: 自然学校におけるラディカルな社会変革の要因-ヴァンダナ・シヴァの近代科学批判を手がかりに-、環境教育、24（2）: 17-27.
113) 木俣美樹男（2014）: 生涯にわたる環境学習過程の構造-環境学習言論の構築に向けて-、環境教育、24（2）: 50-63.
114) Beames, S., Atencio, M.（2008）: Building social capital through outdoor

education, Journal of Adventure Education and Outdoor Learning, 8（2）: 99-112.
115）Harrison, S.（2010）: 'Why are we here?' Taking 'place' into account in UK outdoor environmental education, Journal of Adventure Education and Outdoor Learning, 10（1）: 3-18.
116）Sandell, K., Öhman, J（2013）: An educational tool for outdoor education and environmental concern, Journal of Adventure Education and Outdoor Learning, 13（1）: 36-55.
117）Quay, J.（2013）: More than relations between self, others and nature: outdoor education and aesthetic experience, Journal of Adventure Education and Outdoor Learning, 13（2）: 142-157.
118）Brymer, E., Davids, K.（2014）: Experiential learning as a constraint-led process: an ecological dynamics perspective, Journal of Adventure Education and Outdoor Learning, 14（2）: 103-117.
119）Clarke, D.A.G., Mcphie, J.（2014）: Becoming animate in education: immanent materiality and outdoor learning for sustainability, Journal of Adventure Education and Outdoor Learning, 14（3）: 198-216.
120）Hill, A., Brown, M.（2014）: Intersections between place, sustainability and transformative outdoor experiences, Journal of Adventure Education and Outdoor Learning, 14（3）: 217-232.
121）Dyment, J.E., Potter, T.G.（2015）: Is outdoor education a discipline? provocations and possibilities, Journal of Adventure Education and Outdoor Learning, 15（3）: 193-208.
122）Dyment, J.E., Potter, T.G.（2016）: Is outdoor education a discipline? insights, gaps and future directions, Journal of Adventure Education and Outdoor Learning, 16（2）: 146-159.
123）Paulus, S.C.（2016）: Exploring a pluralist understanding of learning for sustainability and its implications for outdoor education practice, Journal of Adventure Education and Outdoor Learning, 16（2）: 117-130.
124）Cachelin, A., Paisley, K., Dustin, D.（2009）: Opportunity and obligation: a role for outdoor educators in the sustainability revolution、Journal of Outdoor Recreation, Education, and Leadership, 1（2）: 141-150.
125）Wu, Yin-yan., Simpson, S（2011）: Dewey on Leisure, Journal of Outdoor Recreation, Education, and Leadership, 3（1）: 3-11.
126）Ellison, K.（2013）: Fostering outdoor learning experiences with urban youth through place-based expeditionary learning, Journal of Adventure Education and Outdoor Learning, 5（3）: 179-191.
127）土方圭（2013）: 野外教育における「野外」概念の検討、日本野外教育学会第16

回大会プログラム・研究発表抄録集、84-85.
128) 土方圭（2015）:野外教育における「野外」概念の検討-第二報-、日本野外教育学会第18回大会プログラム・研究発表抄録集、76-77.
129) 高野孝子（2014）:PBE 地域に根ざした教育？持続可能な社会づくりへの試み？海象社、8-20.
130) 前田和司（2009）:場所のセンスと野外教育-A.Brookes の議論から-、日本野外教育学会第12回大会プログラム・研究発表抄録集、78-79.
131) 前田和司（2015）:「場所に感応する野外教育」は何を目指すのか、日本野外教育学会第18回大会プログラム・研究発表抄録集、72-73.
132) 卓興鋼、吉田佳督、大森豊緑（2011）:エビデンスに基づく医療（EBM）の実践ガイドライン-システマティックレビューおよびメタアナリシスのための優先的報告項目（PRSMA声明）-、情報管理、54（5）:254-266.
133) これらのことはナラティブレビューとシステマティックレビューの優劣を示しているのではない。
134) 原ひろ子（1979）:子どもの文化人類学、晶文社.
135) 坂本昭裕（2009）:キャンプを利用したセラピー、筑波大学野外運動研究室編、キャンプの知、勉誠出版、101-106.
136) 矢野智司（2006）:意味が躍動する生とは何か-遊ぶ子どもの人間学-、世織書房、12.
137) 矢野智司（2003）:「経験」と「体験」の教育人間学的考察-純粋贈与としてのボランティア活動-、市村尚久、松浦良充、早川操、広石英記編、経験の意味世界を開く-教育にとって経験とは何か-、東信堂、40-41.
138) Hahn, K.（1957）: Origins of the outward bound trust, In: Bereday G.Z.F., Lauwerys, J.A., eds., The Yeabook of Education, Evans, 1-2.
139) Nelson, L.（1974）: Ausgewählte Schriften Studienausgabe, Europäische Verlagsanstalt, 93.
140) 天野正治編（1982）:現代に生きる教育思想5-ドイツⅡ-、ぎょうせい、107.
141) Mann, G.、林部圭一、岩切千代子、岩切正介訳（1993）:ドイツの青春1、みすず書房、148.
142) 石川道夫（2001）:クルト・ハーンとアウトワード・バウンド、教育新世界、50:60-61.
143) Godfrey, R.（Preface by Taft, H.）（1980）: Outward Bound: Schools of the Possible, Anchor Books, ⅷ-ⅸ.
144) 江橋慎四郎編著（1987）:野外教育の理論と実際、杏林書院、43-44.
145) 青少年の野外教育の振興に関する調査研究協力者会議（1997）:青少年の野外教育の充実について、文部省.
146) 小森伸一（2011）:野外教育の考え方、自然体験活動研究会編、野外教育の理論

と実践、杏林書院、1-11.
147）東原昌郎（1990）：野外教育における風土概念導入に関する一考察、東京学芸大学紀要5部門、42：109-115.
148）谷津榮壽（1982）：風土論における自然環境の意味、水山高幸、中山正民、太田陽子、水越允治、中山光衞編、風土の科学Ⅰ、創造社、2-7.
149）Berque, A.、篠田勝英訳（1989）：風土の日本、筑摩書房.
150）亀山純生（2004）：環境倫理における風土概念と風土的環境倫理の基礎的論点、東京農工大学人間と社会、15：73-98.

第3章 調査研究法とその成果

3.1. 調査研究法を用いた研究

3.1.1. 調査研究法とは

　野外教育分野には、人文科学、社会科学、自然科学の理論に基づく様々な研究問題を明らかにするための研究法がある。そのなかで、調査研究法は、主に社会科学の学問領域における問題を対象とした学術調査[1]のために用いられ、研究目的に応じて量的調査研究と質的調査研究にわけることができる。

　量的調査研究には、多数の調査参加者[2,3]から調査票（質問紙）や評価尺度を用いて、集団に所属する人の意識や行動の実態、プログラムや授業の効果を調べる調査研究と、人の特性などに関する検査や評価尺度を作成する調査研究がある。

　前者の調査研究は、野外教育活動に関係するさまざまな人々を対象として、調査票（質問紙）や評価尺度を用いて定型なデータを収集し統計的な手法による客観的な分析から結果を考察する。このような調査研究には、横断的研究によって実態の把握を目的とするものから、仮説を探索する目的の仮説生成型、仮説の検証を目的とする仮説検証型が存在する。また、野外教育活動の効果に関する調査研究では、検査・評価尺度を用いて、①心理的効果、②社会的効果、③環境・行動効果、の３つの観点などから研究が行われている[4]。

　後者の検査・評価尺度の作成に関する調査研究は、研究対象となる事柄（概念）の特性について、その能力や適性を正確に評価することが重要となり、構成概念の妥当性・信頼性などが求められる。野外教育分野において作成された評価尺度は、橘ら[5]が開発した「生きる力を構成する指標」や、それをもとに作成されたIKR評定用紙[6]、中村ら[7]が開発した「問題解決力尺度」、土方ら[8]が作成した「キャンプカウンセラーのソフトスキル尺度」、千足ら[9]の開発した「海洋リテラシー調査票」などがある。

一方、質的調査研究は、少数の調査参加者から観察・インタビューなどによって非定型なデータを多数収集し、深い洞察による分析から考察を行うものであり、主として仮説生成型の調査研究や臨床事例の研究に用いられることが多い。質的調査研究による観察やインタビューなどの方法と分析については他章で取り上げることから、本章では、量的調査研究として行われる調査票（質問紙）と、検査・評価尺度を用いた調査、検査・評価尺度の作成、既存の調査データの2次利用と統合および調査研究法の意義、プライバシーと研究倫理、統計解析における留意点について解説を行う。

1）調査票・評価尺度を用いた調査研究

調査票・評価尺度を用いた調査研究は、問題意識に基づき慎重かつ十分に計画され実施すべきである。調査の目的に合致した実態の把握、仮説生成、仮説検証を行う必要があり、調査をすること自体が目的となってはならない。調査票を用いた研究の手順としては、先行研究を十分に検討し調査目的を明確にすることが重要である。次に、研究目的である問題意識の概念を操作的に定義[10]し、質問項目を決定する。具体的な調査票の作成は、基本的な社会調査の技法に沿って、質問文、選択肢の作成、レイアウト、質問の順序などに留意する必要がある。

対象の抽出に関しては、標本抽出論[11]により母集団からの抽出が行われる。しかし、野外教育に関係する研究においては、対象とする母集団から標本を無作為抽出することが難しいケースが多いため、住民基本台帳から標本抽出を実施している研究は少ない[12]。たとえば、キャンプ愛好者を対象にする場合であれば、（公財）日本キャンプ協会の会員名簿から調査対象者を抽出することも可能であるが、現在、個人情報保護の観点から名簿の管理が厳重となり、調査申請が許可されるかは定かでない。また、一般的に郵送法の回収率は決して高いとはいえず、国勢調査や公官庁、都道府県などの地方公共団体の調査もオンラインで行われる時代になっている。詳細は後述するが、野外活動愛好者を対象とした調査においては、愛好者間の関係によって調査の参加を呼びかける機縁法・紹介法[13]は時代に即した方法として捉えることができる。

仮説検証型の調査の場合、質問項目を作成する前に、研究仮説に基づく従属変数と独立変数を明確にし、かつ交絡要因の影響も含めた統計解析の方法を検討しておくことが重要である。また、野外教育活動の効果などに関する縦断的

研究の場合は、データの対応や条件の統制、コントロール群の設定などを研究デザインに含めることが求められる。

2）検査・評価尺度の作成

出村ら[14]は、検査・評価尺度の作成において重要な点として、①論理的妥当性を踏まえた項目の抽出、②有効な項目の客観的な選択、③評価尺度の信頼性・妥当性の検証、をあげている。

作成手順としては、既存の評価尺度を調べ、関係する尺度の構成概念や項目などのチェックを行う。そして、作成する評価尺度において想定される因子から下位尺度の項目を作成する。先行研究や自由記述の予備調査結果などから多数の項目を作成し初期調査を行う。調査結果のデータを基にした探索的因子分析から因子を抽出する。因子負荷量から項目の精選を行い、構成概念の妥当性、因子の内的整合性・弁別性の検討を経て最終的に評価尺度が作成される。最終的に作成された評価尺度は、再度調査を実施する再テスト法などによって尺度の再現性の検証が求められる。

3）既存データの2次利用および統合

調査票や評価尺度を用いて行われた研究データは多数存在する。総務省[15]は、2007年の統計法の全面改訂をうけて「統計データの2次利用促進に関する研究会」を発足させ、秘密の保護を図ったうえで統計データの2次利用を促進している。また、東京大学社会科学研究所附属社会調査・データアーカイブセンター[16]は、学術目的において教育機関に所属し資格を有する研究者にデータを提供している。野外教育分野においては、現在、調査データそのものの2次利用を行った研究は見当たらないが、今後、公表された調査データの2次利用による研究成果が期待される。

既存の独立した個々の研究結果を統計的に統合するメタ分析の手法は、向後と坂本[17]が、先行研究17件（総サンプル1,126）からメタ分析を行いキャンプ前後で自己概念が有意に変化することを報告している。また、中村[18]は、体験活動の教育効果の研究方法について、メタ分析と集団を前向きに追跡するコホート研究について可能性を示唆している。個々の研究において多数のサンプルによる調査が難しい野外教育分野においては、既存の研究結果の統合によるメタ分析の研究手法は有効であると考えられる。

3.1.2. 調査研究法の意義

野外教育分野においては、海、山、川などの野外において行われるさまざまな活動（ダイビング、カヌー、登山、ハイキング、スキー、野外炊事、自然観察など）が、学校教育や社会教育のなかで実施されている。これらに関する研究は、学校教育機関や民間のスポーツクラブ、愛好者団体などによって企画された行事、授業、イベントなどを対象とすることが多く、プログラムの事例[19]や参加者の心理的効果などに関する研究[20, 21]が盛んに行われている。

これら野外教育分野における研究においては、研究対象が企画された行事・イベントであることが多く、調査参加者が少数の質的調査研究[22]や、評価尺度を用いた縦断的研究や横断的研究が行われている[23, 24]。大規模な母集団による標本調査は、協会の会員や指導員、教育機関の教員を対象に行われているケースがある[25]。近年はインターネットを利用したオンライン調査[26]の普及からSNS[27]などによって調査参加者を募ることも多い。

このような野外教育分野の研究においては、質的調査研究と量的調査研究双方のメリットを最大限に活かした研究を実施することが重要である。質的調査研究は、調査参加者が少数であっても、事例の詳細を知ることが可能であり、多数の質的データの蓄積から個別事例を掘り下げた洞察による考察を行うことに意義がある。しかし、全体の傾向について客観的な統計データに基づく考察を行うことが難しいことから、質的調査研究の成果を先行研究とした量的調査研究による検証も重要である。また、量的調査研究によって明らかにされた成果から新たな研究課題を発見し、質的調査研究による詳細な分析に繋げることも重要である。野外というフィールドで行われる野外教育分野の研究は、効果的な質と量による調査研究法の運用によってより効果的な研究成果をあげることが可能であり、研究法を正しく理解して調査を実施することが野外教育分野のさらなる発展に寄与する。

3.1.3. 野外教育分野における調査研究を遂行するうえでの留意点
1）研究倫理に関する留意点
（1）野外教育分野の研究におけるプライバシー保護と研究参加の同意

野外教育分野における研究では、プログラムの参加者がそのまま調査参加者であることが多い。すなわち、プログラムに参加すること自体が調査に参加す

ることになる場合がある。プログラム参加に関する同意書に調査参加の同意が含まれることも想定できるが、本来は、プログラムの参加と調査の参加は別に捉える必要がある。研究成果がプログラムに活かされるからといって調査参加を強制することは避けるべきである。研究者は調査対象者に対して調査参加が任意であることを明確に伝え、調査参加の同意と同意の撤回についても十分に説明することが必要である。加えて参与観察や事例調査においては、調査結果を公表する前に調査対象者に対して調査を行っていたことを説明し了解を得ることが原則となる[28]。

　また、野外教育分野の研究においては、調査参加者が冒険キャンプや組織キャンプなどに参加する18歳未満の児童・生徒、あるいは精神障害・知的障害がある場合など、本人に説明が困難な場合がある。このような場合おいて、日本野外教育学会研究倫理規定[29]は「協力者が18歳未満の場合、あるいは協力者に説明することが困難な場合は、あらかじめ書面あるいは口頭にて保護者、あるいは協力者の意思及び利益を代弁できると判断された者に説明し、了承を得なければならない」としている。このようなインフォームド・コンセントは厳密に行われる必要がある。

　同時に、個人情報の管理も厳密に行われる必要がある。調査票における複数の個人属性の回答は、連結によって個人の特定が可能になる場合がある。また、他の個人名リストと連結させることで個人が特定できる連結可能匿名化データの場合があり、その管理は調査者（研究者）の重大な責任となる。したがって、データの取り扱いと分析においては、ファイルのパスワードによる管理やネットワークから遮断したデバイスでのデータの取り扱い、施錠できる環境においての調査票の保管など十分に配慮する必要がある。そして、調査データおよび関連する情報は論文の完成後定められた保管期間[30]後に速やかに完全破棄しなければならない。

（2）剽窃、データの改竄、二重投稿、ギフトオーサーシップ

　黒木[31]は、「研究不正」（scientific misconducts）について、2000年から研究論文の撤回数が上昇を続けていることを指摘している。研究不正の内容は、データの改竄や剽窃、利益相反、二重投稿など多岐にわたる。それらが発覚する原因は、インターネットの普及に伴って研究論文が電子データとして配信されるようになったことにより、全テキストデータ、図・表、写真などの画像データ

がオンライン上に存在し、すべての人々の眼下にさらされていることにある。また、学校教育法の学位規則が2013年に改正され、博士論文は全文インターネットで公表されることとなった。現在、各大学は、過去の紀要論文や博士論文においても機関リポジトリによる全文公開を進めている。研究者による意図的な剽窃、改竄は言語道断であるが、注意すべきは意図しない剽窃や盗作の疑いを払拭することである。現在、多くの大学・研究機関において剽窃チェックのソフトウエアの導入がなされている。そして大学院博士後期課程においては、博士論文の提出前に注意喚起が行われ、提出時にはソフトウエアによる論文の剽窃チェックと確認書の提出が義務付けられている場合もある[32]。

　また、二重投稿について山本[33]は、他の言語に翻訳されたもの、他誌に発表されたもの（投稿されたもの）、先行学術雑誌掲載論文と比較して内容と結論に新規性がないもの、既存のデータを利用し、既知の知見をなぞるだけのもの、適切な引用処理がなされず研究成果としては同一であるものが、それにあたると述べている。二重投稿に抵触するかについては、研究雑誌の投稿規定等を十分に確認したうえで、共著者や第三者の意見等を確認して対応する必要がある。これら論文投稿にかかわる剽窃について酒井ら[34]は、大学教育機関でのレポート剽窃等の延長であるが、ネットワークの発展がその問題をさらに大きくしていることを指摘している。

　さらにギフトオーサーシップについても注意が必要である。共著者には役割・責務が明確であることが必要であり、単なる助言、調査票（質問紙）の収集やその斡旋、研究助成金のメンバーであることなどで共著者となることはできない。山崎[35]は、今後、共著者が貢献内容を明記するコントリビューターシップのアイディアを採用することが求められると述べている。共著者には論文に対する責任が生じ、すでに述べた剽窃・改竄などにも責任をもつ立場になることを認識するべきであろう。

2）統計解析に関する留意点・問題点

　調査研究結果のデータ解析において、統計解析は避けては通れない。最近の約30年間でパーソナルコンピュータの性能が急速に向上したことに伴い、それ以前は大型機、中型機によって行われていた統計解析プログラムの運用がパーソナルコンピュータ上の解析ソフトウエアで手軽に行えるようになった。現在、普及している統計解析パッケージのソフトウエアにはSPSS[36]や

SAS[37]、フリーソフトウエアのR[38]、HAD[39]など多種多様な統計解析ソフトウエアがある。また、AMOS[40]やR、HADにおいては確認的因子分析（CFA）や構造方程式モデル（SEM）などの共分散構造分析が一般的な解析方法となっている。このように統計解析を取り巻く、ハードウエア、ソフトウエアの環境は著しく変化し今後も変化が予想される。

　そこで重要となるのは、これらのソフトウエアを使用する統計解析の手法である。最近のトピックスでいえば、t検定や分散分析を行う場合に、従来では、等分散性の検定を行った後にt検定を実施するということが一般的に行われてきた。しかし、ここ数年、最初から等分散を仮定しないWelchのt検定を行うことが主流となり、Rではt検定においてWelchが初期設定されている。

　さらに、社会心理学系の『Basic and Applied Social Psychology』[41]は、これまで一般的に研究論文に使用されてきた有意確率pを禁止すると表明している。有意確率であるp値はサンプルサイズが大きくなればなるほど0に近づくことが知られているが、アメリカ統計学会[42]はp値の誤った使い方について6つの声明を発表している。また、日本教育心理学会第58回総会の自主シンポジウムにおいては、「＜ポストp値時代の統計学＞-t検定、F検定、χ^2検定相当の分析をどうするか-」が取りあげられ、ベイズ的アプローチの有効性が示唆されている[43]。野外教育分野の調査研究では、少数の調査参加者による研究も数多く行われていることから、サンプルサイズに影響されないベイズ的アプローチの検討は今後必要不可欠であろう。

　統計解析方法の動向にも目を向ける必要があるが、重要なことは、野外教育分野の調査研究を実施するにあたって、"適切な統計解析の手法を研究者自身が探索し用いる"ということである。そして、研究目的を達成するために最適な解析方法を選択することが必要である。その際、従来行われてきた統計解析の方法を完全に否定するのではなく、その限界や問題点を知ったうえで、自らの研究仮説を明らかにするのに十分と判断できれば、その統計解析方法を用いることを否定することはできないであろう。また、査読者にも研究目的と統計解析の方法を見極めて目的、方法、分析、結果、考察の整合性を精査する能力が求められるであろう。

　たとえば、野外教育活動の効果に関する評価尺度において、特定因子の有意（$p < .05$）な点数の向上が効果を与えたと判断できるかは、先行研究との比較

や、研究全体を通したさまざまな結果から研究者自身が判断して考察する必要がある。加えて重要なのは、実施した統計解析の方法、そして結果の数値を可能な限り正確に記述することである。解析方法や数値を記述せずにp値のみを記載することがp値の誤解、誤用を招いていると考えられる。

前述したが、自然環境での体験や経験を対象とする野外教育分野の研究においては、質と量の調査研究の手法を的確に用いることが重要である。その量的調査研究を実施する者は、統計的手法を十分に理解したうえで利用することが求められる。

3）インターネット調査の問題

インターネットを利用した調査は、大きく2つにわけられる。一つは、調査票をインターネット上に作成し、自然体験活動の愛好者に対して調査協力をeメールやSNSなどによって依頼する方法である。もう一つは、ネット調査会社、クラウドソーシングサービスなどを利用して調査参加を募るものである。前者は、いわゆる機縁法の一部として捉えることができ、後者は、調査会社の登録モニタとしてポイントなどを得る場合や、クラウドソーシングとして調査回答によって謝金を受け取ることである。アメリカではAmazon Mechanical Turk[44]が有名であり、日本でもLancers[45]やクラウドワークス[46]などによって調査研究が実際に行われている。

このようなインターネット調査の抱える課題については多数の論考がある[47,48]。社会調査を取り巻く環境が変化し、これまで最も信頼性が高いといわれてきた住民基本台帳からの無作為抽出は、2006年の法改正により、公共性の高いもの以外での閲覧が禁止され実施することは難しい。また、個人情報保護の観点から、調査の対象となる母集団から無作為抽出を行うことが非常に困難な場合が増加していることが推察できる。

今後は、それぞれの自然体験活動を行っている愛好者に対して機縁法・紹介法の考えに基づくSNSなどでの拡散による調査協力者を募る方法が進むことが考えられる。インターネットのオンライン調査においては、この調査参加者は"本当に愛好者であるのか"という疑問を払拭することは難しい。調査会社のモニタやクラウドソーシングでは、謝金欲しさに偽りで答えていることも想定できることから、実際に自然体験活動のプログラムに参加した人や、協会等に会員登録している人でなければ、調査参加者を「愛好者かもしれない人」と

書かねばならないとする査読者がいるかもしれない。また、調査モニタは、報酬欲しさに回答していることから信頼性が低いということも考えられる。このことについて、三浦ら[49]は、Satisfice（協力者が調査に際して応分の注意資源を割こうとしない回答行動）について検討を行い、必ず報酬を獲得できることが単純に動機づけを低下させ、データを毀損するとは限らないと述べている。

ここでも重要となるのは、調査者が、調査データの収集方法を正確に記述し、その収集方法による研究の限界を認めたうえで、結果の考察を行うことであろう。

3.2. 調査研究法を用いた研究のレビューと今後の課題

3.1.において述べたとおり、野外教育分野における調査研究は、調査票（質問紙）や評価尺度を用いた実態の把握を目的とした研究、仮説生成型の研究、仮説検証型の研究がある。

野外運動に関する研究論文データベースを構築した井村は、野外運動関連の研究3,500件について、その動向を分析し、野外運動種目別・研究部門別にその比率を示した。野外運動種目別にみた研究の数では、スキーが約5割を占め、登山（17％）、続くキャンプ（14％）を合わせると、この3種目で全体の8割を占めており、種目の偏りがみられたと報告している。また、研究部門別にみると、指導法に関する方法論部門と運動生理学部門の研究が多く、全体の約5割を占めたことが示されている。その総括のなかで、研究の方法論上の問題点について検討を実施する必要性について言及している[50]。

研究誌『野外教育研究』第1巻第1号から第19巻第2号の37巻には、合計80本の原著論文が掲載され、調査研究の手法を用いたものは24本（30％）であると捉えることができた。それらを対象に、分野、調査内容、標本とその抽出、標本サイズ、統計手法等に関して分類を試みた（表3-1）。標本の抽出では、前述した機縁法・紹介法が最も多くを占め、プログラム参加者を対象とする方法も多く用いられていた。一方で、住民基本台帳からの抽出といった社会調査法の基本に依った研究はみられなかった。標本サイズにおいては35件から34,636件であった。調査内容（評価指標）については、指導者の勢力源泉や水泳技術習得環境といった研究者が設定したもの、野外教育分野における教員の

第3章 調査研究法とその成果

表3−1. 野外教育研究における調査研究の研究対象抽出、評価指標、統計手法（その1）

第一著者	論文名	キーワード	調査内容	標本抽出	標本サイズ	研究の型	統計手法
坂本昭裕	キャンプ活動場面における指導者の状況認知構造	キャンプ	指導者の状況認知構造	機縁法	調査1:110名、調査2:30名、調査2:100名	仮説の生成と検証	クラスター分析と多次元尺度法（INDSCALモデル）
多田 聡	キャンプカウンセラーの勢力の源泉	キャンプ	カウンセラーの勢力源泉	プログラム参加者	49名	仮説の生成と検証	因子分析、分散分析
渋谷健治	青少年教育施設指導系職員の指導様と意識	野外活動	職員の指導態様と意識	機縁法・郵送法	1,178名	実態の把握	単純集計、分散分析、因子分析
建元喜寿	スキー場における硫安散布の実態	スキー	硫安散布の実態	機縁法・郵送法	35カ所	実態の把握	単純集計
多田 聡	冬季野外活動実習における授業評価と指導者の社会的勢力	冬季野外活動実習	授業評価と指導者の社会的勢力	プログラム参加者	46名、対照群63名	関係の検討	単純集計、分散分析、分散分析、相関
坂本文昭	登山におけるフロー経験	登山	フロー経験	機縁法・郵送法	予調査:9名、本調査:139名	仮説の検証	探索的因子分析、分散分析
香西 武	自然体験・社会体験学習実施に対しての小・中学校教員の意識	自然体験、社会体験	教員の意識	機縁法・郵送法	166名	実態の把握	単純集計、相関
橘 直隆	生きる力を構成する指標	野外活動	生きる力	機縁法・一斉法および郵送法	211名、5名、350名	尺度の開発	単純集計、因子分析、クラスター分析
谷井淳一	小・中学生用自然体験効果測定尺度の開発	野外教育	自然体験活動の効果	プログラム参加者	371名、441名、86名	尺度の開発	因子分析
長谷川勝俊	遊泳と水上安全に関する研究（2）静岡県内の世代間の比較より	水辺	水泳技術習得環境等	機縁法・一斉法	6,098名	実態の把握	クロス集計
西田順一	児童用組織キャンプ評価尺度の作成および信頼性・妥当性の検討	キャンプ	評価尺度	プログラム参加者	56名、55名、448名	尺度の開発	因子分析、相関、t検定、2要因分散分析
長谷川勝俊	遊泳と水上安全に関する研究Ⅲ	水辺	水泳技術習得環境等	機縁法・一斉法	1,703名	実態の把握	クロス集計
土方 圭	キャンプカウンセラーのソフトスキル評定尺度の開発	キャンプ	カウンセラーのソフトスキル	機縁法・郵送法	193名	尺度の開発	因子分析、信頼性・妥当性の検討、G-P分析
中村織江	問題解決力を測定する尺度の作成	自然体験	問題解決力	機縁法・郵送法	176名、200名、59名、27名、1,630名	尺度の開発	因子分析、信頼性・妥当性の検討、相関

表3-1. 野外教育研究における調査研究の研究対象抽出、評価指標、統計手法（その2）

第一著者	論文名	キーワード	調査内容	標本抽出	標本サイズ	研究の型	統計手法
佐藤 豊	高等学校における野外教育プログラムの効果ー総合的な学習の時間に向けてー	野外教育	野外教育プログラムの効果	プログラム参加者・一斉法	274名	実態の把握	単純集計、クロス集計、一元配置分散分析、KJ法
田中利明	自然学校における指導補助員の教育的効果について	自然学校	指導補助員の教育的効果	プログラム参加者・一斉法	51名、53名	仮説の生成と検証	共分散構造分析
岡島成行	自然体験活動の指導者制度導入が農山村の活性化に及ぼす影響—CONE初級指導者（リーダー）を事例にして—	自然体験活動	農山村の活性化	（条件を備える者から）無作為抽出・郵送法	374名、136名	実態の把握	単純集計、クロス集計
太田和利	登山者の山岳環境配慮行動の規定因について	登山	環境配慮行動	機縁法・一斉法	279名	仮説の検証	因子分析、重回帰分析
岡田成弘	少年期の組織キャンプにおけるSignificant Life Experiencesが成人期の環境行動に及ぼす影響—花山キャンプを事例として—	キャンプ	Significant Life Experiences	機縁法・郵送法	94名、68名	仮説の生成と検証	分散分析、重回帰分析
向後佑香	中学校における教科と自然体験活動の関連—各教科における自然体験活動の関連性	各教科における自然体験活動の関連	自然体験効果認識教科関連自然体験	機縁法（留置法・郵送法）	205名	実態の把握	因子分析、分散分析
太田和利	登山者の環境教育の効果に関する検討—南アルプスの山小屋での実践例から—	登山	環境教育の効果	留置法	309名	仮説の生成と検証	因子分析、共分散構造分析
千足耕一	Trainer's views of Indicators Comprising Ocean Literacy	水辺	海洋リテラシー	機縁法・一斉法および郵送法	104名、163名	尺度の開発	クラスター分析
江川 潤	デルファイ法からみる民間野外教育活動団体の現状と経営課題における一考察	民間野外教育団体	経営課題	機縁法・郵送法に加えてインタビュー	24名、23名、5名	実態の把握と仮説の生成	デルファイ法
白木賢信	野外教育の分析枠組による青少年の自然体験活動遂行と自然体験蓄積の関係	自然体験活動	実態・意識・行動	層化二段著抽出法（一斉法・郵送法）	34,636名	実態の把握と仮説の生成	順位付け距離による推定

意識についての実態を明らかにしようとしたもの、Significant Life Experience、指導補助員への効果といった野外教育経験と人への影響を考察したもの、生きる力や問題解決力といった評価指標を開発しようとしたものがある。

統計的手法においては、探索的因子分析やクラスター分析などを用いて対象の構造を明らかにしようとした研究から、最近では共分散構造分析などを用いてモデルの妥当性を検証した研究もみられる。

水辺分野における研究をレビューした千足らは、水辺の自然体験活動および海洋教育に参加することによる、生きる力、自己概念、自己効力感、EQ、メンタルヘルス、海に対するイメージ、健康・体力、海洋リテラシー、環境に対する意識等の変容についての研究成果について、それらの研究デザインの弱さを指摘し、ランダム化、内容面および評価変数、試験のサイズや期間について再検討する必要があると述べている[51]。野外教育分野でも、今後は研究デザインについて精査し、研究が計画されるべきであろう。

研究を遂行する際に、どのようなことに気をつけなければならないかということを考える際に、折笠[52]は、研究デザインが重要であり、統計学への理解が、研究の企画、計画段階で積極的に考慮されなければならないと指摘している。すなわち、自らの掲げた研究の目的に対して、ふさわしい研究デザインを採用し、研究の冒頭から統計学的な視点を考慮して、研究が計画されるべきであるということを述べている。研究の手順は、表3-2のように示されるが、調査研究を計画する際にはこの手順のなかでも、目的の明確化、評価指標の決定、割り付け方法、試験サイズが特に重要であろう。研究を開始する際に、最も重要なことは、研究者が「目的」を明確にするということである。また、研究者は研究目的に対する何らかの「仮説」をもっていると考えられる。このような目的・仮説に関連した具体的な評価項目として評価指標を決定しなければならない。これら評価指標のタイプには、比率、時間、数値、変化などがある。

表3-2における「4. 割り付け方法」と「5. 試験サイズ」の決定においては、標本（sample）の選択が非常に重要である。調査研究における標本とは母集団と区別して呼ばれている。本来ならば、広い集団である母集団を研究対象としたいが、すべてを網羅することが困難なため標本を抽出することになる。母集団から標本を抽出するサンプリングを実施することになる。そして、偏りのない（バイアスを伴わない）標本を選ぶことは、研究の外部妥当性、一般化可能

表3-2. 研究の手順(折笠、1995[52]を参考に作表)

1. 研究目的の明確化（対象・仮説）
2. 評価指標の決定（内容・尺度）
3. 試験デザインのタイプ決定
4. 割り付け方法の決定
5. 試験サイズの決定
6. 統計解析方法の決定

性の保証となる。前節でも述べられているが、実際の研究では、結果を適用させたい母集団全体を対象とするよりも、その一部分である標本を用いることが現実的である。

標本選択方法には、簡便法と確率法があり、たとえば、前者であればキャンプ参加者の的確条件を満たす人を調査対象とするといった例であり、手じかに実施できる一方、バイアスの入る可能性が高い。母集団から確率的に無作為・ランダムに選択する方法が確率法であるが、実際的ではない。そのようなことから、簡便法を用いることが多くなることが予想されるが、その際には、想定していた集団と標本の特徴について比較し、把握しておくことが重要である。

3.3. 代表的な調査研究を用いた研究の執筆者による解説

3.3.1. 尺度の開発に関する研究：問題解決力を測定する尺度の作成

教育の効果を測る必要性と困難さは、教育に携わる者なら感じたことがあるだろう。たとえばキャンプにおいて、キャンププログラムという刺激が、参加者に対してどのような効果を及ぼしたのかを測り、評価することがより効果的なキャンププログラムの開発や実施につながる。その考えのもと、本項では尺度の開発に関する調査研究に焦点を当てる。

1）野外教育において育まれる力を測る

本調査研究は、「問題解決力」という用語に出会ったことにその発端がある。New Zealand（以下ニュージーランド）の Ministry of Education（文部科学省）が Essential skills（必要不可欠な能力）の一つとして、problem-solving skills（問題解決力または問題解決能力）をカリキュラムに提示しており、ニュージーランドの小学校を訪問した際にそれが目に留まった。問題解決力は、ふりかかっ

た問題を自分の力で解決し、たくましくそれぞれの幸せに向かって生きていくために必要な力の一つと捉えた。問題にはさまざまなものがあり、算数の問題など行きつく「答え」が一つであることがわかっていて、解決の方法がはっきりしている問題に対して、「明確な構造化ができていない問題」[53]がある。「最初からどこに最終目標があるか不明であり、初期状態と最終状態との間に明確な構造化ができていない問題」の解決の過程には、試行錯誤や創造することが必要になってくる。自然体験活動では、予測することが困難な問題が多数起き、その「答え」も一つとは限らないことから、「明確に構造化できていない問題」を解決するための力を育むのに効果が高いのではないかという仮説をもつに至った。

その仮説の検証に向けて、問題解決力を測るものさし（尺度）が存在しなかったことから、問題解決力尺度の作成に取り組むこととした。

2）尺度作成の手順

より精度の高い尺度を作成するために、以下の3点に留意した。

（1）精度を高めるために必要な手順を踏む

尺度作成についてはさまざまな文献があり、精度の高い尺度を作成するためには、多くの手順を踏まなければならないことが示されている。尺度を作成するためのさまざまな手順について調査し、可能な限りの手順は踏んでおこうと考えた。たとえば、信頼性の検討として、折半法だけではなく再テスト法も行い、妥当性の検討においては、保護者だけでなく担任教諭も対象にして多くの観点から調査する等、材料は可能な限り収集し、尺度の精度を高めようとした。

（2）回答しやすい尺度を作成する

尺度を作成し研究の仮説を検証しようとしても、その尺度で測りたいことが測れていなければ、仮説を検証するところには至らない。また、尺度の項目数を増やせば、回答者の負担が大きくなり、多くのデータを収集することが困難になったり、サンプルが多く集まってもデータ自体の精度が低くなったりする可能性がある。したがって、本調査研究では、初期調査では60項目であった調査項目から、本調査を経て40項目に精選した。また、それによって、尺度の精度を高めることを狙いとした。

（3）多くの人の知見を集める

すでに述べたように、問題解決力を測定する尺度は存在せず、なおかつ、問

題解決力という用語自体もはっきりとした定義がないことから、人によって解釈が違うことが予測できた。一定のものさしにするためには、その解釈の差をなるべく均さなければならない。そのために、調査項目作成の初期段階から多くの人の知見を集めようとした。

3）本調査研究における尺度作成に向けた全過程

先に述べた尺度作成の手順をふまえ、ここでは、本調査研究が尺度作成に向けてどのような過程をたどったのか、それを表3-3に示した。「実施事項」を示し、それが調査の場合、「対象者（対象者数）」、「結果」を記述した。

4）まとめ

- 問題解決力尺度（児童用）作成のため、項目分析や因子分析などの過程を経て、信頼性、妥当性の検討を行った。
- 問題解決力がさまざまな力からなる総合力であることが示唆され、本調査研究では問題解決力を「自分の持っている力のいくつかあるいはそのすべてを、状況に応じて自分なりの判断で活用して、よりよく問題を解決する力」と定義した。
- 項目全体の信頼性係数は、60項目では0.798、40項目では0.848で、調査項目精選後において信頼性が高まった。
- 初期の60項目の調査においても、項目精選後の40項目の調査でも、自然体験が豊富なグループの方が、自然体験が少ないグループより問題解決力が高いという結果が示された。また、相関係数は項目精選後の方が高くなった。

昨今、統計ソフトが使いやすくなり、尺度作成の手順を統計ソフトに頼るところが大きくなったため、尺度の作成が手軽にできてしまうような錯覚に陥ってしまう。このことについては6巻まで発行されている『心理測定尺度集』の「監修のことば（1巻～6巻までほぼ同じ）」で次のように触れられている。

「安易に作成された尺度も散見される。また、安易ではないが、研究者の目的や、着眼点の違いによって、同様な概念であっても異なった尺度があったり、研究の進展によって新しい概念が提案されると新しい尺度が開発されている。（監修のことば、p.i）」[54]

したがって、心理測定尺度集に掲載する心理尺度については、次のような選択採用の基準が設けられている。「①日本語の質問形式であること（翻訳も含

第3章 調査研究法とその成果

表3-3. 問題解決力を測定する尺度の作成に向けた全過程

実施事項	対象者（対象者数）	結　果
問題解決力の用語の抽出	大学生および現職教員176名	問題解決力に関連する単語1,385語が得られた
問題解決力に関連の深い単語の重みづけ	大学生および現職教員200名	問題解決力がさまざまな力からなる総合力であることが示唆され、問題解決力の20の要素が得られた（知識、行動力、判断力、思考力、洞察力、経験、決断力、忍耐力、精神力、体力、観察力、信頼性、柔軟性、思いやり、友人、想像力、勇気、協調性、想像力、向上心）
本調査研究における問題解決力を定義		「自分の持っている力のいくつかあるいはそのすべてを、状況に応じて自分なりの判断で活用して、よりよく問題を解決する力」と定義した
問題解決力尺度60項目の作成		
問題解決力尺度60項目の信頼性の検討（折半法）	児童59名	折半した群同士に有意な相関（信頼性有）
問題解決力尺度60項目の信頼性の検討（再テスト法）	大学生27名	1回目と2回目に有意な相関（再現性有）
問題解決力尺度60項目と自然体験との関連 問題解決力尺度得点と自然体験得点との相関係数算出および平均値の差の比較	児童159名	問題解決力尺度得点と自然体験得点に有意な相関（r=.350） 自然体験高得点群と低得点群で問題解決力得点に有意な差（高得点群が問題解決力も高い）
問題解決力尺度として精度を高めるための調査	北海道、東北、北陸、甲信越、関東、四国それぞれの地区から抜粋した児童の保護者1,944名	60項目→51項目に精選
精選した51項目を用いた因子分析		10因子（「向上心」「友人」「洞察力」「思いやり」「実行力」「成熟さ」「想像力」「信頼責任」「経験」「体力」）40項目が得られた
40項目各項目の精度を確認するため問題解決力尺度全体得点と40項目との相関係数算出		40項目すべてが有意な相関
40項目の信頼性の検討 Spearman-Brownの公式で		60項目（α=.798） 40項目（α=.848）
40項目を用いた自然体験との関連	児童65名(回答は保護者)	有意な相関（r=.457） 自然体験高得点群と低得点群で有意な差
問題解決力尺度40項目の妥当性の検討	北海道、東北、北陸、甲信越、関東、四国それぞれの地区から抜粋した児童1,944名（回答は保護者）	有意な相関（r=.659） 保護者が捉えた問題解決と問題解決力尺度は関係が強いという妥当性の一側面を示した
問題解決力尺度全体得点と問題解決力が高いかどうか10段階の評定尺度との相関係数の算出	北海道、東北、北陸、甲信越、関東、四国それぞれの地区から抜粋した児童の担任教諭53名（担当学級全員分を評定）	全体では有意だが低い相関（r=.065） ただし、担任一人が全員を判定しているため、学級、学校によってはr=.330、r=.568といった高い相関係数が得られた

む）、②信頼性と妥当性の両方またはいずれか一方のチェックをしていること、③尺度構成に使われた回答者が 50 人以上であること（多いほど良い）、④中学生以上を対象にしていること（6 巻では幼児、児童を主に対象としている）、⑤現在および将来において有用と判断されること、⑥市販されていないこと。（監修のことば、p.i）」[54] とある。

　本調査研究で開発した尺度は、この基準をほぼ満たしている。どのような統計ソフトを使っても、手順については作成者が選択し、その結果を提示することになる。その結果の蓄積によって、信頼できる尺度なのかどうかが判断される。その尺度が本当に信頼できるものなのか、本当に測定したいものが測れているのかという問いに対して、開発した尺度が一定の基準を満たしたことを示せば、その尺度で測定した結果がより重みのあるものになる。本調査研究では、自然体験活動等の野外教育の場が問題解決力を育むのに効果的であるという仮説の検証を目指し、そのためにより精度の高い尺度を作成しようとした。尺度にはまだ改善の余地があり、さらに追究していかなければならないが、一定の基準を満たした尺度を用いて調査した結果において、自然体験活動が多い人ほど、問題解決力が高いという結果を示したことは、野外教育研究分野における一つの成果であると考えられる。

3.3.2. 指標の提示：生きる力を構成する指標
1）IKR 評定用紙

　1996 年に中央教育審議会は、『21 世紀を展望した我が国の教育の在り方について』を答申した。この答申のキーワードは、「ゆとりの中で「生きる力」をはぐくむ」である。「生きる力」について、同答申では、①課題解決能力、②豊かな人間性、③健康と体力であるとし、同時に子どもの「生きる力」をはぐくむためには、生活体験、自然体験、社会体験などの体験活動の充実が必要であると指摘した。

　橘ら[5,6]は、同答申が示した「生きる力」は漠然とした概念であったため、子どもの具体的な「生きる力」を測定することを目指し、「IKR 評定用紙」（IKiRuchikara 評定用紙）と名付けた調査票を開発した。この評定用紙は、70 項目からなる自己評定による質問紙で、「とてもよくあてはまる→まったくあてはまらない」の 6 段階評定となっている。

表3-4. IKR評定用紙における「生きる力」を構成する指標

心理的社会的能力（7指標×5項目＝35項目）
　「非依存」「積極性」「明朗性」「交友・協調」「現実肯定」
　「視野・判断」「適応行動」

徳育的能力（4指標×5項目＝20項目）
　「自己規制」「自然への関心」「まじめ・勤勉」「思いやり」

身体的能力（3指標×5項目＝15項目）
　「日常的行動力」「身体的耐性」「野外生活・技能」

　この評定用紙は、表3-4に示すとおり、3つの指標（能力尺度）と14の下位指標（下位尺度）からなっており、14の下位指標は各5項目（14指標×5項目＝70項目）である。
　本項では、橘ら[5,6)]の研究をもとに、「IKR評定用紙」の指標および項目の作成プロセスの概要を以下に解説する。なお、IKR評定用紙の見本（資料3-1）を本項の最後に掲載した。

2）「生きる力」を構成する言葉の収集と精選
　「生きる力」を構成する指標となる言葉を選定するため、学校教育者と野外教育者を対象にして「生きる力を表す具体的で現実的な言葉」を、最大10項目を限度に自由記述で収集した。研究対象者の学校教育者は、1999年5月の全国研修会に出席した小学校、中学校、高等学校の教員144名である。また野外教育者は、ジャパン・アウトドア・ネットワークの会員67名で、1999年7～8月にかけて調査を実施した。両研究対象者211名から、延べ1,708項目の言葉が収集された。
　収集された言葉のうち、曖昧で理解しにくい項目や非常に抽象的な項目等を排除し、2つ以上の意味を含む多義的な項目は分割した。次に、言葉の意味が重なるものや近いものを集め項目を精選した後、小学校5年生5名を対象にして理解不能の言葉がないか確認し、語句の訂正や入れ替えを行った。その結果、110項目の「生きる力」の具体的指標となる言葉が選択された。

3）各項目の弁別力と妥当性の検討
　上記で得られた110項目について、学校教育者と野外教育者を対象に、特定の子ども（小学校高学年から中学生）を思い浮かべてもらい、その子どもにつ

表3-5. 子どもIKR評定用紙における下位指標の対応項目

下位指標	項目番号				
1. 非依存	1	15	29	43	57
2. 積極性	11	25	39	53	67
3. 明朗性	5	19	33	47	61
4. 交友・協調	7	21	35	49	63
5. 現実肯定	9	23	37	51	65
6. 視野・判断	3	17	31	45	59
7. 適応行動	8	22	36	50	64
8. 自己規制	14	28	42	56	70
9. 自然への関心	6	20	34	48	62
10. まじめ勤勉	12	26	40	54	68
11. 思いやり	2	16	30	44	58
12. 日常的行動力	13	27	41	55	69
13. 身体的耐性	4	18	32	46	60
14. 野外生活・技能	10	24	38	52	66

※末尾の4と9の項目は反転項目

いて「とてもよくあてはまる→まったくあてはまらない」の6段階で評定を依頼した。特定の子どもとは、「A：生きる力があると思われる男の子」「D：生きる力があると思われる女の子」「B：生きる力があまりないと思われる男の子」「C：生きる力があまりないと思われる女の子」である。調査用紙をこの4種類に分け、評定者は、このうち一つを評定した。評定者の学校教育者は、1999年11月の全国研修会に出席した小学校の教員287名であり、野外教育者は、ジャパン・アウトドア・ネットワークの会員67名で、1999年12月～2000年2月にかけて調査を実施した。評定者は、両者併せて350名であり、その内訳は、A（92名）、B（79名）、C（85名）、D（94名）であった。

各項目が、「生きる力」のある子どもとない子どもを弁別できるかどうかを確認するため、各項目の平均値について、A・D群（生きる力があると思われる男女）とB・C群（生きる力があまりないと思われる男女）との差をt検定で比較した。その結果、1項目に有意な差がみられず、この項目を削除した。

残る109項目について因子分析を行った結果、3つの因子が抽出された。この3つの因子のどれにも属さなかった3項目を除き、因子空間を狭めてより深

資料3-1. IKR評定用紙

___年___組　名　前_____（　男　・　女　）

記入日　___月___日

・下のそれぞれの項目について、自分に当てはまるかどうか、「とてもよくあてはまる」から「まったくあてはまらない」までの、6段階でこたえてください。
・自分が、もっともあてはまると思うところに、例のように○印をつけてください。
・考えすぎると答えられなくなることがあります。あまり考えすぎずにドンドン答えてください。
・これはテストではありません。
・一人一人の結果を、発表したり、他人にもらすことはありません。

	とても よくあてはまる					まったく あてはまらない
（例）人との約束が守れる	1	2	3	④	5	6
1. いやなことは、いやとはっきりいえる	1	2	3	4	5	6
2. 人のために何かをしてあげるのが好きだ	1	2	3	4	5	6
3. 自分で問題点や課題を見つけることができる	1	2	3	4	5	6
4. 病気にかかりやすい	1	2	3	4	5	6
5. だれにでも話しかけることができる	1	2	3	4	5	6
6. 花や風景などの美しいものに、感動できる	1	2	3	4	5	6
7. グループをうまくまとめることができる	1	2	3	4	5	6
8. 人の話をきちんと聞くことができる	1	2	3	4	5	6
9. 「ありがとう」「ごめんなさい」がうまくいえない	1	2	3	4	5	6
10. 自分で食事が作れる	1	2	3	4	5	6
11. まえむきに物事を考えられる	1	2	3	4	5	6
12. していいこと、してはいけないことの判断ができる	1	2	3	4	5	6
13. へやの中でなく、外で遊ぶのが好きである	1	2	3	4	5	6
14. 人の悪口をよく言う	1	2	3	4	5	6
15. 小さな失敗をおそれない	1	2	3	4	5	6
16. 相手の立場になって考えることができる	1	2	3	4	5	6
17. わからないことは自分で調べる	1	2	3	4	5	6
18. すこしくらい血が出ても平気である	1	2	3	4	5	6
19. 小さなことで、くよくよする	1	2	3	4	5	6
20. 生き物を、とても大切にする	1	2	3	4	5	6
21. おとなや年上の人と、うまくつきあえる	1	2	3	4	5	6
22. その場にふさわしい行動ができる	1	2	3	4	5	6
23. 生きててよかったと思っている	1	2	3	4	5	6
24. いろいろな動物や虫を、手でさわることができない	1	2	3	4	5	6
25. 自分のちからで、問題を解決しようとする	1	2	3	4	5	6
26. いやがらずに、よく働く	1	2	3	4	5	6
27. からだを動かしても、疲れにくい	1	2	3	4	5	6
28. 自分かってな、わがままを言わない	1	2	3	4	5	6
29. 新しいものごとに、すぐ慣れることができない	1	2	3	4	5	6
30. 自分とちがう意見や考えを、うけいれることができる	1	2	3	4	5	6

31.	先を見通して、自分で計画がたてられる	1	2	3	4	5	6
32.	暑さや寒さに、まけない	1	2	3	4	5	6
33.	いつも笑顔ですごしている	1	2	3	4	5	6
34.	草花の世話はあまり好きでない	1	2	3	4	5	6
35.	多くの人に好かれている	1	2	3	4	5	6
36.	読み書きが、しっかりできる	1	2	3	4	5	6
37.	だれにでも、あいさつができる	1	2	3	4	5	6
38.	ナイフなどの刃物を、上手に使える	1	2	3	4	5	6
39.	未来への夢と希望はあまりもっていない	1	2	3	4	5	6
40.	きまりやルールを守ることができる	1	2	3	4	5	6
41.	とても大きな声を出すことができる	1	2	3	4	5	6
42.	身のまわりの片付けや掃除ができる	1	2	3	4	5	6
43.	さまざまなことを、実際に体験している	1	2	3	4	5	6
44.	他の人の失敗をゆるすことができない	1	2	3	4	5	6
45.	さまざまな情報から、必要なものが選べる	1	2	3	4	5	6
46.	ながい距離を歩くことができる	1	2	3	4	5	6
47.	失敗しても、立ち直るのがはやい	1	2	3	4	5	6
48.	季節の変化を感じることができる	1	2	3	4	5	6
49.	仲間とうまくつきあえない	1	2	3	4	5	6
50.	自分でできることは自分でやる	1	2	3	4	5	6
51.	今の自分は、しあわせだと思う	1	2	3	4	5	6
52.	くらい林の中の道を、ひとりで歩くことができる	1	2	3	4	5	6
53.	いろいろなことに興味がある	1	2	3	4	5	6
54.	他人にはあまり親切ではない	1	2	3	4	5	6
55.	早寝早起きである	1	2	3	4	5	6
56.	お金やモノのむだ使いをしない	1	2	3	4	5	6
57.	自由な発想ができる	1	2	3	4	5	6
58.	人の心の痛みがわかる	1	2	3	4	5	6
59.	自分のいいところ、わるいところをよく知らない	1	2	3	4	5	6
60.	とても痛いケガをしても、がまんできる	1	2	3	4	5	6
61.	やりたいことが、たくさんある	1	2	3	4	5	6
62.	自然の中のできごとに興味がある	1	2	3	4	5	6
63.	だれとでも仲よくできる	1	2	3	4	5	6
64.	根気がない	1	2	3	4	5	6
65.	自分のことが大好きである	1	2	3	4	5	6
66.	洗濯機がなくても、手で洗濯できる	1	2	3	4	5	6
67.	自分からすすんで何でもやる	1	2	3	4	5	6
68.	自分に割り当てられた仕事は、しっかりとやる	1	2	3	4	5	6
69.	食べものの好き嫌いが多い(アレルギー食品をのぞく)	1	2	3	4	5	6
70.	腹が立っても、おさえることができる	1	2	3	4	5	6

ご協力ありがとうございました.

い項目間の関係をみるため、3つの因子それぞれに属した106項目について再度因子分析を行った。その結果、第1因子からは4つの下位因子が、第2因子からは2つの下位因子が、第3因子からは2つの下位因子が抽出された。この分析で、どの下位因子にも属さなかった7項目を除き、弁別力と妥当性のある99項目の近隣関係をみるためクラスター分析を行った。

4）生きる力の指標

クラスター分析の結果および項目の妥当性を検証した因子分析の結果から、「生きる力」は、表3-4に示したとおり、心理的社会的能力、徳育的能力、身体的能力の3つから構成されるとした。この3つの上位指標は、7つの中位指標で構成され、さらに表3-5に示す14の下位指標で構成されるとした。なお、14の下位指標は、それぞれ5つの質問項目（5項目のうち1項目を反転項目）からなっている。

以上のような手続き・分析によって、3つの上位指標、14の下位指標、70項目からなる「IKR評定用紙」が開発された（資料3-1）。

3.3.3. 関係の提示：野外教育の分析枠組による青少年の自然体験活動遂行と自然体験蓄積の関係

1）野外教育の分析枠組からみた研究課題

本項で述べる野外教育の分析枠組とは、野外教育の分析にかかわる構成要素の一定の序列ないしは仕組を示すものと操作的に定義し、自然体験活動を野外教育プログラムの展開上の構成要素の一つとして位置付け、野外教育の目的設定、野外教育プログラムの編成、野外教育による学習成果の評価、野外教育による学習成果の活用等、野外教育プログラムの展開にかかわるさまざまな要素を加えて構造化したものが図3-1である[55]。野外教育プログラムとは、広義には、自然のなかで行われる各種活動種目やそれらを時系列に並べた日程のみならず、それにかかわる目的、方法・形態、評価及び成果の活用等が一体となった一連の計画を指す[56]。図3-1は、自然体験活動遂行の観点から分析対象としての野外教育を捉えているもので、野外教育プログラムの目的がどのくらい達成されたか（野外教育プログラムの到達（度））を捉えるものの一つとして、「（各種）自然体験活動遂行（度）」があげられる。また、上述の野外教育プログラムの展開にあっては、「野外教育プログラムの到達（度）」とともに「野外教

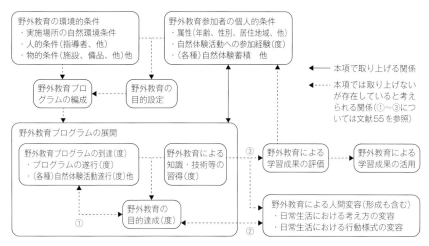

図3-1. 自然体験活動遂行の観点による野外教育の分析枠組
(白木、2014[55]) より引用改変)

育による知識・技術等の習得(度)」があり、これら両者から「野外教育の目的達成(度)」が構成されている。

　なお、本項では、体験を「実際に行動すること、またはそれによって得られた経験」、体験活動を「体験を主たる内容や手法として実施する一連の計画的な行動の総体」として捉え[57]、自然体験活動を「自然のなかで、自然を活用して行われる各種(体験)活動」としている[58]。そのうえで、自然体験活動遂行を「自然体験活動を一連の活動として最後まで実行すること」、自然体験蓄積を「自然体験を重ね蓄えていくこと、またはその内容」と捉える[59]。

　野外教育研究において重要と考えられる研究課題には、さまざまなものがあげられるが[60]、本節で取り上げる自然体験活動遂行と自然体験蓄積の関係は、図3-1の実線矢印(双方向)に相当する。この関係を取り上げる主な理由は次の2点である。第1として、野外教育プログラムは、「野外教育の環境的条件」および「野外教育参加者の個人的条件」によって規定される野外教育の目的から編成され、そのうえで展開されることが一般的であると考えられるが、「野外教育参加者の個人的条件」には「自然体験活動への参加経験(度)」や「(各種)自然体験蓄積」なども含まれ、これらが野外教育プログラムの計画段階のみならず、展開場面にあっても直接的に影響を及ぼすと考えられるからである。第

109

2は、「野外教育プログラムの展開」のなかの一つである「(各種)自然体験活動の遂行(度)」は、そのまま野外教育参加者にとっての「自然体験活動への参加経験(度)」や「(各種)自然体験蓄積」に繋がるものになると推測されるからである。本項では、「(各種)自然体験活動の遂行(度)」(「野外教育プログラムの展開」内の「野外教育プログラムの到達(度)」の一つ)と「(各種)自然体験蓄積」(「野外教育参加者の個人的条件」の一つ)に絞り、この両者の関係について述べていくことにする。

2)自然体験活動遂行と自然体験蓄積の関係分析

図3-1は野外教育の"分析"を行うための枠組であるから、ここで提示されるさまざまな関係はすべて分析を見据えて設けている。したがって、本項で取り上げる自然体験活動遂行と自然体験蓄積の関係についても、両者の分析を行うべく何らかの変量(variate)を抽出することになる。その際、2つの変量間の関係には、因果(causality)、関連(association)、回帰(regression)、相関(correlation)など、さまざまな種類があることに留意する必要がある[61]。特に調査研究にあっては、相関(関係)と因果(関係)の間に次の問題があることにも注意しなければならない[62]。それは、調査データからAとBの相関関係の有無やその程度を把握することができたとしても、そこから因果関係を確定する際、少なくとも①A→B、②B→A、③A⇄B、④A←t→Bの4種類が想定される[63]。そのいずれかを確定するためには、一部は思考により解決されるとしても[64]、厳密には実験等に頼らざるを得ない。

本項で取り上げる自然体験活動遂行と自然体験蓄積の関係は、相関関係を把握することができたとしても因果関係を把握することまでは困難であると考えられる。また、時間的な順序性も持たないことから回帰関係とも考えにくく、図3-1で示したように双方向の関係として捉えられる。したがって、両者の関係分析は差し当たり相関関係の分析ということになる。その際よく用いられる相関係数(correlation coefficient)とは、2つの変量に量的な特性がある場合、つまり調査にあっては量的なデータの場合に、両者の間にある直線的な関連の強さを示す統計量のことである[65]。

相関係数といえばピアソンの積率相関係数(Pearson's product-moment correlation coefficient)のことを指すが、これは母集団分布に特定の分布を仮定して行うパラメトリック法(parametric methods)の一つである。一方、母

集団分布に正規性が仮定できない場合や、特定の分布を仮定する根拠が見出せない場合に用いられるのがノンパラメトリック法（nonparametric methods）であるが、ケンドールの順位相関係数（Kendall's rank correlation coefficient）、スピアマンの順位相関係数（Spearman's rank correlation coefficient）などがその代表例である[66]。ノンパラメトリック法は、変量が順序尺度に基づく場合や、少数の標本（サンプル）しか得られなかった場合に用いられる。

3）分析例−順位付け距離の考え方の場合−

自然体験活動遂行と自然体験蓄積の関係分析にあって、前項で取り上げた手法による分析を行うことも可能であるが、自然体験活動遂行度の多寡による自然体験蓄積のパターン変化を捉えるため、順位付け距離の考え方による分析を実施することとした[67]。

自然体験活動遂行を表側（自然体験活動ポイント平均）、自然体験蓄積を表頭（自然体験ポイント平均）とする表3−6[55]の調査データが与えられたとして、群間における順位付け距離の算出手順を本表における第1群（A群とする）および第2群（B群とする）を例に説明すると、次のSTEP1〜STEP3および図3−2[55]のとおりになる。

STEP1：各群における（a）〜（i）の9項目を自然体験ポイント平均の高順位から順に縦に置く（同順位の項目が存在する場合は同一行に置く）。

STEP2：STEP1の各群における（a）〜（i）のすべての2項目（36通りの組合せ）の順位付け（順位の付置パターン）を比較し、次の①〜③の例に従いそれぞれ0点、1点、2点のいずれかを付ける。

① 0点を付ける場合：（例）（a）と（b）の組合せ（A群における（a）は（b）よりも高順位、B群における（a）も（b）よりも高順位で、両群とも同じ順位付けとなる場合）

② 1点を付ける場合：（例）（a）と（c）の組合せ（A群における（a）は（c）と同順位、B群における（a）は（c）よりも高順位で、群間で順位付けが移動している場合）

③ 2点を付ける場合：（例）（a）と（h）の組合せ（A群における（a）は（h）よりも高順位、B群における（a）は（h）よりも低順位で、群間で順位付けが逆転している場合）

表 3-6. 自然体験活動遂行別にみた自然体験蓄積 — 小学 4 年生の場合 — (白木, 2014[55] より引用改変)

	自然体験ポイント平均									群間における順位付け距離
	(a)チョウやトンボ,バッタなどの昆虫をつかまえたこと	(b)海や川で貝を採ったり,魚を釣ったりしたこと	(c)大きな木に登ったこと	(d)ロープやワイヤリフトを使わずに高い山に登ったこと	(e)太陽が昇るところや沈むところをゆっくり見たこと	(f)夜空いっぱいに輝く星をゆっくり見たこと	(g)野鳥を見たり,鳴く声を聞いたこと	(h)海や川で泳いだこと	(i)キャンプをしたこと	
第1群(n=4) (自然体験活動ポイント平均1.6点以上2点以下)	3.00 ①	2.50 ⑦	3.00 ①	3.00 ①	2.50 ⑦	2.75 ④	2.75 ④	2.75 ④	2.25 ⑨	⎫ ⎬ 31 ⎭
第2群(n=34) (自然体験活動ポイント平均1.2点以上1.6点未満)	2.74 ②	2.44 ⑤	2.12 ⑦	1.65 ⑨	2.21 ⑥	2.62 ④	2.65 ③	2.76 ①	2.06 ⑧	⎫ ⎬ 4 ⎭
第3群(n=274) (自然体験活動ポイント平均0.8点以上1.2点未満)	2.67 ①	2.48 ④	2.04 ⑦	1.63 ⑨	2.10 ⑥	2.45 ⑤	2.52 ③	2.58 ②	2.03 ⑧	⎫ ⎬ 2 ⎭
第4群(n=1,220) (自然体験活動ポイント平均0.4点以上0.8点未満)	2.46 ①	2.18 ⑤	1.88 ⑦	1.51 ⑨	1.96 ⑥	2.22 ④	2.31 ③	2.42 ②	1.73 ⑧	⎫ ⎬ 2 ⎭
第5群(n=1,130) (自然体験活動ポイント平均0点以上0.4点未満)	2.143 ②	1.83 ⑤	1.69 ⑦	1.34 ⑨	1.81 ⑥	2.04 ④	2.139 ③	2.18 ①	1.54 ⑧	

注:表中の丸数字は各群における自然体験ポイント平均の順位

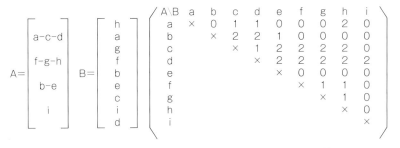

図3-2. 群間における順位付け距離の算出例(白木、2014[55])

STEP3：STEP2の合計点（31）を群間における順位付け距離とする。

　この算出法によると、群間で自然体験ポイント平均の順位の変動が大きいほど数値が大きくなることから、数値が大きいほどその群間では自然体験蓄積のパターンが大きく変化しているといえる。表3-6では、第1群-第2群間で31、第2群-第3群間で4、第3群-第4群間および第4群-第5群間で2であることから、自然体験蓄積のパターンが第1群-第2群間で最も大きく変化していることになる。このことから、自然体験活動遂行の多寡による自然体験蓄積は、自然体験活動遂行度が高い層のところでパターン変化が顕著になるといえる。この自然体験活動遂行度が高まれば高まるほど自然体験蓄積のパターン変化が大きくなるという傾向は、図3-1の枠組における「野外教育参加者の個人的条件」と「野外教育プログラムの展開」の関係の特徴の一つであることが示唆される。

注・引用文献・参考文献

1) 豊田秀樹（1996）：調査法講義、朝倉書店、10．
2) 堀[3]は、監訳者解説において「メリアムらは、調査の回答者を調査参加者（participants）と呼び、決して調査対象者や被験者といった用語を用いていない。この点は注目して良いよいだろう」と記述している。野外教育における調査研究は、まさしく調査に協力してくれる調査参加者であり本節では、調査参加者の用語を使用する。
3) S.B. メリアム、E.L. シンプソン著、堀薫夫監訳（2010）：調査研究法ガイドブック-教育における調査のデザインと実施・報告-、ミネルヴァ書房、262．
4) 星野敏男、金子和正監修, 自然体験活動研究会編（2011）：野外教育の理論と実践、

杏林書院、23-34.
5) 橘直隆、平野吉直（2001）：生きる力を構成する指標、野外教育研究、4（2）：11-16.
6) 橘直隆、平野吉直、関根章文（2003）：長期キャンプが小中学生の生きる力に及ぼす影響、野外教育研究、6（2）：45-56.
7) 中村織江、川村協平（2004）：問題解決力を測定する尺度の作成-自然体験において育まれる問題解決能力-、野外教育研究、8（1）：77-86.
8) 土方圭、飯田稔（2004）：キャンプカウンセラーのソフトスキル評定尺度の開発、野外教育研究、7（2）：23-34.
9) Chiashi, K., Sasaki, T.（2012）：Trainer's views of Indicators Comprising Ocean Literacy、野外教育研究、15（2）：13-19.
10) 大谷信介、木下栄二、後藤範章、小松洋、永野武（2005）：社会調査へのアプローチ-理論と方法-第2版、ミネルヴァ書房、64-65.
11) 豊田秀樹（1996）：調査法講義、朝倉書店、東京、33-34.
12) 太田和利（2005）：仙丈ケ岳の環境保全：住民・行政・NPOの連携-南アルプス山麓・長野県長谷村での住民意識調査から-、野外教育研究、8（2）：71-77.
13) 豊田秀樹（1996）：調査法講義、朝倉書店、37-38.
14) 出村愼一監修、山下秋二、佐藤進編（2014）：健康・スポーツ科学のための調査研究法、杏林書院、36-69.
15) 総務省：統計データの2次利用促進に関する報告会、（http://www.soumu.go.jp/main_sosiki/kenkyu/toukei_2jiriyou/02toukatsu01_03000172.html、参照日：2017年2月17日）.
16) 東京大学社会科学研究所附属社会調査・データアーカイブセンター、（http://csrda.iss.u-tokyo.ac.jp/access/apply/、参照日：2017年2月17日）.
17) 向後佑香、坂本昭裕（2014）：キャンプにおける自己概念の変容に関するメタ分析、日本野外教育学会第17回大会抄録集、115.
18) 中村織江（2011）：体験活動の教育効果に関する研究-データ収集と分析について今後の展望-、独立行政法人国立青少年教育振興機構青少年教育研究センター紀要、1：50-51.
19) 比屋根哲、澤崎格（1999）：林間学校における樹木学習プログラムの実践、野外教育研究、3（1）：57-62.
20) 矢野正（2007）：5泊6日間の臨海学校が児童の生きる力に及ぼす効果、野外教育研究、11（1）：51-64.
21) 諫山邦子、奥山渕、加藤敏之、森敏隆（1998）：釧路市の野外教育プログラムの参加者の自己概念の変容、野外教育研究、1（2）：13-23.
22) 土方圭（2008）：児童を対象にした組織キャンプの指導に関する個人別態度構造分析-ベテラン指導者の行動傾向に着目した事例研究-、野外教育研究、12（1）：

13-26.
23）安波雄三、岡村泰斗、山田誠、芦田哲（2006）：兵庫県自然学校におけるプログラムタイプが参加児童の自然体験効果に及ぼす影響、野外教育研究、9（2）：31-43.
24）Tomago, H., Chiashi, K.（2015）: Effects of practical marine training in University on ocean literacy、海洋人間学雑誌、4（1）：1-11.
25）澁谷健治、谷井淳一（1998）：青少年教育施設指導系職員の指導態様と意識、野外教育研究、2（1）：1-11.
26）オンライン調査：インターネットを利用した調査であり、Google などのフリーなものや民間のサイトが存在する。
27）SNS：ソーシャル・ネットワーキング・サービスの略、Facebook、Twitter など。
28）日本社会学会（2016）：日本社会学会倫理綱領にもとづく研究指針 改訂版、日本社会学会.
29）日本野外教育学会（2007）：研究倫理規定、（http://joes.gr.jp/?page_id = 33、参照日：2016 年 12 月 20 日）.
30）データ保管期間は、おおむね 5 年間である。
31）黒木登志夫（2015）：研究不正 Scientific Misconducts、学術研究フォーラム、（https://www.jsps.go.jp/j-kousei/data/2015_3.pdf、参照日：2016 年 12 月 21 日）.
32）東京大学大学院医学研究科（2016）：学位授与申請手続きについて（博士課程学生）剽窃確認書、(http://www.m.u-tokyo.ac.jp/daigakuin/file/hyousetsu.pdf、参照日：2016 月 12 月 20 日）.
33）山本順一（2014）：研究活動に関わる二重投稿・不正投稿について、桃山学院大学人間科学、45：71-88.
34）酒井善則、鶴原稔也（2011）：論文投稿に関わる剽窃等の問題についての考察、Fundamentals Review、5（3）：239-243.
35）山崎茂明（2013）：オーサーシップの考えを変える時だ、情報管理、56（9）：636-639.
36）SPSS：統計解析プログラム IBM-SPSS、https://www.ibm.com/analytics/jp/ja/technology/spss/（参照日：2016 年 12 月 20 日）.
37）SAS：統計解析用のソフトウエア、http://www.sas.com/ja_jp/software/analytics.html（参照日：2016 年 12 月 20 日）.
38）R：オープンソースのフリーの統計解析ソフト、現在、多くの最新統計解析手法は R によって行われている。また、R コマンダーを使用するとプログラムを書くことなく、プルダウンメニューで各種の統計解析が行うことが可能である。
39）HAD：関西学院大学の清水氏が作成したフリーのソフトウエアであり、EXCEL上で動作する。http://norimune.net/696（参照日：2016 年 12 月 20 日）.
40）AMOS：IBM の共分散構造分析用のソフトウエア、視覚的にモデルを設定できる。

41) Trafimow, D., Marks, M.（2015）: Editorial, Basic and Applied Social Psychology, 37（1）: 1-2.
42) Wasserstein, R.L., Lazar, N.A.（2016）: The ASA's statement on p -values: context, process, and purpose, The American Statistician, 70（2）: 129-133.
43) 日本教育心理学会自主企画シンポジウム（2016）: ＜ポストp値時代＞の統計学 -t検定、F検定、χ^2検定相当の分析をどうするか-、日本教育心理学会第58回大会、（http://www.waseda.jp/sem-toyoda-lab/conference/jaep58/symposium_postp.pdf、参照日: 2016年12月20日）。
44) Amazon Mechanical Turk: アメリカにおいてアマゾンのクラウドソーシングによって調査の依頼と調査の参加が可能である（https://www.mturk.com/mturk/welcome）。ベータ版のサイトは存在するが日本ではまだ実用されていない（https://aws.amazon.com/jp/mturk/）（参照日: 2016年12月20日）。
45) Lancers: 日本のクラウドソーシング、（http://www.lancers.jp/、参照日: 2016年12月20日）。
46) クラウドワークス: 日本のクラウドソーシング、（https://crowdworks.jp/、参照日: 2016年12月20日）。
47) 大隅昇（2006）: インターネット調査の抱える課題と今後の展開、エストレーラ2006、143: 2-11.
48) 大隅昇（2008）: これからの社会調査-インターネット調査の可能性と課題-、日本健康教育学会誌、4: 196-205.
49) 三浦麻子、小林哲郎（2015）: オンライン調査のモニタのSatisficeはいかに実証的知見を毀損するか、社会心理学研究、31（2）: 1-12.
50) 井村仁、橘直隆（1997）: 野外運動に関する研究論文データベースの作成と研究動向の分析、野外教育研究、1（1）: 33-44.
51) Chiashi, K., Tomago, H.（2014）: Educational benefits of waterside nature experiences and ocean education、海洋人間学雑誌、3（1）: 6-16.
52) 折笠秀樹（1995）: 臨床研究デザイン、真興交易医書出版部.
53) 三宅和夫、村井潤一、波多野誼余夫、高橋恵子編（1983）: 波多野・依田児童心理学ハンドブック、金子書房、334-365.
54) 堀洋道監修、櫻井茂男、松井豊編（2012）: 心理測定尺度集Ⅳ-子どもの発達を支える＜対人関係・適応＞-、サイエンス社.
55) 白木賢信（2014）: 野外教育の分析枠組による青少年の自然体験活動遂行と自然体験蓄積の関係、野外教育研究、17（2）: 1-14.
56) 青少年の野外教育の振興に関する調査研究協力者会議（1996）: 青少年の野外教育の充実について（報告）、2．野外教育の現状と課題（1）野外教育プログラム、文部省.
57) 前掲書[55]、4.

58）前掲書[56)]、「1．青少年と野外教育（1）野外教育とは」を参照。ただし、括弧内の（体験）は著者が追記した。
59）前掲[55)]、1-2．
60）たとえば、本項で取り上げているもの以外に、「野外教育プログラムの到達（度）」と「野外教育の目的達成（度）」の関係（図3-1の①）分析、「野外教育の目的達成（度）」と「野外教育による人間変容（形成も含む）」の関係（図3-1の②）分析、「野外教育による知識・技術等の習得（度）」と「野外教育による学習成果の評価」の関係（図3-1の③）分析などがあげられる。
61）岩崎学（2015）：統計的因果推論（統計解析スタンダード）、朝倉書店、4-7。これによると、因果関係は一方向の関係であるが、相関関係は双方向の関係である。回帰関係は一方向であるが必ずしも因果関係ではない（ただし、予測に役立つような関係を指す）。また関連には、双方向の場合と一方向の場合があるが、一方向であっても必ずしも因果を意味しない。なお、関連を含めて相関と総称する場合もある（安田三郎（1977）：社会統計学 改訂2版、丸善、20）。
62）安田三郎（1977）：社会統計学 改訂2版、丸善、131-132．
63）→はもし前件ならば後件が成り立つことを示す論理記号で、tはAとBの間の媒介変数 intervening variation である。
64）たとえば、BよりもAの生起が明らかに早い場合は少なくとも②B→Aは排除されるであろうし、Aが年齢などの属性の場合も同様に考えることができる。
65）村上征勝（2002）：単純集計、属性別分析、相関表分析、コウホート分析、林知己夫編、社会調査ハンドブック、朝倉書店、454-474、468．
66）村上秀俊（2015）：シリーズ：統計解析スタンダード、ノンパラメトリック法、朝倉書店、125-136．
67）Kemeny, J.G., Snell, J.L.、甲田和衛、山本国雄、中島一訳（1966）：社会科学における数学的モデル、培風館、9-26．

第4章 実験的研究法とその成果

4.1. 実験的研究法とは何か

4.1.1. 概要

　一般的に、実験的研究（experimental study）とは、ある仮説を検証するために行われるものであり、あらかじめ計画された手続きに基づいてデータ収集や分析が行われる。

　仮説自体は質的アプローチ等で生成される（仮説生成）が、その仮説が本当に正しいかどうかを検証する（仮説検証）ことが実験的研究である。通常、独立変数（independent variable）と従属変数（dependent variable）を定め、ある独立変数を意図的に操作（介入）することで、従属変数がどのような変化（効果）を生じるかを検討する。また、実験群だけでなく統制群を設定することで、「介入による効果」を明確に説明するリサーチデザインがよく採用される。特に、実験的研究法を用いるメリットは、論理的な手続きに基づく強い説得力である。この仮説検証の説得性を強固にするために、事前の綿密な実験計画（対象、条件統制、分析方法等）が重要なプロセスとなる。実験計画の詳細については、トーマス（Thomas）ら[1]や出村[2]が、実験計画の手順やポイントをわかりやすく整理している。

　たとえば、「教育キャンプの経験は、子どもに自信を与える」という仮説を検証するために、まず「教育キャンプ」を独立変数、「自信」を従属変数と設定する。そして、教育キャンプを行う直前と直後に、子どもの自信の程度を測定し、その変化を明らかにする。この最も原初的なリサーチデザイン（ワンショットデザインという）により、結果としての「自信」の変化は、「教育キャンプ」に原因を求めることができる。さらに、この因果関係を強固に検証するために、さまざまなリサーチデザイン（統制群の設定、繰り返し測定、ソロモン4群法など）が考案されている。西澤[3]は、体系的にリサーチメソッドを整理しており、

初学者の理解を助けるだろう。

　さて、厳格に実験的研究法を定義するならば、実験条件が統制されている環境下で行わなければならない。実験的研究法は、そもそも複雑な自然現象を解明するために、条件統制が容易な「実験室」で発展してきた経緯がある（実験と呼ばれる所以でもある）。現在では、そこで培われてきた手法が、自然現象の解明のみならず、人の生理的機序や心理的機序の解明、フィールドにおける実験、あるいは社会学的な調査等に応用されている。また、山次[4]は、量的研究の分類から実験的研究の範疇を示しており、さまざまな研究アプローチにおける実験的研究の立ち位置を知ることができる。

　ところで、われわれは「野外教育」という介入が、人や社会に何らかの好影響を与えるものと推測しているが、この経験則だけでは説得力に乏しい。そこで、野外教育に携わる研究者は、この実験的研究法を援用して、特定の観点への影響を検証し、科学的エビデンスの蓄積を行っている。しかし、野外教育の研究場面に実験的研究法を援用した際に、いくつかの問題も指摘されている（4.3.に詳述）。

4.1.2. 基本的な要件

　自然科学の方法論である実験的研究法が成立するには、いくつかの要件が満たされていなくてはならない。野外教育を対象にした研究は、必ずしも自然科学的なパラダイム（理論的枠組）がすべてではないが、この分野に多くの貢献がされていることも事実である。そこで以下に、基本的な要件について概説するが、野外教育を対象にした研究では、この要件を整えること自体が困難であり、研究者の工夫や努力が要求されることを念頭に置きたい。

1）再現性の保証

　実験的研究の基本的立場は、自然科学としての客観主義（objectivity）である。個人の主観を排除して、客観性を保証することが前提である。そのため実験的研究は、実験条件を統一すれば、いつでも・どこでも・誰でも、実験の再現が保証されていなければならない（これを「再現性の保証」という）。そのために、どのような実験条件あるいは要因計画であったかについて、詳細な情報記述が要求される。この情報をもとに、同一条件の実験を繰り返すことを可能とし、その実験結果を追証したり、あるいは反証を保証する。実験計画（要因計画）

については、田中ら[5]や後藤ら[6]が参考になる。

２）記述統計と推測統計

　実験的研究では、数学的理論を応用した統計学的手法を多用する。統計学は、主に、「記述統計」と「推測統計」に分類される。

　前者は、収集したデータを要約して、その傾向や性質を明らかにする統計学であり、代表値（平均値・中央値・最頻値など）や散布度（分散・標準偏差・四分位偏差など）等を用いる。後者は、部分集団のデータを元に、確率論的に全体集団の性質を推定する統計学であり、特に、実験的研究の「仮説検定」の手法は必要不可欠なものとなっている。

　記述統計と推測統計については多くの専門書があるが、平井[7]は基礎用語から数式を示して平易に説明している。また、「仮説検定」のt検定（t-test）や分散分析（Analysis of Variance：ANOVA）等について、石村[8]はこれらの検定の考え方から実際の計算手続きを解説している。いずれも、統計を専門としない研究者にとっても参考になるだろう。

３）母集団と標本

　母集団（population）とは、対象としているものの集合全体のことである。標本（sample）とは、その母集団から取り出した部分集合のことである。たとえば、「日本国民」を対象とした場合、この母集団は「日本国民全員」のことであり、「東京都民全員」はその標本の一つである。

　さて、実験的研究において、母集団のすべてのデータを計測することは、事実上不可能である場合が多い。そこで、母集団から、その部分集合である標本を抽出して、統計的手法（主に推測統計）を用いて母集団の特性を推定する。ただし、この推定が成り立つために、標本抽出（sampling）、標本の大きさ（sample size）の決定などは、厳密には数学的理論に基づいて行う必要がある。特に、仮説検証する際は、エビデンスレベル（結果の確かさ）を高めるために研究者は辛苦する。そのなかで最も高いエビデンスレベルが得られるものは、ランダム化比較試験（Randomized Controlled Trial：RCT）である。RCTとは、ランダム化（実験群と対照群の両群に対して、サンプルを母集団からランダムに割り当てること）、比較対照化（実験群と対照群を設定すること）、盲検化（研究者と被験者ともに、実験群と対照群がどちらであるかをわからなくすること）などを行い、徹底的に計測の主観や恣意性のバイアスを避ける方法である。こ

のことは、実験的研究において、いかに標本抽出が重要な手続きであるかを示している。

4）独立変数のコントロール

独立変数（independent variable）とは、意図的に操作（介入）することができる変数のことである。従属変数（dependent variable）とは、その独立変数の変化に応じて、変化を示す変数のことである。

実験的研究では、研究者自身の意図によって独立変数をコントロールされる必要がある。たとえば、「新薬の投与」を独立変数としたとき、その投与量を変化させること（独立変数のコントロール）によって、従属変数の「効用」がどのように変化するかを検証できる。このように独立変数は、検証する目的に応じて、意図的に統制されなければならない。

5）実験群と統制群

端的にいえば、実験群とは独立変数を意図的に操作（介入）した集団であり、統制群はそれを行わない集団である。また、実験群と統制群の集団構成は、母集団の相似形を保証するためにランダム化で割り当てられることが理想である。仮に、ランダム化で割り当てられない場合であっても、実験群と統制群の集団構成は、交絡変数（従属変数に影響を与える可能性がある変数：たとえば、年齢、性別、身長、体重、経歴など）をできるだけ統一させる必要性がある。

しかし、研究目的や内容によっては、ランダムサンプリングが困難であったり、統制群を設定できないことも実際よく起こる。このようなタイプの研究を、準実験的研究（quasi-experimental study）と呼んだりする。

6）仮説の因果

因果関係についての仮説とは、論理的に説明できるものでなければならなく、先行研究の知見や質的なアプローチによって生成されるものである。そして実験的研究とは、その仮説が統計的に正しいかどうかを検証するための手続きであり、それ以上でもそれ以下でもない。

つまり、仮説自体が論理性を欠いて設定される場合、誤った因果関係を説明してしまう可能性がある。たとえば、「ダムの放水量は、その地域住民の健康に影響を与えている」という（論理性に乏しい）仮説を設定したとする。実際に、「放水量」を変化させ、その度に「健康」の変化を測定した結果、数値的になんらかの関係があったとする。しかしこの場合は、「因果関係」の「因果」を証明

したわけではなく、単に数値の関連性を確認しただけにすぎない。あくまで「因果」とは、論理学の範疇で説明されるものであり、実験的研究とはそれを統計的に裏付けているにすぎない。

通常、仮説とは命題（proposition）の形で示される。この仮説の設定の仕方については、中道[9]が社会調査の方法論として整理をしており、実験的研究の仮説設定に対しても非常に示唆的である。

7）信頼性と妥当性

実験的研究に限らず、どんなアプローチの研究でも、信頼性（reliability）と妥当性（validity）が保証されなければならい。これらは独立した概念であるが、混同されがちである。実際、妥当性が高くても信頼性が低いことや、あるいはその逆もあり得る。

一般的に、研究場面における信頼性とは、同一条件で測定を行った場合、同一の結果となる測定器具（尺度）の「安定性」や「一貫性」のことを意味する。

また、妥当性とは、物事の実情にどのくらい当てはまっているかを意味し、研究場面では、内的妥当性（internal validity）や外的妥当性（external validity）という重要な考え方がある。前者は、「独立変数と従属変数の因果関係がどの程度確かであるか（因果推論の程度）」のことであり、後者は、「実験結果が現実世界の状況にどの程度当てはめられるか（一般化の可能性）」のことを意味する。それ以外にも、さまざまな妥当性（内容的妥当性、表現的妥当性、構成概念妥当性など）があるが、何れにしても、まずは先述した内的と外的の妥当性が満たされていることが、理想的な「意義ある研究」といえるだろう。

4.2. 野外教育の実験的研究を行ううえでの研究倫理

実験的研究においては意図的に操作（介入）を行うことが前提となることから、研究倫理上「人を対象とした医学系研究」に準じた考え方が必要となる。「人を対象とした医学系研究」の用語の定義は、『人を対象とする医学系研究に関する倫理指針』[10]に示されている。その研究の学問領域は、医学にとどまらず、歯学、薬学、看護学、リハビリテーション学、予防医学、健康科学等を含んでいる。現在、野外教育は、科学研究費の審査区分「健康・スポーツ科学」に分類されており、実際、野外教育を対象とした実験的研究の一部は、臨床的な医

学系研究に近接するものも見受けられる。今後、この倫理指針を遵守することが、さらに強く求められるだろう。

以下には、特に、野外教育の実験的研究を行ううえでの研究倫理について概説する。

4.2.1. 侵襲および介入に対する倫理指針のチェック

「侵襲」とは、研究目的で行われる、穿刺、切開、薬物投与、放射線照射、心的外傷に触れる質問等によって、研究対象者の身体または精神に傷病または負担が生じることをいう（また、その負担の小さなものを「軽微な侵襲」という）。一方、「介入」とは、研究目的で、人の健康に関するさまざまな事象に影響を与える要因の有無または程度を制御する行為をいう。

ところで、野外教育の実験的研究では、たとえば、登山中の血中乳酸値を知るために、穿刺器具で微量の血液を採取する「軽微な侵襲」を行うことがある。あるいは、不登校児童や生徒を対象としたキャンプは、心理面の健康状態に影響を与える「介入」があり、身体障がい者を対象した療育的キャンプは、身体面の機能回復等に影響を与える「介入」を行っている。

このような「侵襲」や「介入」の有無や程度については、実験的研究の立案段階において、倫理指針に照らし合わせた内容のチェックとともに、その倫理的な対策と措置を具体的に講じておかなければならない。

4.2.2. 試料や情報の取り扱い

人体から取得される「試料」には、血液、体液、組織、排泄物等およびこれらから抽出したDNA等、人の体の一部であって研究に用いられるものがある。また、研究に用いられる「情報」には、研究対象者の診断および治療等を通じて得られた傷病名、投薬内容、検査または測定の結果等、人の健康に関する情報その他の情報であって研究に用いられるものがある。

野外教育の実験的研究における「試料」として、たとえば、血中乳酸値のための血液採取や、ストレス測定のための唾液採取等が行われてきている。また、「情報」としては、野外教育プログラムへの参加者の個人情報（氏名、性別、生年月日、身体測定データなど）やアンケート回答結果などが収集されることがある。

これらの「試料」や「情報」は、実際のデータ分析の過程においては、必要に応じて特定の個人を識別できるように、当該個人と新たに付された符号や番号との対応表を残す「連結可能匿名化」などを行って進める。また、当該研究の研究者以外の者が、これらを取得したり閲覧できないように厳重に管理されなくてはならない（たとえば、研究室以外にデータを持ち出さない、鍵の付いた引き出しに保管するなど）。そして研究終了後には、ただちに適切な廃棄処分をすることが求められている。

4.2.3. 研究に関係する者への説明と同意
1）研究対象者への説明と同意
（1）研究対象者への負担等の総合的評価
　研究対象者への負担、予測される結果（リスクおよび利益を含む）等について、総合的評価を行なったうえで、研究は進められなくてはならない。
（2）事前の十分な説明および自由意思による同意
　いわゆるインフォームド・コンセントのことである。研究対象者は、その研究に関しての目的・意義・方法、研究対象者に生じる負担、予測される結果等について、十分な説明を受け、それらを理解したうえで自由意思に基づいて同意をする。この同意を前提に、研究は進められなくてはならない。
（3）未成年等の研究対象者
　インフォームド・コンセントをする能力がないと判断される研究対象者（たとえば、幼児、児童、認知症患者等）の場合、現在では、代諾者（保護者を含む）等にインフォームド・コンセントを得るだけでなく、その本人にわかりやすく説明し賛意を得ておく（インフォームド・アセント）の努力義務がある。

2）研究協力者への説明
　実験的研究とは、厳密には、実験のために特別に設定された状況下で行われるものである。しかし、野外教育の実験的研究は、実際の教育実践場面を活用して、できるだけ実験的な状況下になるように統制しながら行われる場合が多い。この是非の議論はここでは取り扱わないが、優れた実験的研究を進めるためには、野外教育プログラムを実践している責任者やスタッフ等の「研究協力者」の存在が不可欠になる。
　まずは、彼らに研究の趣旨を説明し、具体的な協力形態や負担等について、

十分な理解と同意を得ておく必要がある。特にスタッフには、対象者への測定自体を依頼することもあり、その負担の軽減を検討することも必要となる。

4.2.4. 研究対象者の権利と利益
1）教育実践のなかの実験的研究
　先述したとおり、野外教育の実験的研究は、実際の教育実践場面を活用して行われることが多い。このような研究の場合、あくまで教育実践に付随する研究であることを忘れてはならない。教育プログラムを実践する目的は、対象者の望ましい成長を期待するものであり、それを妨げるようないかなる統制や侵襲・介入も倫理的に許されない。

2）教育実践において必要となる個人情報等
　教育実践のなかの実験的研究において、時に、研究者と実践者が同一人物となる場合がある。特にこのケースでは、研究として同意を得て収集した個人情報以外に、主に安全管理上その実践に必要となる個人情報も管理しなければならない。たとえば、宿泊を伴う教育キャンプを実施する際に、個人調書としての生活調査票（年齢、性別、学校、住所、保護者名、家族構成、血液型、病名、既往症など）や健康保険証などの情報である。

　当然のことながら、この個人情報を同意なく研究に用いることは倫理的に絶対に許されないだけでなく、非常にプライベートな情報であるために、その管理には細心の注意を払わなければならない。

4.3.　野外教育の実験的研究を遂行するうえでの議論や問題

　野外教育において実験的研究を行う際、研究精度を高めるために、よく議論となる問題について以下に概説する。

4.3.1.　標本抽出（無作為抽出法vs有意抽出法）
　それぞれの標本抽出の長所や短所について、辻ら[11]や田中[12]がわかりやすく説明をしているが、先述したとおり実験的研究は、数学的理論を応用した統計的手法に多くを頼っている。そのため、標本（sample）から母集団（population）の特性を推定する際、統計的に、標本が母集団を代表する（標本

誤差が小さい）ように、無作為抽出法（random sampling）を用いなければならない。翻って、野外教育の実験的研究を考えると、何かしらの有意抽出法（「母集団を代表していると思われる標本」を主観的に抽出する方法）を用いているものが多い。これは「教育実践のなかの実験的研究」であるが故に生じている現実でもある。

ところでわれわれは、有意抽出された標本をもとに、統計的な検定結果から母集団の特性を推定することをよく行っている。これについて南風原[13]は、検定結果は「記述的解釈の補助」の位置付けとして用い、また「追試を重ねる」ことで一般性に迫ることを提案している。野外教育における実験的研究も、この提案を拠り所に、積極的に統計的手法を援用していきたい。

4.3.2. 独立変数の曖昧さと統制の困難さ

野外教育プログラムの特性は、さまざまな変数（要因）から影響を受けながら、特定能力の開発を目指すというより、総合的な成長を促すことにある。実は、このプログラム特性が、実験的研究の枠組にフィットしにくい。

先述したとおり、実験的研究においては、独立変数は意図的にコントロールされなければならない。しかし、多様な変数の複雑な関係である「自然環境」が前提となる野外教育は、それを研究対象とした場合、独立変数が曖昧かつ統制困難であることが現実となる。たとえば、先に示した「教育キャンプの経験は、子どもに自信を与える」という仮説を立て、独立変数として「教育キャンプ」を設定したとする。しかし、「教育キャンプ」は、さまざまな規模・形態・方針等をもった曖昧なものであり、場所・天候等の影響を統制することが困難な独立変数である。いわば、複合・媒介的な独立変数であるといえる。

このように、実験的研究の枠組で野外教育を扱う場合、いかにシンプルかつ統制可能な独立変数を設定できるかが、一つのポイントとなるだろう。

4.3.3. 統制群の妥当性

実験的研究において、実験群と統制群の集団構成は、母集団の相似形であることが理想であり、せめて両群間が等質なものでなくては意味をなさない。実験群も統制群も、無作為抽出法を用いてサンプリングされていれば問題はないが、実際は「教育実践のなかの実験的研究」であることが多いために、そう簡

単な話ではない。

　この問題を解決するために、臨床試験や疫学研究で用いられるマッチドペア法（matched pairs method）がある。たとえば、野外教育の実験的研究においては、実験群の（年齢や性別は一致した）友達などを統制群として協力依頼をして、両群の等質性を確保したりする。しかし、体力学や生理学的研究ならまだしも、社会環境（友人関係・家族構成・世帯年収等）が交絡変数となりうる心理的側面の研究である場合、その妥当性の検討の余地が残されている。

　また、野外教育における仮説検証的な研究は、実際、準実験的研究（quasi-experimental study）のデザインが散見される。しかし、できるだけエビデンスレベルを高めるためにも、ランダム化や統制群の設定に、妥協なく取り組んでいくことが期待されている。

4.3.4. 効果の持続性

　野外教育プログラムの心理的な効果を検証する実験的研究においては、プログラム直後の効果よりも、その持続性に関心が注がれる。教育プログラムとしての価値は、一時的な向上ではなく永続的な効果に置かれているからである。そこで、これを実証するために、プログラム直後（post：事後測定1）だけでなく、プログラムが終了した数カ月後に従属変数を測定（follow up：事後測定2）し、長期的効果を確認する追跡実験計画がある。

　しかし、介入後（postからfollow upの間）の日常生活等の影響を、まったく考慮することができないため、独立変数である「教育プログラム」が、純粋に長期的効果をもたらしたかの因果を説明できない。この指摘を解決するためには、研究デザイン自体を再考する必要もあるだろうが、妥当な統制群の設定、質的アプローチの併用、論理的な機序の説明なども有用となろう。また、分析疫学の観察的研究の一つの手法であるコホート研究（ある集団の個人をある一定期間、追跡して観察する研究）の考え方を援用することも有益であり、今後、検討されていくことが望まれる。

4.3.5. 再現性の困難さ

　野外教育の実験的研究は、「実験室の実験」として行われることがほとんどなく、「教育実践のなかの実験的研究」という宿命を負っている。つまり、こ

のことが意味することは、自然科学の大前提である「再現性の保証」が困難であるという現実である。

また、野外教育プログラム自体は、一期一会的であり、その個別性や一回性に価値が置かれている場合がある。参加者の価値意識等の認識論を研究テーマとした場合は、個別性や一回性に関心が向けられて当然であろう。しかし、実験的研究の長所をよく理解したうえで、自然科学のパラダイムで研究を進めるのならば、再現性を保証するためのリサーチデザインの工夫は必要である。

4.3.6. 実験者の独立性

繰り返しになるが、実験的研究の基本的立場は、自然科学としての客観主義である。つまり、「研究者（実験者）」と「野外教育のプログラム実践者」は、独立した存在である必要がある。しかし、実際、野外教育の実験的研究は、研究者と実践者が同一人物である場合が大半である。研究テーマや内容によっては、「研究者－実践者の独立モデル」で客観性を保証しなくては、研究目的を達成できないものもある。また、フィールドワーク等の質的研究アプローチでは、むしろ「研究者－実践者の同一モデル」であることが前提である。しかし、実験的研究であったとしても、この「同一モデル」で研究意義が十分認められるものもあるだろう。

実験的研究として実施する限り、前提としては「独立モデル」が望ましい。しかし、野外教育の実践推進も担う「研究業務を兼ねた実践者」は、研究意義、テーマ、内容によって、「同一モデル」も積極的に許容されるべきかもしれない。

4.4. 野外教育における実験的研究の意義と今後の課題

先述したとおり、野外教育における実験的研究は、大小さまざまな問題を抱えている。それでもこの研究方法を用いることの価値や意義、そして今後の課題等について考えてみたい。

4.4.1. 価値や意義
1）真理の追求
近代自然科学は、さまざまな自然界の法則性を見出すなかで、人類の繁栄を

築き上げてきた。もちろん、必ずしも「人類の繁栄」と「個人の幸せ」が直接的に一致するものではないかもしれないが、これまでの自然科学の貢献には異論は少ない。そして、この実験的研究を代表格とする自然科学の基本姿勢が「真理の追求」である。

研究対象者の福利は、科学的および社会的な成果よりも優先され、人間の尊厳や人権が守られていることが前提であるが、わが国では、学問の自由の下に、知的追求が保証されている。そして、その成果は、われわれの健康の保持増進や生活の質の向上に、大きく貢献する可能性を秘めている。

2）野外教育推進のためのエビデンス

たとえば、熟練した野外教育の実践者は、幼少期の自然体験が基盤的な人間形成において、いかに重要であるかを経験則として知っている。しかし、高度情報化社会のなかで育ってきた若者は、その価値や意義をまったく理解できないかもしれない。

今日、医学や保健医療の分野においては、「エビデンスにもとづく医学」（Evidence-Based Medicine：EBM）の動きが顕著であるが、実験的研究の最大の長所は、強力な説得性を有していることである。野外教育プログラムが、いかに必要不可欠であるかは、この研究の枠組で得られたエビデンスが何よりも社会にインパクトを与える。そして、今後、学協会から国の教育政策に対して提言を行う場合など、地道にエビデンスを積み重ねておくことが、野外教育を推進するうえでの揺るぎない根拠となるだろう。

3）実践知から理論知へ

熟練の野外教育者は、野外生活技術に長けており、指導のポイントやコツを把握し、適切なリスクマネジメントを行っている。この個人的な経験則に基づく「実践知」は、「理論知」化することによって、駆け出しの野外教育者や他領域の指導者などにも伝達可能なものとなる。

「実践知」と「理論知」は、両輪として等しく重要なものである。しかし、これまで野外教育の指導の現場は、その対象が広範で複雑であるが故に、職人技という「実践知」ばかりであったといわざるをえない。この先人たちに培われた「実践知」が「理論知」の形をとることで、後進だけでなく他領域にも有益な「知」が受け継がれていくことを可能とする。つまり、実験的研究の方法論としての意義は、いわば「実践知から理論知へのトランスレーション」という、

一つひとつの地道な検証作業に他ならないのである。

 4) さまざまな比較分析のために

 野外教育は、遠隔地という空間で実施され、非日常的な他者関係を構築し、ある種の独特な教育哲学の基で実施される。このユニークな教育構造ゆえに、時に閉鎖性を助長してしまうきらいがある。しかしさまざまな対象と比較分析することで、その特徴というものは浮かび上がってくるものである。

 実験的研究は、一般化された共通指標を用いる。つまり、野外教育における実験的研究は、この共通指標によって、野外教育プログラム同士の比較にとどまらず、他領域の教育プログラム、あるいは他国の教育政策などと比較することを可能とする。そして、野外教育自体が、一体どんな教育アプローチであるかの特徴を明らかにし、その長所短所や改善点を明確にするのである。

4.4.2. 今後の課題

 現在の野外教育における実験的研究は、他領域と比べて、圧倒的に研究数が少ない。野外教育のプレゼンスを高めるだけでなく、他の教育プログラムや他国との比較検証を推進するためにも、優れた実験的研究がたくさん報告されることが期待される。

 また、優れた実験的研究を推し進めるためには、実験者(研究者)と実践者のお互いの協力関係が不可欠である。先述した「研究業務を兼ねた実践者」あるいは「実践しながら理論化する研究者」は、いずれも野外教育の推進者として貴重な存在である。しかし、実験的研究法のパラダイムである自然科学の基本原則に従うと、両者は独立しているべきである。この状況を改善するためには、研究者と実践者の個人的関係だけを頼りに共同研究を期待するのではなく、たとえば、学協会や研究機関等が「(実践者と研究者の)協働マッチングシステム」を構築したり、「実証研究プロジェクト」を立ち上げたりする等でイニシアティブを発揮することが有益となるだろう。

 さらに、今後、「実験的研究」が依拠するパラダイムを理解し、方法論としての限界や長所短所を押さえたうえで、混合研究法(mixed methods research)などを用いて、野外教育のさまざまな事象に迫ることは意義がある。ブレイディ(Brady)ら[14]は、社会科学における方法論の再検討を行っており、量的・質的研究アプローチの長所短所の理解に対して示唆に富んでいる。また、

異なる方法論を統合することに関しては、ポープ（Pope）ら[15]やクレスウェル（Creswell）ら[16]が非常に参考になるだろう。「実験的研究」は、非常に洗練された研究アプローチであるが、もちろん完璧なものではない。そのことを十分踏まえて、今後、野外教育研究に取り組む必要が求められている。

4.5. 代表的な研究の解説

4.5.1. 野外教育研究における心理的な指標の活用

心理的な指標は、人間の意識や態度といった物理的な実体がないものについて評価するときに用いられ、心理的構成概念を数値で示すことにより個人差を把握することが可能となる。

心理的な指標を用いた研究は、観察法や面接法などと比較して、短時間でなおかつ大人数のデータを収集できる。また、観察や面接はある程度の技術が必要であるが、信頼性と妥当性が検証された指標であれば、誰もが一定の水準のデータを得ることができる。さらには、データは数値化されているため処理が容易で結果が一般化しやすい。しかし、欠点としては回答者の自己報告であるため、社会的に望ましい回答やでたらめな回答などの偽った回答をする可能性がある。また、回答者が質問文を理解できていない場合や自己評価が適切でなければ、正確なデータを収集することができない。

野外教育においては、キャンプなどの介入による効果を明らかにするために、多くの研究で心理的な指標が用いられているが、配慮すべき点も多い。本項では、「幼児・低学年児童における継続型組織キャンプの効果に関する研究」[17]を例示しながら、心理的な指標を活用した実験的研究の概要を説明する。

1) 研究テーマの設定

著者は当時、幼児・低学年児童における継続型組織キャンプの運営にかかわることがあり、本事業が文部科学省の委託であったことから研究を実施することとなった。テーマを設定するにあたり、始めに行ったことは先行研究の検討である。検索のキーワードは「幼児」「児童」「キャンプ」「自然体験」等である。先行研究の検討からみえてきた課題は、キャンプの低年齢化が進むなかで、幼児と低学年児童との混合キャンプに関する研究はほとんど見あたらないこと、これらの年齢を対象とした継続型の組織キャンプの効果を明らかにした研究は

されていないことであった。そこで、幼児・低学年児童における継続型組織キャンプの効果を検討することを目的とした。

2）研究方法
(1) 研究対象

　本研究では、キャンプという介入による効果を説明するために、キャンプに参加した者42名を実験群、キャンプに参加しなかったその友だち（非参加者）38名を統制群としてデータ収集の対象とした。

　実験的研究の必要条件は、ランダム化、コントロール（統制）、独立変数の操作である。ランダム化とは、バイアスを排除し、確率的なばらつきのみに限ることである。しかしながら、野外教育の研究におけるランダム化はきわめて難しい。そもそもキャンプに参加している時点でキャンプに対して肯定的な人が集まる可能性がある（選択バイアス）ため、一般的な母集団のサンプルとはいい切れない可能性がある。高畑ら[18]の研究は、大学キャンプ実習において、ふりかえりを実施した実験群とふりかえりを実施しなかった統制群を設け、参加者の集団凝集性に及ぼす効果を検討している。この研究においては、班ごとで条件に割り当てているためランダム化されているといえよう。

　実験的研究では、論理的には3つの変数から成り立っていると考えることができる。因果関係の原因に当たると推定した変数を「独立変数」と呼ぶ。これは、実験者が操作する変数である。結果にあたると推定した変数は「従属変数」と呼ぶ。これは、実験者が測定する変数である。本研究では、独立変数は「継続型組織キャンプ」、従属変数は「キャンプの効果」である。因果関係を推定するためには、別の因果的説明を排除しなければならない。そのためには、従属変数との間に因果関係があるかもしれない別の要因を考慮に入れる必要がある。たとえば、本研究では、保護者がキャンプ好きでキャンプによく行く環境で育ったか、自然環境が豊かな場所で育ったか、などがそれにあたる。研究分野によって異なるが、そうした別の要因にあたると推定した変数は「交絡変数」などと呼ばれている。これらの変数が原因となって従属変数に影響を及ぼし、それが独立変数の効果と混合されることを防ぐために、従属変数に影響しそうな変数は統制されなければならない。統制とは、その変数を取り除いてしまうか、あるいは少なくとも値が変わらないように保ち、独立変数と一緒に変化しないようにすることである。本研究では、キャンプによく行く環境で育った人

第 4 章　実験的研究法とその成果

数、自然環境が豊かな場所で育った人数などが実験群と統制群のどちらかに偏らないようにすることが統制である。また本研究では、キャンプという介入による効果を説明するために、実験群をキャンプに参加した者、統制群をキャンプに参加しなかった者として、同学年、同性の「参加者の友だち」に設定したが、果たしてこれは統制されたといえるであろうか。先の例で考えると、保護者がキャンプ好きでキャンプによく行く環境で育ったかは親の価値観や収入などが、自然環境が豊かな場所で育ったかは居住地の環境が影響すると考えられる。そのような観点からみると、「参加者の友だち」は、ある程度の統制がなされていると考えることができるが、より統制を保つためには、普段のキャンプに行く回数や自然体験の程度を測定することは客観性を担保する点においては有効である。また、本研究のようにPre-Postデザインの場合は、実験群と統制群のPreの得点に差がないことを確認することも重要である。両群の集団としての均質性を確保し、キャンプをするかしないかだけが両群の相違点になる状態を設定することを研究の内的妥当性という。

（2）指標と回答者

本研究の調査内容は、著者らが独自に作成した「幼児・低学年用組織キャンプで育つ力」の指標と自由記述による「思い出カード」を用いた。指標の回答者は子どもの行動や態度について保護者が観察に基づく評定を行った。なお、調査はすべて同一人物の保護者として依頼した。また、自由記述はプログラム中に参加者がどのような体験をしているのかを抽出し、質的データとして扱った。「思い出カード」の記入は、各回のプログラム後、家に持ち帰り、保護者と話しながら「がんばったこと」「楽しかったこと」「もっとやりたかったこと」を親子で一緒に記入するよう求めた。

野外教育における心理的な研究のデータ収集は、質問紙法や面接法と呼ばれる研究方法が用いられる。質問紙法は選択回答式と自由回答式に大別される。選択回答式は、いくつかの選択肢から回答者の考えに近いものを選択してもらう方法で、データを数値化でき、統計解析に適している。また、回答が容易であり、多くの質問項目に回答することが可能である。しかし、選択肢以外の回答ができないため、選択肢の設定が非常に重要となる。自由回答式は、回答者の考えに制限を与えないので、研究者が考えた以上の回答を得る可能性もあるが、分析に主観が入りやすく、人手や時間を要する。

本研究においては、先行研究から幼児・低学年児童のキャンプの効果を測定するための、信頼性と妥当性が検証された既存の尺度が見あたらなかったため、著者が新たに「幼児・低学年用組織キャンプで育つ力」の指標を作成した。指標の作成については、第3章を参考にされたい。また、キャンプの効果といった抽象的な変数は、総合的、全人的な効果を測定するためには効果的であるが、その変化の要因を特定することはきわめて困難である。本研究では参加者がキャンプに対して感じたことを抽出するための「思い出カード」に自由回答式の記入を求め、指標の変化の要因を探索した。別の方法としては、指標の下位概念について自由回答式を用いることで変化の要因を探ることも可能である。

　また、研究を行う際には、信頼性と妥当性が保証されなければならない。信頼性とは、作成した項目群の内容的なまとまり（内的整合性）や、時間的な安定性を示す概念である。折半法やクロンバックの α 係数の算出が前者を検討する代表的な方法で、再検査法は後者を吟味するための方法である。本研究では α 係数の算出を行い、指標の信頼性を確認している。指標の信頼性については、既存の尺度を用いる場合にも論文に記載する必要がある。

　本研究の対象者は幼児・低学年児童であったことから、自己評価式の回答を求めることは困難であった。幼児を対象としたキャンプの先行研究から、機器での測定や、第三者の観察法を用いることが多いことが確認できたため、本研究は保護者による観察を採用した。また、回答する保護者が調査のタイミングで異なると正確な差をみることができないため、事前、事後、1カ月後の3回の調査は同一人物で依頼した。自由回答式の「思い出カード」も参加者が一人で記入することは困難であることから、各回のプログラム後、家に持ち帰り、保護者と話しながら親子で一緒に記入するよう求めた。字を書くことができる参加者は自分で、そうでない参加者は保護者が記入を行った。この思い出カードは、全4回分を冊子にした「思い出カード集」として、すべてのキャンプ終了時に参加者に返却した。

（3）調査時期と統計的検定

　本研究の調査時期は、第1回のプログラム前（7月下旬）を「事前」、第4回のプログラム後（9月上旬）を「事後」、事後から1カ月後（9月下旬）を「1カ月後」として計3回実施した。

　野外教育における典型的な実験計画は、できるだけランダムに実験群と統制

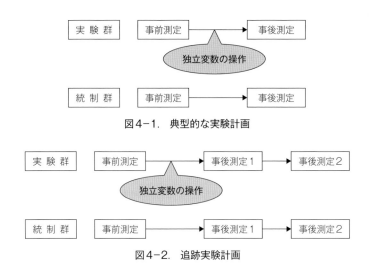

図4-1. 典型的な実験計画

図4-2. 追跡実験計画

群を設定し、事前測定と事後測定を両群において実施し独立変数を操作することである（図4-1）。

この計画は、両群の事前測定の値を比較することにより両群が等質な集団であることを確認することができ、事後測定の値を比較することにより効果を検証することができる。この実験計画の統計的な手法としては、事前から事後測定の変化率を群間で比較する、もしくは群と事前・事後測定の2つを因子とした一要因にのみ対応のある二要因分散分析を利用することがあげられる[2]。

教育的なキャンプであれば、キャンプでの学びがいかに日常生活に般化されるかが重要であるため、その効果の持続性にも目を向ける必要がある。そのための方法として、事後測定を一定期間おいて反復して行い、効果の持続や変化を検証する追跡実験計画がある（図4-2）。この実験計画においても、一要因にのみ対応のある二要因分散分析が利用される[2]。

キャンプ後は個人により体験が異なるため、その変化の要因を特定することはできないが、少なくとも統制群を設けることでキャンプ経験の持続性を検討することが可能となる。追跡実験計画は、一人に対して事前測定、事後測定1、事後測定2の最低3回の調査を実施する必要があるが、特にキャンプ1カ月後などに実施される事後測定2のデータを回収できないことがある。その場合、データは不完全とみなされ、一般的にはその対象者のデータは分析から除外す

ることとなる。本研究も、それによりいくつかのデータが失われ、すべての回答が得られた参加群37名、非参加群18名を分析対象としている。野外教育研究においては、そもそも対象者が少ないうえ代わりのサンプルを取ることは不可能であるため、回収率の向上や記入漏れを防ぎ、すべてのデータが揃うよう努力する必要がある。

3）研究倫理

本研究では研究倫理についての記載がない。本来であれば研究方法の所に少なくとも「本研究は、研究対象者の保護者に対し、研究の主旨に関して説明を行い、事前に承諾を得た。」などの記載が必要である。

ここでは、心理的な指標を活用する場合の倫理的配慮について、研究の計画段階、実施段階、公表段階の順に要点を述べる。

（1）研究計画における倫理的配慮

日本心理学会は、指標を使用した研究について「調査計画の立案、調査内容の構成、また調査票の作成にあたって、調査に含まれる各質問項目の内容および表現が、特定の立場や考え方を強調していないか、特定方向に回答を誘導していないかなど、慎重かつ厳密に検討し、中立性を保つよう心がけなければならない。（p.15）」[19]としている。本研究においては、著者が新たに「幼児・低学年用組織キャンプで育つ力」の指標を作成している。作成の際には、野外教育に精通している研究者3名で先行研究を参考に項目の抽出を行い、自然への興味・関心、生活力、人間関係、自己成長の4つの観点を決定した。項目の内容や表現についても複数人で確認を行っている。心理的な指標を活用した研究の場合、指標の量や質が倫理的な問題を引き起こすことが多いため、指標の作成や実施には複数人で確認することが重要である。また、自らが所属する組織および研究が行われる組織によっては、研究の実施に先立ち、倫理委員会等に具体的な研究計画を示し承認を受けなければならないこともある。

（2）研究の実施における倫理的配慮

野外教育研究においては、調査にかかわる人は研究者と対象者だけでなく、キャンプなどを実施している組織や団体、調査担当者などが存在し、さまざまな人の理解と協力を得なければならない。実際の調査に立ち会う調査担当者は、研究者自身が行う場合と研究者以外が行う場合があるため、ここではその点についても触れる。

研究を行う際には、対象者が研究に関する説明を受け、説明内容を理解したうえで、その研究への参加に同意する、いわゆるインフォームド・コンセントが必要である。野外教育における研究の場合は、研究対象者の同意を得る前に、キャンプを実施している団体の責任者や担当者へのインフォームド・コンセントが必要になってくる。本研究の場合は、研究者がキャンプの運営側であったため、組織に対する理解は得られやすい状況であったが、そうではない場合は実施団体関係者との信頼関係の構築のうえ、研究への理解を得ることが必要となる。キャンプの運営側は、参加者に対して限られた期間内で最大の教育的効果や有意義な時間を提供することを第一に考えている。そこにキャンプの効果を測定するとはいえ、参加者が指標への回答を求められることにより、時間の制約、参加者への負担は少なくはない。楽しかったキャンプが最後にアンケートを実施したことにより、不快な思いをして帰るかもしれない。そのようなことはあってはならない。

　本研究のように対象者が子どもの場合は、保護者へのインフォームド・コンセントに加え、子どもへのインフォームド・アセントが必要とされている。インフォームド・アセントとは、子どもの理解度に応じてわかりやすく調査について説明し、子ども自身が発達に応じた理解をもって同意することである。子どもに伝わる方法で説明を受けた場合、子どもなりに状況を受け止め対処する能力があることを前提にした考えで、大切なことは、同意を得ることが目的ではなく、これから起こりうることを子どもに理解できるよう説明し、その判断のプロセスに子ども自身がどれだけかかわったかである。キャンプなどの調査の際に、何のためにどんなことをするのか、不安なことや心配なことはいつでも聞けることなどを説明し、納得を得て、最後にアンケートをすることの確認をとることが考えられる。

　研究の対象となる、組織および参加者への説明内容としては、①研究の意義と目的、②具体的な研究内容と実施期間、③研究結果の公表、④守秘や個人情報、研究データの取り扱いについて、⑤問い合わせ先、などが必要である。キャンプの組織や学校、直接かかわる担当者（班のカウンセラーなど）に対しては、指標を回答する場所、回答の説明の方法、雰囲気、回答にかかる時間などをあらかじめ説明することも重要である。なぜなら心理的な指標は、回答者の自己報告であるため、回答時の気分やグループ内での立場によって、大きく変化す

るからである。社会的に望ましい回答やでたらめな回答などの偽った回答がないよう、実施の際、担当者は中立的かつ厳粛な姿勢で回答者とかかわることが望ましい。また、回答者が質問文を理解できていない場合も十分に考えられる。調査担当者は回答者をよく観察し、わからないことを回答者が発言しやすい雰囲気を作ることも、正確なデータを収集するためには重要である。調査担当者が質問文を一つずつ読みながらそれに合わせて回答者が回答する方法は、回答者の理解を確認するとともに記入漏れを防ぐことにも繋がる。また、事前と事後で1人の回答を追跡する場合は記名回答となる。記名回答を求める場合は、その理由と記名による不利益が生じないことも説明する必要がある。

　独立変数を操作する場合は十分な倫理的配慮が必要である。特に一つのキャンプ内で操作する場合は、実験群と統制群で体験の量や質、さらには効果に差が生じないよう配慮するべきである。たとえば、有効であると予想される指導法の効果を確かめる場合、その有効である指導法を適用しない実験群を設けることになる。有効であろう指導を受けられないことは、教育上、差別となる危険性を含んでいる。野外教育は教育現場であるため、独立変数の操作はかなり慎重な配慮が必要となる。

　研究対象者への説明の後は、文書で同意を確認ができる「同意書」の提出を求める。実際には、説明文と一緒に同意書を添付し、同意書は自筆での署名を依頼する。研究で得られたデータは、紛失、漏洩、取り違えなどを防ぐために厳重に保管し管理しなければならない。また、データは研究目的以外には使用しない。なお、対象者の個人情報は研究上の必要性が消失した場合にはすみやかに廃棄する。

（3）研究成果の公表に関する倫理

　日本心理学会は、調査結果の報告について「調査研究にたずさわる者は、調査結果を知りたいと望む調査対象者に対して、可能な範囲で調査結果の報告をすることをあらかじめ約束し、調査研究の終了後にこれを実行しなければならない。(p.16)」[19]と明記している。野外教育においては、研究の説明と同様、組織および参加者に対して報告する必要がある。その際、読み手のことを考え、わかりやすく報告するべきである。参加者や保護者、組織や学校の方に対して、統計用語が書かれた難しい文章の報告書を渡しても、理解することが難しく、次回も研究を協力しようという気持ちにはならない。また、よい結果が出たと

きは報告しやすいが、そうでないときは難しい。考えられる理由や手続き上の問題点など、偽りなく、相手の気を悪くしないよう報告するべきである。野外教育の研究は実践ありきである。成果を報告する際も、キャンプの企画や参加者の意識へいかに還元できるかを考慮した視点が必要である。

また、日本心理学会は、研究成果公表時の個人情報の保護について「研究成果を公表する場合には、研究対象者や周囲の人々のプライバシーに最大限の配慮をする。研究者は、原則として、研究対象者を特定できる個人情報は匿名化するなどの工夫を行う。（p.12）」[19]と明記している。本研究は対象となるキャンプのキャンプ名や主催を記載しているが、必要に応じて「Aキャンプ」や「A大学」など、対象者だけでなく対象組織が特定できないようにすることも重要である。しかし、キャンプのさまざまな要因により研究結果が異なることも考えられるため、時期、プログラム内容、指導体制、班構成、場合により天候等は詳細に記載する必要がある。

4）結果の記載

指標の統計分析の方法については紙面を割くためここでは取り扱わない。統計結果の記載は、平均値、標準偏差、標本数の表記は必須である。平均値の算出方法は、項目得点の合計値とする場合と項目平均値とする場合がある（当然、検定結果は変わらない）。本研究のように合計得点の場合は因子によって項目数が異なるので、数値の大きさの意味が直感的にわかりにくい。また、得点の分布がわからない。したがって、合計得点ではなく項目の平均値を用いる方が尺度得点の取りうる範囲が因子を構成する項目数にかかわらず一定になるため適している。結果は、文章、図、表の3つの表現方法があるが、重複することがないよう統計結果を記載する。

本研究における自由回答式の分析は、回答の多くが単語であったため、それを集計することにより、参加者のキャンプに対して感じたことを抽出した。本研究では、がんばったこと、楽しかったこと、もっとやりたかったこと、それぞれで記述数を集計し、記述の多い項目と先行研究の比較から、指標の変化を考察している（表4-1）。キャンプ中の子ども達の印象に残った体験をさまざまな角度から抽出することで、推測の域ではあるが、変化の要因を探ることが可能となる。

自由回答形式の分析では、徳田ら[20]の研究が参考になる。徳田らは、小中

表4-1. 思い出カードの記述内容

	開催回	記述数合計	記述内容(上位から)		
「がんばったこと」	第1回	(52)	たくさん歩いたこと(16)	仲間つくり野外ゲーム(15)	琵琶湖で泳いだこと(6)
	第2回	(64)	カレー作り(22)	野菜を切ったこと(7)	テントやタープを張ったこと(6)
	第3回	(90)	山登り(24)	テントを張ったこと(19)	ご飯を作ったこと(12)
	第4回	(32)	沢登り(27)	みんなとゴンドラに乗ったこと,重い荷物をもったこと,ご飯をたくさん食べたこと,体調が悪かったが参加したこと,みんなとお別れしたこと(各1)	
「楽しかったこと」	第1回	(61)	琵琶湖での水遊び(17)	ライフジャケットを着て浮かんだこと(10)	コップリレー(6)
	第2回	(65)	カレー作り(17)	みんなで食べたこと(10)	野外ゲーム(7)
	第3回	(85)	沢遊び(12)	山登り(11)	滝で遊んだこと(10)
	第4回	(36)	ゴンドラやリフトに乗ったこと(24)	みんなでお弁当を食べたこと(5)	沢登り(4)
「もっとやりたいこと」	第1回	(63)	泳ぎたい(23)	ライフジャケットを着て泳ぎたい,仲間作り野外ゲーム,木登り(各6)	
	第2回	(53)	ご飯作り(11)	遊びたい(8)	カヤックに乗りたい,水遊び(各7)
	第3回	(71)	沢遊び(10)	山登り(6)	ご飯作り,キャンプファイヤー(各4)
	第4回	(36)	リフト・ゴンドラに乗りたい(6)	お風呂に入りたい(5)	沢登り(4)

(記述数)

　学生を対象としたキャンプ活動が生きる力に及ぼす影響を明らかにするために、自由回答式のふりかえりシートを用いて指標の変化の要因を探索している。その研究では、得られた回答を書き出し、同じ単語や内容を含むものをまとめて、下位カテゴリーとして集約し、続いて、内容が近い下位カテゴリー同士をまとめ、上位カテゴリーとして集約している。分析が一貫した視点で行われているかは、共同研究者と確認し、他の解釈が生じた場合には、意見が一致するまで議論を行うことにより確実性を担保している。これより得られた小学生と中学生のカテゴリーを比較し、キャンプ活動を通してどのような体験をしているのか、その特徴を明らかにし、小学生と中学生の生きる力の変容の違いを検討している（図4-3、図4-4）。

　自由回答式の分析は目的に応じてさまざまな方法があるが、分析者の印象をまとめることに終わりがちであるため、その結果の取り扱いには注意が必要である。徳田らの研究のように、自由記述から抽出されたカテゴリーを学年で比較することにより、体験の質の違いをみることもできる。変化の要因が多様に

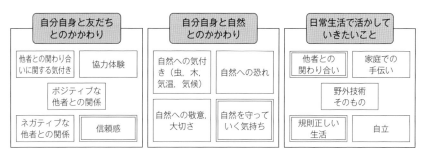

図4-3. 小学生ふりかえりシートのカテゴリー
（二重線：小学生にのみみられたカテゴリー）

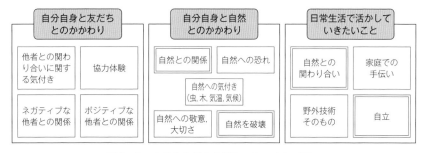

図4-4. 中学生ふりかえりシートのカテゴリー
（二重線：中学生にのみみられたカテゴリー）

考えられるキャンプだからこそ、自由記述により印象に残った体験を抽出することで、あらかじめ限定しない変化の要因を探ることが可能となる。しかしながら、自由記述の回答があたかも変化の要因だと結論づけることは避けるべきである。野外教育における多くの研究が変化の要因について推測の域に留まる考察となっているのが現状であるが、この問題を解決するためには、その効果に関する理論的背景から変容の要因のエビデンスを得ることや、要因（独立変数）を意図的にコントロールすることなどが考えられる。

5）まとめ

（1）本研究で明らかになったこととその意義

本研究から、幼児・低学年児童の継続型組織キャンプには積極性、協調性、自然への興味・関心の効果が認められた。思い出カードの分析から、努力体験（がんばったこと）は、歩き、山登り、泳ぎといった体力や忍耐力を要するも

のや、仲間つくり野外ゲーム、野菜を切る、テントを張るといった日常生活ではあまり経験をしないようなことをあげていた。楽しさ体験(楽しかったこと)は、水遊び、沢遊び、山登り、滝で遊んだことといった、自然での活動が多かった。第2回目のキャンプからは、カレー作り、みんなで食べたこと、の記述が多くみられたことから、複数での調理や大人数での食事を楽しさ体験として捉えていることが伺えた。意欲的な体験（もっとやりたいこと）は、泳ぐこと、ご飯作り、遊ぶことなどの記述がみられ、それぞれの活動への興味関心の高さが伺えた。キャンプの低年齢化が進むなかで、幼児と低学年児童との混合キャンプの効果、これらの年齢を対象とした継続型の組織キャンプの効果を統制群を設定しながら総合的に明らかにした点においては意義がある。しかし、指標の信頼性や妥当性、変化の要因の検討においては、検討の余地がある。幼児・低学年児童における組織キャンプの充実に向けて、効果測定を積み重ね、対象年齢、期間、活動内容、指導方法等を検討していく必要があるだろう。

（2）心理的な指標を活用する研究の可能性

これまでの野外教育研究は主に心理的な指標を活用し、多くの効果を検証してきた。しかしながら本項でも触れたように、効果の要因の解明については、研究数も少なく、方法論についても十分な検討の余地がある。その一つに、用いる指標の理論的背景の理解が考えられる。指標の理論を正確に理解することで、自由回答式の設問が適切になされ、要因を導くことが可能となる。2つ目は、要因（独立変数）を倫理的な配慮の下、意図的にコントロールすることで、効果の要因にフォーカスすることが可能となる。一方で、心理的な指標のみを扱う研究だけでなく、観察法や面接法、あるいは質的研究などを混合した研究にも視野を広げることで、野外教育研究は広がっていくと考える。

4.5.2. 野外教育研究における身体的な指標の活用

身体的な指標は、ある活動の特性や効果を、身体面から評価するときに用いられる。これには、心拍数、血圧、血中乳酸濃度などの生理学的指標、歩数、活動強度など、身体活動を定量的に評価する指標、その他には、筋力、持久力、柔軟性など、体力・運動能力、健康関連体力を評価する指標などがある。

これらの活用によって明らかにできることは、①活動の負荷特性（どのような運動であるのか、どのくらいの強さの運動であるのか）、②活動の短期的な

影響・効果（どのような身体的反応を引き起こすのか）、③活動の長期的な影響・効果（継続すると身体はどうなるのか）などである。野外教育にかかわる研究では、野外スポーツの負荷特性、自然環境の快適性増進効果（自然由来の刺激による鎮静効果など）、健康づくりを目的としたプログラムの効果（血圧、自律神経機能の変化など）を明らかにする研究などで活用されている。

これらの指標は、特別な測定機器（心拍計など）が必要であることや、人体から試料を得る場合（血液、呼気ガスなど）もあることから、調査、実験の手続きにおいて配慮すべき点が多い。本項では、実際の研究事例を示しながら、これらの点を説明する。

1）身体的な指標を活用した研究の概要

ここでは、「組織キャンプ活動中の小学校低学年児童の身体活動量」[21] を例示しながら、身体的な指標を活用した実験的研究の概要を説明する。

（1）抄　録

本研究の目的は、山野で行われた組織キャンプに参加した児童の身体活動量を調査することである。調査対象は、夏季休暇中に東北地方の山村部で実施された5日間の組織キャンプに参加した児童20名であった。身体活動量（歩数、低・中・高強度活動に要した時間）は一軸加速度計（LifecorderEX、スズケン社）を用いて調査された。得られたデータを、先行研究で報告されている一般的な児童の学期期間中の平日・休日の身体活動量と比較し分析した。キャンプ期間中の児童の歩数は、学期期間中の平日の歩数とほぼ同等であり、休日の歩数より高い値を示した。また、キャンプ期間中の低・中強度活動（2.0-6.0 Mets：立位軽作業から速歩行程度）に要する時間は、学期期間中の平日・休日の値よりも高い値を示した。これらの結果は、キャンプを通した自然環境における活動経験と、自然環境への興味関心が児童の自発的な活動を促進したことを示唆している。これらのことから、長期、または短期の休暇中における児童の自発的な身体活動を促進する機会として、組織キャンプは重要な役割を果たす可能性があげられる。

（2）テーマの着想に至る経緯

組織キャンプにスタッフとしてはじめて参加したのは、大学院生のときである。そこで強く印象に残ったのは、キャンプで生まれていく子ども達の身体経験の豊かさである。たとえば、木や岩をよじ登り、沢に飛び込み、不整地環境

を動きまわるなど、実に多様な運動が生まれていく。また、キャンプ生活をとおして、はじめは活動的ではなかった子どもが日に日に活動的になっていく。このような場面を目の当たりにして、キャンプの意義を身体的な側面から捉えることに関心を抱いた。

　大学生のときに体力学を専攻していたこともあり、当初は、体力・運動能力という視点でキャンプの効果を明らかにすることを試みた。しかし、参加者の成長を目的とするキャンプであっても、体力向上を目的としてプログラムが設定されるわけではない。また、そこでの活動がどれほど豊かであっても、筋力、持久力などの変数は、3～4泊程度の短期的な活動で向上が見込めるものではない。体力・運動能力という視点でキャンプを捉える難しさに直面した。

　研究を前に進めるヒントになったのは、子どもの身体活動、健康問題にかかわる他領域の研究者との対話である。そこでの対話で、近年では、子ども達の活動意欲を高める環境づくり、特に長期休暇中の身体活動の確保が課題であることを知った[22-26]。一方で、彼らがこちらに関心を抱いたのは「キャンプでは、自然環境を活かしながら、子ども達の関心、意欲を高めながら活動が展開していく」という、著者の説明に対してであった。しかし、「どのような身体活動がどのくらい展開しているのか」「そのような身体活動はどのようにして生まれていくのか」という問いに対して、明確に説明することができなかった。このとき、身体活動の観点から、組織キャンプの特徴を明らかにする必要性に思い至った。

　キャンプ中の身体活動を分析した先行研究をみると、歩数を指標に用いた報告[27]はあるものの、どのようにそれが生まれていくのか、すなわち、身体活動の質的な側面をとらえたものはなかった。そこで、加速度計付歩数計（以下、加速度計）を用いて、キャンプ中の身体活動量を、歩数と活動強度の観点から調査することにした。

　対象としたキャンプは、著者が所属していた研究室の教員が主催する組織キャンプであった。研究対象者は、小学1年生から3年生の男女20名、プログラムは、テント泊、野外炊飯などの生活体験を基本として、沢遊び、登山、クラフトなどを行うオーソドックスなものであった。

（3）実験デザイン

　ところで、「実験」とは、ある条件を与えたときに、対象がどのように振舞

うかを見ようとするものである。この研究は、キャンプを条件、または介入として、キャンプ中の子ども達の身体活動を分析する実験といえる。子ども達の活動性を高める要因には、自然環境、キャンプ生活を含むプログラム、グループ構成、カウンセラーの行動や働きかけなどが考えられるが、この研究ではこれらの統制はせずに、それらの要因を包括した活動として捉えることにした。理由の一つは、これらの要因はキャンプの教育効果に深くかかわるものであり、実践現場におけるこれらの統制は、倫理的な問題にかかわるためである。もう一つは、これらが相互に影響し合い、結果として豊かな活動が生まれるのがキャンプの特性と考えたためである。分析観点は、以下のように設定した。

①キャンプでは、どのくらいの身体活動量（歩数、活動強度）が生まれているのか。

②それらは、一般的な日常生活と比べてどのくらい異なるのか。

③プログラムや参加者の特性（学年・性別）によってどのくらい異なるのか。

要因を統制しないとしても、プログラムにはどのようなねらいがあったのか、そして、どのような状況下で得られたデータであるのかについては、詳細に情報を記述した。実験の追証や反証の余地を残すためと、そのような情報自体が、キャンプの特徴を浮き彫りにする有意味なものと考えたからである。

（4）統制群の設定

実験で重要なのは、介入による効果をより強固に説明するため、比較対象としての統制群を設定することである。この研究においてより強固なエビデンスを求めるには、キャンプの非参加者である統制群や、参加者の日常生活中の身体活動量との関係を縦断的に解析できる実験デザインなどが必要であろう。しかし、保護者に機器を預けて測定を依頼することは、現実的に困難であった。

そこで、子どもの身体活動量を調査したいくつかの先行研究をピックアップし、それらのデータを比較対象とすることにした。歩数、活動強度の検証にあたっては、それぞれ1件の先行研究[25, 28]と、米国のガイドライン等[29-31]を比較対象とした。これらが妥当であることを説明するため、子どもの身体活動量を調査した先行研究を網羅したうえで、他の先行研究との違いや、比較対象としての有用性を説明した。

（5）実験者の独立性

野外教育における実験者の独立性については、まだ明確な答えは示されてい

ない。研究の内容によっては、データに影響を与える測定者の存在や行動も統制の対象となる（測定者と研究対象者をブラインドする、説明内容を統一する、声かけをしないなど）。野外教育においては、研究者と実践者が同一人物であることが多いため、この問題は、実験室の場合と同様には扱えない。ただし、研究者がデータにどの程度影響する立場であるのか、その影響を抑制するためにどのような取り組みをしたのかについて、明示することは必要であろう。

この研究では、著者は班を担当するカウンセラーとしてではなく、裏方としてキャンプを運営する本部スタッフとして参加した。測定にかかわる現地での準備が膨大であり、プログラムの流れに先行して行動する必要があったためである。

キャンプ中は、測定者としての立場を徹底した。前提として、身体活動量を調査することや、機器を装着すること自体が、スタッフや子どもの行動に何らかの影響を与えることは除外できない。そのことを踏まえたうえで、著者からカウンセラーや子ども達に活動的な遊びを意図的に提案するなどの、データに直接影響する行動は控えることにした。

（6）統計的検定

キャンプの参加者は42名であったが、測定機器の数の都合により、調査対象者を小学1年生から3年生の20名に絞ることになった。ここで、得られたデータに対して統計的検定を行うかどうかを思案した。先行研究のデータで平均値、標準偏差、サンプルサイズがわかっていれば、検定を実施することはできる。しかし、限られた人数に対してこれを無理に行い、論究をすすめることには違和感を覚えた。

思案した結果、活動の特徴を他領域にもわかるように説明したい、という研究動機に立ち返ることにした。そこで、検定は実施せず、先行研究と平均値を比較するのみとした。一般的にいえば、検定を行わなければ平均値の比較は意味をなさない。そのことを踏まえたうえで、先行研究との比較を丁寧に行うこと（これはサンプルサイズにかかわらず大切なことではある）、事例分析を詳述することによって、キャンプにおける身体活動の特徴を浮き彫りとすることに注力した。

2）研究倫理

身体的な指標を用いた研究では、特に研究倫理に留意する必要がある。以下、

留意すべき研究倫理の要点について述べる。

(1) 倫理指針に照らした研究内容のチェック

研究倫理に留意した研究を行うためには、倫理指針に照らした内容のチェックが必要である。社会的な動向をみると、研究者に求められる倫理基準は一層高くなると考えられる。一例として、科学研究費補助金の申請においては、倫理的な配慮を具体的に明記する欄が設けられている。研究の立案において、倫理的な対策を具体的に講じることはすでに基本となっている。

特に、身体的な指標を活用する場合、まずは『人を対象とする医学系研究に関する倫理指針』[10] に照らして、侵襲の有無や程度をチェックすることが必要である。それによって、インフォームド・コンセントや、所属機関での研究倫理審査の手続きが変わってくるためである。また、上の指針では「侵襲なし」にあたるもの、たとえば登山中の心拍数の測定などであっても、所属機関や研究者の立場によっては厳しい基準の見方がなされる場合がある。したがって、これらの基準についても慎重に確認する必要がある。

これらの手続きは、第三者からみて、介入の意義、内容、方法が妥当と認められるかどうかを確認することでもある。無意識に当たり前と考えていたことを見直す機会となり、実験の安全性や、研究内容の質向上にもつながる。たとえば、長時間にわたって参加者を制約する登山は、果たして「軽微な侵襲」にあたらないのだろうか。そこに倫理的な問題は存在しないのだろうか。このような問い直しをしてみると、対象者に対して配慮すべき点があらたに浮かび上がってくるかもしれない。

(2) 団体および活動の運営責任者への説明

倫理的な配慮の一つに、その調査が、本来の活動の進行に与える影響を極力抑えることがあげられる。キャンプの場合、その目的は参加者の成長にある。調査の実施が、これを阻害するようなことは決してあってはならない。まずは、調査を行う団体、活動の運営の責任者に対して研究の趣旨を説明し、それについて十分な理解を得ることが必要である。これまでに接点のなかった団体などに依頼をする場合は、まずはその団体と接点のある知人に相談するなど、慎重に手続きを行うことを強く勧める。著者の場合、研究室の教員が主催する団体のキャンプであったこと、その団体の活動趣旨の一つに研究活動があったことから、調査に対する理解は得られやすい状況にあった。

協力が得られることになった場合、先方が気にすることの一つは、調査による負担の大きさであろう。たとえば、その調査は本当に安全であるのか、最大でどのくらい時間を要するのか、それが活動の運営にどのような影響を及ぼすのか、ということである。承諾を得やすくするために、調査にかかる時間やリスクを低く見積もって伝えてはいけない。運営責任者は、調査に応じてプログラムを修正し、場合によってはスタッフの配置の変更も検討する必要に迫られるためである。誠実に説明することが必要である。

（3）参加者への説明

参加者やその保護者に対して、事前に同意を得ることが必要である。この機会として、キャンプの事前説明会や、説明文書の事前送付がある。調査の内容を事前に説明したうえで、キャンプおよび研究への参加同意書が得られるとよいだろう。

また、その調査に対して、相手がどのような抵抗感を感じる可能性があるか、よく検討することが大切である。たとえば、質問紙調査や、この研究のような期間中の加速度計の装着などは、参加者、保護者ともに、強い抵抗感を感じることは予想しにくい。しかし、胸部に装着する心拍計を用いる場合はどうであろうか。性別と年齢によっては抵抗感を感じる参加者や保護者もいるかもしれない。その場合、女性研究対象者に対しては女性スタッフが場所を変えて装着のサポートをするなど、具体的な配慮を説明することが必要になるだろう。

現実的にあるかどうかは別として、未成年者に対して少量でも採血をするような場合、保護者の同意が不可欠となる。たとえ保護者の同意が得られたとしても、現地にて参加者が調査を辞退することも可能であり、本人がその判断を安心して行える状況を整える必要がある。他のメンバーが協力しているのに自分だけしないと、居心地の悪さを感じるかもしれない。このような状況は避けなければならない。

このような手続きによって、協力者が予想していた数より少なくなるかもしれない。研究者の心情として、より多くのサンプルサイズを確保したいという気持ちが生じるのは自然なことのように思う。しかし、丁寧で誠実な説明が、結果として、より多くの協力に結びつくものと心得るべきである。

（4）スタッフへの説明

上述したことに加えて、倫理的に研究を行うために必要不可欠なものは、現

場のスタッフの理解と協力である。ただし、スタッフは活動の目的の達成、すなわちキャンプの教育効果を高めることに使命がある。彼らに協力を仰ぐときは、負担軽減に最大限努める必要がある。具体的なかかわりについては後述する。

3）データ収集のポイント

野外教育の場面では、時々刻々と自然条件が変化する。プログラムも予定通りに進行するとは限らない。実験室での測定に比べて、より入念な準備が必要と考えなければならない。そのうえで、実際の測定場面では、測定誤差を小さくし、信頼性の高いデータの収集に努めなければならない。以下、データ収集におけるポイントを説明する。

（1）測定機器の妥当性を理解する

測定で用いる機器は、果たして自分が意図するものを適切に測定できるのだろうか。これを理解するには、まずは機器の妥当性を検討した文献にあたるとよい。この研究で用いた加速度計を例にすると、これは主に平地歩行における歩数と活動強度を感知するものであり、変則的な方向変換、斜面歩行、上半身を主とした身体活動などは反映されにくいことが分かっていた[32-35]。たとえば、キャンプ中に薪を運んでいたり、岩によじ登っていたりなど、強度の高い活動を行っていたとしても、データでは強度の低い活動として記録されるわけである。このように、機器ではとらえきれない情報がわかれば、参与観察、行動記録で補完するなどの対策を立てられる。

可能であれば、その機器を活用している研究者に話を聞くことを勧める。機器の限界、それを補う工夫、実際の測定で起こりうる問題などついて、より具体的な情報が得られるはずである。

（2）データの信頼性を高める

①機器の操作の習熟

機器の習熟度はデータの信頼性に大きく影響する。まずは自分で装着したり、測定からデータのエクスポートまでの手順を反復したりして、操作に慣れることが必要である。これによって、対象者一人に対してどのくらいの時間がかかるのか、実際の測定で何が問題になりそうか、およその見当がつく。心拍計のように機器が一人につき2つ以上になると（胸部のベルト、腕時計型の受信機）、手間と留意すべきことは多くなる。ベルトの調整と装着、データの受信確認、およびデータ記録開始のボタン操作まで、複雑な操作をより手早く行う

必要がある。果たして自分一人で対象者全員に対応できるのか、考えてみなければならない。

②行動記録の作成

一般的に、実験的研究では、どのような状況でそのデータが収集されたのかを示す行動記録を残す。あとからデータを確認したとき、ある部分だけ、他の部分と異なる様相を示すことなどはよく起こる。その際に行動記録と照らし合わせることで、データをより正確に理解することができる。

この研究では、著者がすべての班の様子を把握することは困難であったため、各班のキャンプカウンセラーに行動記録の作成を依頼した。具体的には、1日の終わりに用紙を配布し、その日の活動内容、場所、遊びなどの情報や、機器を付け忘れた時間帯などの特記事項を記入してもらった。すでに述べたように、できるだけ簡易な形式とし、負担軽減に配慮しなければならない。補足として、回収の際には簡単な聞き取りを行い、メモを加えておくとよい。後日資料を見返したとき、当時の状況が思い出しやすくなる。

③機器の管理および測定方法

データの信頼性を高めるためには、スムーズに調査が行えるような準備が必要である。現地はどうしても慌ただしくなってしまうものと考え、できる準備はキャンプ前に終えておく必要がある。現地で機器の電池交換をしているようでは問題である。機器の管理方法も工夫が必要で、機器につけるラベリングシール一つにしても、装着者の班・氏名・カウンセラー名としておくだけでも、管理は格段に楽になる。

測定方法にも工夫が必要である。一般的に、加速度計や心拍計を用いる場合、本来は一人につき1台を割り当て、行動記録と照らし合わせることで分析を行う。この研究では、子ども一人につき2台の加速度計を準備し、プログラム場面と生活場面で交換する仕組とした。各班の状況によってプログラムが終了する時間が異なる可能性があること、キャンプカウンセラーに対して活動中に詳細な記録を求めるのは負担が大きく、そのことがデータの信頼性に影響すると考えたためである。

④対象者の特性への配慮

加速度計の装着は簡易な測定方法ではあるが、装着位置がずれたり、ベルトが緩んだりしてしまうと正確なデータが得られない。どのような機器を用いる

にしても、適宜、装着状況を確認することが必要である。途中で紛失する者もいるかもしれない。上述したように、定期的に対象者が機器を適切に装着できているか、チェックする機会を設けられるとよいだろう。

⑤組織的な測定体制

測定の規模や用いる機器にもよるが、研究者一人で信頼性の高いデータを収集することは難しい。スタッフの理解と協力を得て、組織的に測定にのぞむことが必要である。以下、スタッフとの打ち合わせのポイントを説明する。

a．いつ、どこで、どのように調査を行うのかを明確にする

測定のスケジュールを資料で明示し、毎日のスタッフミーティングで必ず確認を行うこと。特に、測定によるキャンプ全体への影響をより多くのスタッフの目で確認することが大切である。もし研究者が他の役割を担っているときは、測定に先行して役割を変更してもらうなど調整が必要となるかもしれない。

b．スタッフは具体的に何をするのかを明確にする

器具の装着、回収などは基本的には研究者が行うべきである。しかし、対象者が多い場合は、スタッフに協力を要請する必要がある。測定のどの部分で手間や時間がかかりそうか、という見込みを共有しておくとサポートが得られやすくなる。

c．測定の注意点を指示・徹底する

特定のテストなどの測定者を依頼する場合は、資料を準備して、対象者への説明内容を統一しなければならない。対象者への機器の装着を依頼する場合は、装着位置などの確認を事前に行う必要があるとともに、活動に伴う装着位置のずれ、紛失など、起こりうる問題を共有しておくことが必要である。

4）身体的な指標を活用する研究の可能性

以上、研究事例とともに、身体的な指標を活用する際に配慮すべき点を説明してきた。まとめとして、これらの指標を活用する研究の可能性について述べる。

近年では、人の生涯にわたる健康、生きがいづくりの推進が社会的な課題となっており、さまざまな領域がこれに取り組んでいる。また、スポーツ基本計画[36]では、野外活動が重点推進課題の一つに位置づいており、教育だけではなく、人の健康、生きがいづくりに貢献する手段としても、大きな期待が寄せられている。これらの時代の要請を踏まえると、健康、生きがいづくりの観点

から、野外活動の有効性を明らかにしていく研究の充実が必要と考える。

　その観点から研究を進めるときには、心理的な指標とあわせて、身体的な指標を活用することが必要不可欠となる。この指標が活用された研究例として、プログラムの負荷特性を定量的に評価したものなどがみられるが、その数はまだ限られている。また、長期的な介入効果を説明する研究はまだみられない。研究の余地は十分にある。強固なエビデンスが社会に発信されることに期待したい。

　補足として、他領域が取り組んでいる研究課題との接点を探ることを勧める。指標の活用方法をはじめとして、研究を前に進めるさまざまなヒントが得られるはずである。また、他領域に自分たちの特徴の説明を試みながら接点を増やしていくことが、分野のなかに秘められている貢献可能性の発見につながると思うのである。

引用文献・参考文献

1) Thomas, J.R., Nelson, J.K.、田中喜代次、西嶋尚彦監訳（2004）：身体活動科学における研究方法、NAP.
2) 出村愼一（2007）：実験的研究の計画、出村愼一、健康・スポーツ科学のための研究法-研究計画の立て方とデータ処理方法-、杏林書院、50-64.
3) 西澤昭（1998）：リサーチメソッド、朝倉書店.
4) 山次俊介（2014）：健康・スポーツ科学における調査研究とは、出村愼一監修、山下秋二、佐藤進編、健康・スポーツ科学のための調査研究法、杏林書院、21-34.
5) 田中敏、山際勇一郎（1992）：新訂ユーザーのための教育・心理統計と実験計画法、教育出版.
6) 後藤宗理、大野木裕明、中澤潤（2000）：心理学マニュアル要因計画法、北大路書房.
7) 平井洋子（2002）：データを要約する、データから母集団を推測する、渡部洋編著、シリーズ心理学の技法、心理統計の技法、福村出版、9-31、44-66.
8) 石村貞夫（1992）：分散分析のはなし、東京図書.
9) 中道實（1989）：調査問題の決定と仮説の構成の仕方、宝月誠、中道實、田中滋、中野正大著、社会調査、有斐閣、11-47.
10) 文部科学省、厚生労働省（2014）：人を対象とする医学系研究に関する倫理指針（2017 一部改正）、(http://www.mhlw.go.jp/file/06-Seisakujouhou-10600000-Daijinkanboukouseikagakuka/0000153339.pdf、参照日：2017年10月18日).

11) 辻新六、有馬昌宏（1987）：アンケート調査の方法−実践ノウハウとパソコン支援−、朝倉書店.
12) 田中祐子（1998）：質問紙法の実施方法、鎌原雅彦、大野木裕明、宮下一博、中沢潤編著、心理学マニュアル質問紙法、北大路書房、26−47.
13) 南風原朝和（1995）：教育心理学研究と統計的検定、教育心理学年報、34：122−131.
14) Brady, H.E., Collier, D.、泉川泰博、宮下明聡訳（2008）：社会科学の方法論争−多様な分析道具と共通の基準−、勁草書房.
15) Pope, C., Mays, N., Popay, J.、伊藤景一、北素子監訳（2009）：質的研究と量的研究のエビデンスの統合−ヘルスケアにおける研究・実践・政策への活用−、医学書院.
16) Creswell, J.W., Plano Clark, V.L.、大谷順子訳（2010）：人間科学のための混合研究法−質的・量的アプローチをつなぐ研究デザイン−、北大路書房.
17) 伊原久美子、中野友博、飯田稔（2013）：幼児・低学年児童における継続型組織キャンプの効果に関する研究、野外教育研究、16（1）：31−44.
18) 髙畑裕司、岡田成弘（2016）：大学キャンプ実習におけるふりかえりが参加者の集団凝集性に及ぼす効果、野外教育研究、18（2）：55−66.
19) 倫理委員会編（2011）：公益財団法人日本心理学会倫理規定、公益財団法人日本心理学会、金子書房.
20) 徳田真彦、伊原久美子、飯田輝、久田竜平、髙橋宏斗、土屋裕睦（2016）：小中学生を対象としたキャンプ活動が生きる力に及ぼす影響−性別、学校段階、キャンプ満足度に着目して−、大阪体育学研究、54：1−18.
21) 東山昌央、引原有輝、井村仁、岡村泰斗（2010）：組織キャンプ活動中の小学校低学年児童の身体活動量、体育学研究、55（1）：219−229.
22) 浜崎博、青戸公一、赤滝知里（2001）：京都市内児童の平均歩数、体内脂肪率およびBMIの学年別変化、体力科学、50：878.
23) 木村みさか、糸井亜弥、足立哲司（2002）：児童生徒の身体活動量と栄養摂取に関する調査、ウォーキング研究、6：141−148.
24) 糸井亜弥、田中靖人、木村みさか（2003）：農村地域の小学校高学年児童における活動量と栄養摂取に関する調査、学校保健研究、45：454−464.
25) 三村寛一、鉄口宗弘、安倍恵子、舛屋剛、齋藤誠二、吉田智美、塩野祐也（2005）：発育期における子どもの適正運動量測定システム及び運動プログラムの開発−ライフコーダを用いた小学生における一日の活動量−、医科学応用研究財団研究報告、2：85−91.
26) 引原有輝、笹山健作、沖嶋今日太、水内秀次、吉武裕、足立稔、高松薫（2007）：思春期前期および後期における身体活動と体力との関係性の相違−身体活動の「量的」および「強度的」側面に着目して−、体力科学、56（3）：327−338.

27）西田順一、橋本公雄、柳敏晴、村井伸二、田中一生（2005）：組織キャンプ体験に伴う日常生活における身体活動量およびTV視聴時間への影響、体育学研究、50：699-711．
28）足立稔、笹山健作、引原有輝、沖嶋今日太、水内秀次、角南良幸、塩見優子、西牟田守、菊永茂司、田中宏暁、齋藤慎一、吉武裕（2007）：小学生の日常生活における身体活動量の評価 - 二重標識水法と加速度計法による検討 - 、体力科学、56（3）：347-355．
29）Biddle, S., Sallis, J., Cavill, N.（1998）：Policy framework for young people and health-enhancing physical activity, In: Biddle, S., Sallis, J., Cavill, N., Eds., Young and Active? Young People and Health - Enhancing Physical Activity: Evidence and Implications, Health Education Authority, 3-16.
30）U.S.Department of Health and Human Services（2000）：Healthy People 2010、（http://www.healthypeople.gov/2010/Document/pdf/uih/uih.pdf、参照日：2017年10月18日）．
31）National Association for Sport and Physical Education（2004）：Physical Activity for Children: A Statement of Guideline for Children ages 5-12, NASPE Publications.
32）引原有輝、齊藤慎一、吉武裕（2005）：高校野球選手における簡易エネルギー消費量測定法の妥当性の検討、体力科学、54（5）：363-372．
33）引原有輝、田中茂穂、大河原一憲、高田和子、三宅理江子、田栗恵美子、田畑泉（2007）：加速度計を用いた身体活動強度の評価の妥当性、体力科学、56：79．
34）田中千晶、田中茂穂、河原純子、緑川泰史（2007）：一軸加速度計を用いた幼児の身体活動量の評価精度、体力科学、56（5）：489-499．
35）Rafamantanantsoa, H.H., Ebine,N., Yoshioka, M., Yoshitake, Y., Tanaka, H., Saitoh, S., Jones, P.J.（2003）：The role of exercise physical activity in varying the total energy expenditure in healthy Japanese men 30 to 69 years of age, Journal of Nutritional Science and Vitaminology, 49（2）：120-124.
36）文部科学省（2012）：スポーツ基本計画、（http://www.mext.go.jp/a_menu/sports/plan/、参照日：2017年4月1日）．

第5章 事例研究

「どんな体験にも必ず意味を見出すことができます」－キューブラ・ロス－

　本章では、野外教育の実践を事例研究する方法について解説する。ここでいう実践とは、活動現場での参加者個人、あるいはグループと指導者の「指導実践」を指している。したがって、事例研究の対象とするのは、主に参加者と指導者のかかわりやそれぞれの体験である。当然、野外教育において事例研究の対象となるのは、参加者と指導者のかかわりや体験という事象に限られるものではない。たとえば、ある一つの機関やキャンプなども事例研究の対象となり得るであろう。

　しかしながら、本章でこのような対象すべてを取り扱って解説するには紙幅の限界がある。したがって、ここでは、活動における参加者と指導者との指導実践に関する事象にのみ焦点をあてることにした。それは野外教育では、この言葉の基底詞にある「教育」が目的であり、指導実践を研究することが最も有用であろうと考えるからに他ならない。以下では野外教育の指導実践における事例研究の意義、考え方、方法、諸問題、実際の研究例について論じたい。

5.1. 野外教育における事例研究の意義

5.1.1. 野外における指導の状況依存性

　今日わが国では、さまざまな教育的、社会的課題があるが、これら課題に対する野外教育への期待は大きい[1]。そして野外教育は、このような課題に対して実践を通じて貢献している。野外教育が社会的な期待に応えるには、ともあれよい実践をすることによって、少しでも課題の解決に役立つことが大切であろう。つまり、自然体験活動などの現場にいる指導者たちが、いかによい指導をするのかが重要なのである。したがって、野外教育における研究の目的の一

つは、このような指導に役立つ「実践の知」が明らかにされることであろう。

　それでは、野外教育の指導に役立つ「実践の知」を明らかにするにはいかに研究すればよいだろうか。そのためには、まず野外教育の指導現場の特質を理解しておく必要があるように思われる。野外教育における現場はかなりユニークである。自然・ひと・体験は、日本野外教育学会のキーワードであるが、これらキーワードが織りなす事象はきわめて複雑である。

　たとえば、指導実践の一例として以下の登山の場面を取り上げてみたいと思う。

> 指導者が登山で数名からなるグループを率いて登山道を歩いている。登山の途中でグループの中の1人が遅れはじめた。他の者たちは、その人を励ますものの、少し歩いては休むを繰り返す。そのためグループは、他のグループからはかなり遅れてしまった。他のグループは山頂目指してどんどん進んでいく。この先、山頂まではさらに3時間余りを要する。ところが、さらに運悪く天候が悪化し、雨が降り出してしまった。

　この一つの例を読んだ方は、さまざまな連想が掻き立てられるのではないだろうか。たとえば、登山はどのような山を登っているのか。指導者と参加者の属性や経験はどの程度なのか。1名はなぜ遅れはじめたのか。グループの雰囲気はどうなったのか。天候が悪化してきたが季節はいつなのか。参加者が持参している装備は天候に耐えうるのか。そして、指導者は、遅れはじめた人にどう対応し、最終的にはどのような判断をしたのかなどである。あらゆることがこの現場の状況の文脈から想起されるであろう。

　このように野外における指導の現実は、そのあり様が実に複雑である。それは、参加者それぞれに背景があり、また指導者も同様に背景があって、かつ自然環境の状況によって指導の展開が変わり得るからである。野外教育における「自然」と「ひと」による「体験」は、状況に依存し、最終的な成果は、それゆえそれぞれに異なったものになる可能性がある。事例研究では、上記の登山の指導に示されるように、自然とひととの再現できない状況依存的な体験である固有な事象を研究の対象とすることが特徴であるといえよう。

5.1.2. 実践の知が導き出される原理

野外教育の実践は、以上のようなことから、参加したひとや指導者それぞれの文脈で行われるため、きわめて個別性の高い体験になる。同じ参加者であっても、指導者が異なり自然の状況次第で、その展開や成果がまったく異なるものになってしまうことが推測される。このような指導における「実践の知」とはどのような特質をもつであろうか。

中村[2]は、自身の著書である『臨床の知とは何か』のなかで、近代的な知との対比から臨床の知（実践の知）の重要性を説き、その特徴を説明している。その要点は以下のとおりである。中村によれば、われわれは、近代的な知、すなわち自然科学による知によって、目覚ましい発展を遂げてきた。この発展の基盤となった自然科学の知を導き出すための原理は、＜普遍性＞＜論理性＞＜客観性＞という特徴である。しかしながら、この原理を用いて研究することによって、見えなくなってしまったものがあり、それは人間が生きるという「現実」である。と説明している。

そして中村は、この「現実」の側面を捉えなおす重要な原理として、＜コスモロジー＞＜シンボリズム＞＜パフォーマンス＞の3つをあげている。これらは言い換えるならば＜固有性＞＜多義性＞＜身体性をそなえた行為＞と述べている。つまり、臨床（実践）という「現実」から知を得るには、個々の固有な場所や時間のなかで、対象のもつ意味の多義性を十分に考慮に入れながら、それとの交流のなかで事象を捉えることが必要であることを強調している。

登山の途中で遅れた人と指導者のやりとりは、おそらく登山道という場における置き換えることのできない2人による固有の世界の出来事である（固有性）。そして、ある1人が遅れはじめたのは、単に何か一つのことが原因ではなくて、実際の「現実」には、さまざまな側面があり多義的な意味が考えられるであろう（多義性）。さらに、ともに歩いているうちに2人には、信頼関係が生じ相互に影響しあっている。単に参加者の1人であるという対象化された存在ではないであろう（身体性を備えた行為、あるいは主観性）。

このように登山の事例で示されるとおり、指導実践から得られる「知」は、自然科学で得られる「知」とは、まったく導き出される「原理」が異なっていることが理解されるであろう。

5.1.3. 事例研究で明らかになる実践の知とは何か

ここでは、野外教育の指導実践に必要とされる知について、より具体的に示したい。まず、看護実践場面における知の考え方を参考に検討してみたい。山本[3]は、看護の実践に使われる知として以下の4種類を指摘している。

それは、まず、①「患者の経験を理解するための知」である。患者個人や家族の主観的な経験世界を主に探求する知である。患者がこの世界にどのようにあり、何をどう見てどう感じているのかに関することであり、看護を実践するうえでの不可欠なものであると述べている。そして、この知は、客観的な測定可能性を重視するタイプの研究はこれになじまず、もっぱら質的研究によって得られるとしている。

2つめは、②「個々の看護介入に関する知」である。これは、床ずれにどのような手当てをすればよいかや、誤嚥しないで食事をするためにはどのような方法がよいかなどを意味している。これは、従来の自然科学の方法によって導き出される知であると述べている。

3つめは、③「患者とのケアリング関係に関する知」である。これは、看護実践を行ううえで、患者・家族との共感性を伴う、人間的な関係の構築と維持・強化に関する知であるとしている。この知に関しては、質的研究がなじむと述べている。

そして最後に、④「看護を展開するための知」をあげている。これは患者・家族および看護実践を行う看護師の多様な背景を考慮して実践される知であるとし、このような知は、①の患者を理解する知を用い、その理解に基づいて②の介入する知によって適切な支援を計画し実践する。もちろんその過程では、③のケアリングに関する知も導入されるというように、これは看護実践の一連のプロセスであり、看護師の自分自身の理解や体験も含めた知であるとしている。そしてこの知は、質的研究において明らかにされるものであるとしている。

以上の看護実践における4種類の知は、興味深いものであり、野外における指導実践においても援用できると考えられる。当然、実際の看護場面で用いる知の中身は、野外の場面とは異なっているが、その構造はかなり類似していると考えられる。

野外教育の実践においては、以上の4種類の知は、次のように置き換えることができる（図5-1）。まず、①参加者自身や参加者の体験を理解する知である。

図5-1. 野外教育における実践の知の内容

これは、端的にいえば、参加者理解ということであるが、実践における参加者の体験世界や体験過程に関する知である。次は、②野外活動の技術に関する知である。主に活動のための技術的な知を指す。たとえば、登山のための生理学的に有効な休憩の取り方、あるいは、野外の装備、道具に関する知などもこれに含まれる。また、自然環境に関する知もここに含まれるであろう。

そして3つめは、③参加者との関係形成など人間関係に関する知である。これは、指導実践中に関与しながら得られる知である。そのため、参加者を客観的な対象として切り離して眺めた知ではなく、実践中の具体的な関係の文脈で得られる「関係的な知」である。最後は、④指導実践を展開するための知であるが、上記の①、②、③を実践場面で判断して、実践していくことにかかわる知というように置き換えることができるだろう。そしてこれら野外教育実践の知のうち、特に①、③、④は、山本が述べているように質的研究によって明らかにされる知であろうと思われる。すなわち、事例研究では、「参加者自身や参加者の体験を理解する知」「参加者との関係形成など人間関係に関する知」「指導実践を展開するための知」などが明らかにされる。

斎藤[4]は、研究によって明らかにされる知には、明示知（形式化されガイドラインのようにコード化され一般化される）と暗黙知（形式化されず「実践のコツ」として具体化される）の双方を含んでいると述べている。このような知の考え方に倣えば、事例研究によって見出される知の多くは、暗黙知（実践の知、実践のコツ）の側面を多く含んでいると考えられる。

5.1.4. 個別事例の普遍性

　野外教育研究で、もっとも多く行われているのは、効果に関する研究ではないだろうか。この場合の知は、たとえば、ある自然体験活動の前後において質問紙などの調査を実施し、実験群と統制群との比較からその効果を検証することによって導き出されるものである。すなわち、自然科学のパラダイムにおける普遍性によって知を共有することになる。

　しかしながら、事例研究で明らかにされる知は、主に自然体験活動の指導実践に役立つためのものであるが、暗黙知（実践知）としての側面を多く含んでいるために、それは類似した自然体験活動の別の指導実践における「参照枠」「視点」として活かされることになる。

　ところで、自然科学研究における知が普遍性をもち、誰もが共有できるのに対して、事例研究による個別性の高い一事例が、なぜ、他の人のさまざまな実践に役立つのであろうか。このような疑問について、河合[5]は、近代科学の研究による普遍性に対して事例研究におけるそれは「間主観的普遍性」と呼ぶと述べている。これについて河合は具体例を例示して以下のように述べている。なお、以下の引用は、野外教育の指導場面に合うように所々変更している。

> 事例研究において、あるキャンプカウンセラーが、小学5年生の男子の発達障がい児のキャンプ指導について提示した。対象児は、その攻撃性が激しく、気に食わないことがあると所かまわずに暴言を吐く。ところが、夕食づくりのときに、鍋磨きが得意で、みんなから、そのことをほめられた。彼は、そのことをきっかけに、グループに協力的になっていった、ことを報告した。

　「このような場合、この事例に出会った人が、たとえキャンプカウンセラーとして発達障がい児のキャンプ指導経験がないことから、このような事例は関係がない、と思う人はいるであろうか。あるいは、その後の経過を聞いて、うまく事が運んだので、「そのとおり」のことを自分も似たようなことが起こったときにやってみようと思う人がいるだろうか。そんなことはなく、すべての人が、自分のキャンパーの性、年齢、問題などと関係なく、学ぶところがあると思って聞いている。（p.8）」[5]

　このように、発達障がい児のキャンプの事例を読むとそれに関連した指導にのみ役立つのではなく、他の指導にも役立つのである。つまり、事例をできるだけ体験した事実を正確に、かつ研究者（キャンプカウンセラー）の主観的な

体験や感じ方も記述されると、単に事実が理解されるだけではなく、報告者の感じた気持ちや心の動きが、事例を読む側に入ってくるのである。そうすると、事例を読んでいる人の心のなかに、その人自身が体験したいろいろな過去の事例の出来事や、それまでに学んできたことがらが、思い出されたり、うごめいたりする[5]。これは、単に人の事例研究を読んでいるだけでなく、それが自分の体験と重なりながら体験されることになる。このような心の動きが生じるのは、「間主観的普遍性」の働きによるものであると述べている。

このように、事例研究の意義は、前節で示したように、たとえば「参加者の体験の理解」、「新しい体験過程」あるいは、「新しい指導方法」などの実践知を導きだすことによって、その後の指導実践の改善に役立てていくことであるといえる。さらに、事例研究を聞いたり読んだりする受け手の側の人々が、その事例がもっている間主観的普遍性によって、実践者がなんらかのインパクトを受けて、新たな意欲をかきたてられたり、多くの新しいヒントを得たりする転用可能性（transferability）[4]にあるといえよう。

5.2. 野外教育実践における事例研究の考え方

5.2.1. 研究対象としての「事例」

事例研究では、何を対象にして研究するのかが最も大きなポイントである。山本[6]は、研究方略として「事例」を取り上げる際には、少なくとも以下の2つを考える必要があると述べている。

まず一つは、複雑な文脈のなかで生起している事態の範囲をどう特定化するかということである。これは、自然体験活動実践における事例の体験を捉えているまとまり（ユニット）をどのような範囲にするかということである。たとえば、個人・集団・キャンプ・参加者の家族など、どこまでを事例の資料としてユニットを想定するかを検討しなければならない。これは対象となる指導実践のどこを切り取るのかということである。事例を詳述するためには、参加者だけでなく指導者も含めたユニットとし、さらには、保護者も含めることもありうるだろう。

また、自然体験活動の場合、プログラムのはじまりから終わりまでの期間をユニットとすることが多いと思われるが、課題によっては、活動前後もその範

囲になるかもしれない。いずれにしてもこれは、研究の課題との関連で検討すべきであろう。

　2つめは、検討の対象となる事例には、帰属する範疇（カテゴリー）が必要であり、研究の対象とする抽出された事例が、何かのカテゴリーあるいはグループに属し、できればその範疇の典型例であることが望ましいということである。たとえば、不登校や発達障がいなどの参加者の課題等のカテゴリー、アウトドアアドベンチャー、プロジェクトアドベンチャーなどのプログラムのカテゴリー、また心理学的な変数のカテゴリーなどの分類から事例の主題を検討する必要がある。いずれにしても、なんらかの特徴が提出できるような事例を抽出することが大事である。

　また、事例研究は、ある一つの事例から知見を提案する場合、いくつかの事例を積み重ねて知見を見出すなどの方法がある。単に1件（N＝1）を事例研究と呼んでいるわけではない。前者は、単一事例研究（single case study）と呼ばれ、後者は、複数事例研究（multiple case study）と呼ばれている。研究の対象として「事例」を検討する際には、以上のことを考慮に入れておく必要がある。野外教育実践における研究としての「事例」は、参加者と指導者の体験事象を、範疇と研究テーマとの関連において記述して検討を行い、何らかの新しい実践の知を抽出するアプローチ[6]である。

5.2.2. 事例研究の方法の考え方

　事例研究におけるデータ収集や分析には、さまざまな方法が使われる。したがって本来は、研究方法というよりは、一つの事例に対するアプローチと考えた方がわかりやすいかもしれない。以下では、単一事例を提示し事例研究の方法の考え方について述べる。

思い通りにならないと暴力をふるってしまうADHD児の長期キャンプの事例
【事例の概要】
キャンパー：A（小学6年生、男子）
　キャンプ参加の経緯：ADHDの診断を受けており、学校では特別支援学級に在籍。思い通りにならないと暴力をふるってしまうため、友人から「お前とは遊べない」としばしば言われている。父親によれば、仲間と気持ちを通わせ

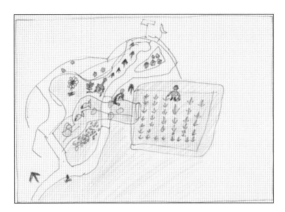

図5-2. 事前キャンプ時の風景構成法

て仲良くなってほしい。自分のことは自分でできるようになってほしいとのこと。

家族構成：父、母、兄、弟

事前面接：〈 〉カウンセラー（Co）の言葉

〈どうして参加してみようと思ったの？〉わからない。お父さんが行けって。おれキャンプ好きだと思う。料理とか好きだし。〈今困っていること、心配なことはあるかな〉13日間居られるかどうか・・・。お母さんに会えないこと。6時に起きられるかどうか・・・。いつも寝坊ばっかりで、お母さんに起こしてもらっているから。〈学校の様子は？〉楽しい。面接の最後に、描画法（風景構成法）を実施（図5-2）。

【キャンプの経過】

班員構成：A、D（中2・男）、E（中1・女）、F（小6・男）、G（小6・女）、I（小5・男）、J（カウンセラー・女）、K（カウンセラー・男）

事例：「 」はAの言葉、〈 〉はCoの言葉、『 』は第三者の言葉、（ ）は補足説明。

#1日目：開会式、キャンプ地へ移動

開会式でAは、うなだれ、突っ伏して話を聞いていない様子。スタッフが他のキャンパーと会話をしていると、注意を引こうとしてスタッフの足を踏みつけた。キャンプ地に移動後、13日間のキャンプの目標決めを行った。話し

合いでは、「崖から落ちる。」「死ぬ。」などの他者を気にかけない発言が目立つ。話し合いの途中、修正テープや虫に注意が集中し周囲の話が耳に入らなくなることがあった。

　#2日目：トレッキング、野外炊事、テント泊
　この日からメインプログラムであるトレッキングが始まった。登り坂になるとペースが落ち、「足痛い」「もう歩けない」「もう無理」などの消極的、否定的な発言が目立つ。野外炊事では火起こしを担当し、それ以外のことを手伝うようなことはない。カウンセラーのKによれば、自分の好きなことだけをやっている印象、ということであった。

　#3日目：トレッキング、野外炊事、テント泊
　トレッキングではAの歩くペースが遅く、他のメンバーとAの間に距離ができてしまうことが多い。前に歩いている人が見えなくなると悲壮な様子で「待って～」と叫び続け、先頭を歩くカウンセラーのJが〈こっちで待ってるよー〉と返すと必死に歩く。前日は否定的な発言が目立ったがこの日は黙々と歩くようになり、登り坂でも不満を言わずに登るようになった。

　炊事では、前日同様自分のやりたいことをすることが多かった。この日の小6の女の子Gの日記に"Aが真面目に歩いている。""Aが大丈夫？と声をかけてくれた"という記述があったことや、小6の男の子Fが『21:20までは一緒に荷造りするから。』とAの荷物整理を手伝ってくれたことから、グループのメンバーとAの関係性が少しずつできてきたように感じた。

　#4日目：カレー作り、自由時間、テント泊
　この日は休養日であった。食事の片づけでは、使用したすすがついた鍋を夢中で磨き、ピカピカに仕上げ、周りから褒められていた。午後は男子キャンパーとチャンバラをして過ごしていたが、力の加減ができずに、他の子からは嫌がられる。昼食づくり中に他班の男児と取っ組み合いのけんかをした。他の子たちは、Aとはあまり積極的に関わりたくない様子であった。

　就寝前、同じテントのIに、「暑い。（テントの）チャックあけて」と甘え、Iも嫌がる様子もなくAにこたえていた。Iに対しては良好な関係を築こうとしている姿がよく見られた。また、日中の活動ではGが『発言する時はちゃんと手挙げようよ』『ちゃんとやろうよ』という声をAにかけており、Kは班員がAに積極的にかかわり肯定的にとらえようとしている印象を受けた、とのこと。

#5日目：トレッキング、野外炊事

　朝、昼食のおにぎりがグループに配布されると、自分の好きな具材のおにぎりを独占してしまった。他の人のことは考える様子がなく譲ろうとしなかった。
　トレッキングではこの日から子どもたちが先頭に立った。Aは他の子を押し除けて先頭に立つと「おっしゃーいくぞー！」と張り切っていた。後ろが遅いと「早く来い」と文句を言い、後ろに気を遣うようなことはなかった。休憩時はグループでの会話も増えてきており、楽しそうに過ごしていた。
　ふりかえりの際、全員が遅れずに歩くためにはどうしたらいいかと尋ねられると、「人を気にして歩く」と答えたが、「100km歩かない」「がんばらない」という否定的な発言もあり、不真面目な姿勢でいることもある。

#6日目：トレッキング、炊事、テント泊

　トレイル上の登り坂を上まで登りきると、「みんな頑張れ」と後続のメンバーに声をかけ、居合わせた2班にも「2班がんばれ」と応援。下りが苦手なEに「足ここについたほうがいいよ。」などと気遣う姿もみられた。1班では先頭は道標があるポイントごとに交代するというルールを設けていた。この日のゴールに近づくと「E、先頭行けよ。俺に考えがある」と早めに先頭を交代してちょうどゴールで自分に先頭が回ってくるように画策するが、うまくいかず仲間からは白い目で見られていた。ふりかえり中、グループの面々から、「Aって我慢できないよね」「自分勝手」「わがまま」などと言われ、Aは「ちげーよ」「はあ？」「お前バカだろ」などと言い返していた。グループとしては概ねAのわがままを許容しているが、少しずつAへの不満を表現し始めた。

#7日目：ラフティング、野外炊事、テント泊

　ラフティングでは船長として漕ぐタイミングの号令をかけていた。炊事では、Jが野菜を切るのが得意なAのことを「シェフ」と呼びだし、周りのメンバーもその技術を認め「シェフ」と呼ぶようになった。Aは熱いはずの火の近くで調理を続け、メンバーから認められ、褒められたことがとてもう嬉しい様子であった。その後、夕食づくりでは、相手の意見にも耳を傾けるなど積極的に他の子どもたちと活動に取り組めるようになった。

（省　略）

第5章 事例研究

【考 察】
(1) 個性化と社会化という課題
　Aの課題は、自分らしくありながら、キャンプのグループのなかで適応的に行動することができるかであった。学校などでは到底認められないであろうAのふるまいが、社会で許容される程度のふるまいへと変わることであった。
　他人の足をわざと踏みつけるなどの暴力的な行為（#1）、場を考慮しない不規則で否定的な発言（#1）、自分のやりたいこと以外は手伝わない（#2）などの行動に表れていたAの自分らしさは、自己中心的であり、他者の存在を全く無視するようなものだった。

（中　略）

　Aはメンバーから「シェフ」と呼ばれるようになった（#7）が、これはAにとって他者との関係性を構築する大きな体験となった。他者が喜ぶことをすると認められる（#7）という一見当たり前のように見えるこのできごとは、Aの他者との関係性の質を変える体験となったと思われる。キャンプ中に何度もぶつかるだけで、壁のような存在であった他者（#4、#6）が、単に壁ではなくて相互に浸透する他者（#7）になったからである。
　Aは、キャンプを通じてグループのメンバーから否定される体験をしたり（#4）、一方で、受容される体験をしたり（#7）しながら、自分らしさを他者に受け入れられる程度の枠のなかに少しずつ収めていったと考えられる。そしてAは、キャンプを通して他者と衝突しながら他者性を獲得するまでに変化したといえよう。

(2) 風景構成法の変化
　図5-3は、キャンプ直後の風景構成法による描画である。キャンプ後の描画は、キャンプ前に比較して大きな変化が認められた。図5-2では、川の流れが止まり、心的エネルギーが滞っているように思われ、感情面のエネルギーのコントロールのまずさを示しているように考えられる。しかし、図5-3では、上流から下流へと川の水がスムーズに流れており、自然な心的エネルギーの流れへと改善されたように思われる。
　また、絵の右上部に描かれた町並みには、日常の人々の営みが描かれ、人と人のつながりが感じられるようになった。そして、図5-2では田植え作業が描かれていた。それが図5-3では、稲となって大きく成長しており、それは

図5-3. キャンプ後の風景構成法

収穫の時期を迎えたのであろうかコンバインが描かれている。Aの成長と重なるかのように感じられる。図5-3では、図5-2に比較して風景が開拓され（カルティベイトされ）社会化されたものとなったが、このことは、まさにAの社会性の獲得を示しているように考えられる。

1) データの収集

　この事例研究における研究者の立ち位置は、Aの直接のキャンプカウンセラーではなかったが、キャンプを運営するスタッフの1人であった。したがってAに関する記述データは、参加観察（participant observation）によって収集されたものである。またAへの事前面接も担当し、アセスメントとして描画法（風景構成法）も実施している。さらに、キャンプカウンセラーからAについての情報も毎夜聞き取りを行い書き起こされている。保護者の事前面接については、他のスタッフが担当し、その面接記録から収集されている。このように、事例の対象であるAに関連して多くのデータが採集されていた。

　本来ならば、指導実践に関する事例研究は、研究者とキャンプカウンセラーが同一であることが望ましい。なぜならば、指導実践の参加者と指導者の関係が、教育の成果に影響をあたえる要因として最も重要であると考えられるからである。しかしながら、このことがいつも可能になるとは限らない。たとえば、キャンプにおける研究者の立ち位置が、キャンプカウンセラー以外であること

が少なからずあるからである。

したがって、本事例研究のように、直接にはキャンプカウンセラーとしてAにはかかわらないものの、参加観察者としてキャンプに帯同しデータを収集することになる。実際には、複数の対象者が事例研究の対象となることも考えられるため、このような場合においては、本事例のような研究者の立ち位置で研究を進めることもやむを得ないと考えられる。したがって、いかにして観察可能な場面を増やすかが、事例を詳細に記述するための要点になると思われる。

また本事例研究のように、研究者とAのキャンプカウンセラーが異なるような場合は、参加者と指導者の間に生ずる「関係の知」に関する記述（ここではキャンプカウンセラーとAに関すること）が浅いものになってしまうことは避けられない。このような場合は、キャンパーとキャンプカウンセラーの2人の間に生ずる感情のやりとりなどが、できるだけ詳細に採集できるように工夫しなければならない。なお、具体的なデータ収集方法については、次節5.3.を参照いただきたい。

2）多彩なデータの分析方法

事例研究で得られるデータは、すべてテキストデータに限られるわけではない。時には、数値データや画像、描画などのイメージデータなどが選択され用いられても問題はない。本事例では、キャンプの経過などのテキストデータ以外に風景構成法と呼ばれる描画が用いられている。

このようなデータの分析方法については、多くの質的研究方法があるため、分析方法は、それら研究方法の基盤となっている理論に大きく影響をうける。本事例研究では、事例の経過については深層心理学の観点（著者は分析心理学的な観点）から、事例の解釈学的な分析が行われている。また、風景構成法については、さまざまな分析指標があるが、ここでは深層心理学的な観点に加え、岸本[7]などの考え方を参考に解釈が試みられている。また、後述される5.5.の研究の実際例では、一つは修正版グラウンデッド・セオリー・アプローチ（M-GTA）を用いた分析、もう一つはグループを対象にタックマン（Tuckman, B.W.）の集団発達理論をもとに分析を行った研究について紹介される。

事例研究において、多彩な分析方法のなかから、どのような方法を用いるのかは、研究の目的を達成することとの関連から適切な方法を選択することが重要である。西條[8]はこのことについて、「関心相関性」という考え方で説明し

ている。関心相関性とは、存在や意味、価値といったものは、すべて身体や欲望、関心、目的といったものと相関的に規定されるということである。たとえば、登山道のわきにたまっている泥水は、普段は気がつかないが、もし、水筒の水がすべてなくなってしまい、脱水症状を避けられないような状況になったときには、その泥水でさえも貴重な飲料水として価値を帯びて、そのような存在として立ち現れるということになる。

　したがって、西條は、研究方法の価値を判断するときにおいても、これと同様に目的において価値が決まる傾向があると述べ、これを認識論、理論、フィールド、対象者、技法といったあらゆる研究を構成するツールに拡張して、それらはすべて関心に応じて選んでいけばいいという選択原理として「関心相関的選択」[8]を推奨している。

3）事例研究の認識論

　事例研究に限らず、多くの研究法の理論にはその基本となる認識論（epistemology；パラダイムともいう）がある。認識論とは「私たちはどうやってそれが何であるかを知るのか」ということに答えるための「ものの見方」である。

　今日、質的研究法には、事例研究をはじめとして、グラウンデッド・セオリー・アプローチ、ナラティブ・アプローチ、エスノグラフィー、KJ法、解釈学的現象学などさまざまある。これら質的研究は、実証主義、客観主義とは認識のあり方が異なっている。最近の質的研究の流れは、実証主義に代表されるモダニズムの限界と反省から、社会構成主義や、精神分析、物語論といったようなポストモダニズムといわれる新たな認識論の台頭に後押しされてきた[7]。量的研究の基本となっている認識論は、実証主義であり、自然科学の核となっている。それに対して、質的研究の認識論は、「主観的現実」「意味の解釈」「個別性」などを重視し、解釈学的パラダイムとも呼ばれる[4]。まさに野外の指導現場における「生きられた体験」を重視し、その体験をした人の意味や解釈に焦点をあてる。

　著者の場合、認識論的にいえば、物語論の立場で事例研究を行っているといえる。物語論とは、ブルーナー（Bruner, J.S.）によってうちだされた認識論である。ブルーナーは、認識と思考の仕方には、論理実証モードと物語モードという2つの様式があり、両者は経験を秩序立て、現実を構築する異なる仕方で

あり、お互いに相補的であるが、片方を片方に還元することができない[9)]と述べている。森岡[10)]は、物語モードについて以下のように説明している。

> 「物語の思考様式（物語モード）は、出来事の体験に意味をあたえることが目標とされる。具体的事象と事象の間をつなぐ道筋の立て方、説明の真実さ、信憑性が重視される。日常生活のなかにときおり恵まれる瞬時的体験、顕現をもとに物語の細部は描かれる。範例的思考様式（論理実証モード）がよい理論を前提とするのに対応して、みごとなストーリーがめざされる。物語は経験を秩序立て、意味を与えていく一つの手段である。物語としての力はそれが事実かどうかということとは独立して論じられる。対象記述は観察者を含む文脈が重視され、意味はその場でたえず構成され多元的なものとなる。（p.192）」[10)]

ここでは、これ以上物語論について深入りすることはしない。ただし、付言しておきたいことは、著者がこのような認識論（ものの見方）についてこれまで正しく認識あるいは、意識して事例研究を行ってきたかといえばそうではないということである。これまでに、自分の参加した事例研究や読んだ論文が、そのような立場から報告、記述されていることが多く、見様見まねで行ってきた結果として自分が論述したもの[11, 12)]が、そうであったということに過ぎない。言い過ぎかもしれないが、初学者においては、指導実践における体験が、精神分析のように個人の心のなかで起こるのか、社会的な交流を通して構成されるのかということについて厳密に考えるよりは、まずは実際に事例研究を行ってみることが大切であると思われる。理論を軽視するわけではなくて、ともあれ事例研究に取り組みながらこのような認識論などの理論的な事柄の理解を進めていくことが大切であろうということである。

4）データの解釈

以上のとおり、事例研究の解釈は、立脚する認識論によって捉え方が異なることを理解しておいていただきたい。たとえば、物語論の立場から記述された事例では、一見すると偏った認識や不確定な事実が含まれることもある[13)]。自然体験活動の過程で、Aが語っていたことは、すべてが客観的な事実であるとは限らない。それは、Aにおける固有の「心的現実」に従って語られていたこともあるからである。人間は、客観的な事実とは異なる「心的現実」（主観的な事実）に左右されながら生きるという「現実」がある。ふつう、人間は論理的に生きているとは限らない。

これは、自然科学のパラダイムでは、このような心的現実などという記述は、

客観性、論理性に欠けるとして、自然科学的な実証性は得られないことになる。しかしながら、指導実践における体験、あるいはそのときの参加者の語りは、心的現実（自然科学からみれば虚構性）を含んで展開している事態である。したがって、物語論の認識論からみれば、そのようなデータは、虚偽的ではなく、むしろきわめて現実的であり、実証的ということになるであろう。

自然科学のパラダイムからみれば、このような物語論のパラダイムにおける事例研究はあいまいな研究のように思われてしまうかもしれない。したがって、そのようなことを避けるために、解釈の根拠を事例のなかから明示し、解釈を導き出すためのプロセスを十分に記述する必要がある。たとえば、上記考察のなかにAがキャンプを通して相互浸透する関係になった解釈のくだりがあるが、この解釈に妥当性を保証するためには、「キャンプ中に何度もぶつかるだけで、壁のような存在であった他者（#4、#6）が、単に壁ではなくて相互に浸透する他者（#7）になったからである」というように、事例のなかから根拠（#4、#6、#7）を示すことが重要となる。

5.3. 事例研究の方法

5.3.1. データの収集方法

事例研究では、対象にかかわりつつデータを収集することが基本となる。データの収集方法として、観察法、面接法について記す。

1）観察法

観察法（observation method）は、「人間の行動を注意深く見ることによって対象者を理解しようとする研究方法である。（p.20）」[14]。どのような場面で観察をするのかという観点で分類される自然観察法と実験的観察法、観察者が対象者とどのぐらいかかわりをもつのかという観点で分類される参加観察法と非参加観察法がよく知られている。ここでは、自然観察法と参加観察法について記す。

（1）自然観察法

自然観察法（natural observation）とは、行動の発生に人為的に操作を加えず、自然な事態のなかで人々の行動を観察する方法[15]である。つまり、行動が発生しそうな状況を設定するといった意図的な操作をしないで、自然な環境のな

かにおける対象者の様子（行動や言動等）をありのままに観察するというものである。

　この方法は、観察者による条件を施さないので、いつどこででも観察することができる。そして、対象者の行動の背景にあるものを含めて捉えることができる。また、研究の目的に沿って観察場面を選択することも可能である。たとえば、指導場面において子ども達が課題に直面した際に、どのように協力し合っていくのかを調べるために、子ども達だけで初めて野外炊事に取り組む場面を選び観察する等である。一方、行動にかかわるさまざまな要因が複数存在する状況で観察するため、行動と要因の因果関係を特定することは難しくなる。また、時間帯や天候などにより行動が異なることもあるので、確実に観察することができないこともある。

　留意点は、対象者が観察者にみられているということを意識した場合、その行動や言動を変化させる可能性があるということである。このため、対象者が観察の影響を受けることのないようにすることが必要である。具体的には、観察者が対象者に気づかれないように観察する。あるいは、ビデオ等で撮影する場合も、対象者がビデオの存在を意識することがなくなってから本格的に撮影することになる。このため、野外教育における指導実践においては、活動が限られたフィールドで行われる、あるいは室内（体育館での活動等）で行われる場合に、この方法は実施可能となる（つまり、広範囲のフィールドでの活動や常に移動しながらの活動等の場合は適さない）。

　記録は、行動描写法（逸話記録法）を用いるのが一般的である。これは、状況で生じている行動を時間的な流れに沿って自由記述する方法である。内容は、対象者の様子（行動、言動、視線、表情等）だけでなく、観察された状況（時間や場所、前後の文脈）等も記録する。その際、観察者の感じたこと等も記録しておくと、後に振り返ったときに、自分の経験やその場の状況や雰囲気を思い出すきっかけとなる。

（2）参加観察法

　参加観察法（participant observation method）とは、現象が起きている現場に観察者が身を置いて、集団内部から対象を観察する方法[14]である。つまり、観察者が対象者のいる現場に参加し、溶け込んでから対象者の様子（行動や言動等）を観察するというものである。

この方法は、観察者が現場に参加しながらも、研究の目的や現場の状況により対象者との位置（対象者とどの程度かかわるか）を調整しながら観察することが可能である。たとえば、スタッフの一員として参加し、対象者とかかわりながら観察する、あるいは、現場に参加はするが観察者という立場に徹し、対象者とは一歩距離を置いて観察する等である。野外教育実践の多くの場合で実施することは可能だが、特に自分の気持ちや考えを言葉で表現するのが十分ではない子どもが対象の場合は、後述する面接法よりも適している。

　留意点は、現場に参加しながら行うものであっても、対象者への観察の影響をなるべく小さくするようにすることである。具体的には、対象者とかかわりながら観察する場合は、対象者とラポール（親和的な信頼関係）を形成し、対象者が普段と同じ行動や言動となるようにすることが大切である。また、観察者という立場に徹する場合は、最初から意図的に筆記用具やビデオを手にし、その姿が現場に違和感なく溶け込み、メモや撮影していることが特別な行為とみられないようになることを待ち、自らの立ち位置を確立することが必要である。記録は、行動描写法（逸話記録法）を用いるのが一般的である。

2）面接法

　面接法（interview method）とは、「比較的自由で制限の少ない状況下で、対象者と対面して話し合い、観察する方法である。（p.31）」[14]。面接法は、その目的により調査的面接と臨床的面接に分類される。ここでは、調査的面接を質問などの構成をどの程度もっているか（構造化の自由度）の観点で分類した構造化面接法、半構造化面接法、非構造化面接法について記す。

（1）構造化面接法

　構造化面接法（structured interview）とは、あらかじめ質問項目（インタビューガイド）を準備し、同じ順序、同じ言葉遣いで質問していく方法である。質問は、「はい」「いいえ」や選択肢（たとえば、「軽登山」「沢登り」「マウンテンバイク」等）を提示して選んでもらうことが多い。

　この方法では、面接者は、臨機応変な対応を行う技術や感情的な反応をすることは求められず、一貫して中立的な姿勢で、誰に対しても同じ方法で質問と受け答えをする。このため、対象者から得られた回答は、量的研究と同じように扱うことが可能である。一方、質問の回答以外の情報を得られることがないので、対象者の体験の意味や感情等を捉えることは難しい。また、対象者がよ

そゆきの建て前的な反応をする可能性もある。事例研究法では、この方法で得られたデータだけでなく、半構造化・非構造化面接法、参加観察法等で得られたデータを統合して行う。

　留意点は、一見すると質問を機械的に問うだけのように思うかもしれないが、対象者とのラポールの形成をおろそかにしないことである。具体的には、対象者に礼儀を伴った話しかけを行い、緊張や抵抗を和らげるように努めることが大切である。そのうえで、構造（質問項目、質問順序、言葉遣い等）の水準を一定に保つことが必要である。記録は、質問項目リストに沿って対象者の回答を記述する。

（2）半構造化面接法

　半構造化面接法（semi-structured interview）とは、あらかじめ質問項目（インタビューガイド）や尋ねる順番は準備するが、対象者の話しの流れに応じて、質問の順序を入れ替えたり、新たに質問を加えたり、柔軟な対応をしていく方法である。

　この方法では、インタビューガイドは、拘束力が弱く、面接の方向性を示したり、面接者が研究テーマに関連した内容を漏れなく聞くことができるようにするための目安となる。質問の文言は絶対的なものではなく、対象者の反応等により、説明を加えたり、別の言い回しをしながら、対話が進展するようにする。インタビューガイドの形式に決まったものはないが、著者の使用しているものをサンプル（表5-1）として示す。

　留意点は、インタビューガイドに縛られ、一問一答的なもので終わらないようにすることである。具体的には、「問う」ことばかりに気を取られたり、「聴く」ことを中途半端にしないで進めることを心がける。そのためには、事前にトレーニング（ロールプレイ等）を行う等の準備を整えて臨むことが必要である。当然のことながら、構造化面接法と同様、ラポールの形成を行うことは大切である。

　記録は、録音機器（ICレコーダー等）で行うのが一般的である。機器は、必ず事前に動作チェックを行い、予備の電池を持参する等、準備を怠らないことはいうまでもない。そして、メモを取りながら進める際は、メモは手早く行い、その行為が対象者（もちろん面接者自身も）の集中力を欠いたりすることのないようにする必要がある。記録後は、録音されたデータを文字変換する。文字

表5-1. 半構造化面接法のインタビューガイドの例
(研究テーマ:野外教育活動の実践が不登校の高校生に与える影響について)

---

1. これまでの経緯について
   (1) 学校に行かなくなったきっかけはどのようなことだったのでしょうか。その頃の様子を思い出して話していただけますか。
      (「学校生活の中で嫌な思いをする出来事があった」「お家で何かあった。例えばご両親との間で・・・」。本人が経緯をどのようにとらえているか)
   (2) 学校に通っている時に同級生との関係はどうでしたか。
      (「同級生とはどのように接していたか」「仲の良い同級生はいたか」。対人関係)
                    (中略)
2. 今回の野外教育活動について
   (1) 今回、参加しようと思ったきっかけは何だったのでしょうか。
      (「誰かに勧められた、それとも自分の意志で参加したか」「参加することで何か得たいと思ったか」。参加動機)。
   (2) どの活動が一番印象に残っていますか。
      (「活動の中で、良かったと思うもの、あるいは良くなかったと思うものはあるか」。活動をどうとらえているか。)
                    (中略)
3. 今後について
   (1) 今回の体験は、あなたの今後の生活に何か影響を与えますか。それはどのようなことですか。
      (「今回の体験で感じたことあるいは考えたことの中で、これまでの自分と違う(あるいは変わった)と思うことはあるか」。体験による変化をどうとらえているか。)
                    (中略)
4. まとめ
   (1) 話し足りないことはありますか。
      (「気になっていることはあるか」「これだけは話しておきたいということはあるか」。)
   (2) 質問はありますか。
      (「疑問に思うことはあるか」「聞いておきたいことはあるか」。)
   (3) 話してみてどうでしたか。
      (「自分の考えを話すことはできたか」「話しをすることが負担になっていないか」。感想。)

- 1~3は、協力者の話しの流れを尊重して、行き来しながら行うこともある。
- ( )内は、別の言い回しである。また、__は、質問項目に関するキーワードである。
- 4は、協力者が言い残したことがないようにするためのものである。

変換したものは、トランスクリプトまたは逐語録と呼ばれる。岩壁[16]がインタビューは「生もの」であると表現しているように、この作業は、面接後、対象者の体験の意味の理解をするうえで重要な要素となる面接者の感覚で得た情報が薄れることを避けるために、可能な限り時間を空けずに行うことが大切である。

第 5 章　事例研究

（3）非構造化面接法

　非構造化面接法（unstructured interview）とは、あらかじめ質問は決まっていないことが多く、対象者に自由に語ってもらう方法である。多くの場合、話してもらいたい話題を対象者に伝え、話しやすいところから話してもらう。話しのきっかけとなるような質問を一つ二つ準備することもある。

　この方法では、面接者は、研究テーマを意識しながら、対象者の感情に触れ、親密なやりとりを行うことになるため、臨機応変に対応する技術が求められる。面接者の対応が適切であれば、対象者から体験の深い部分が詳細に語られる、感情に触れる等、本質に迫ることができるので豊かなデータとなる。一方、面接者の力量が不足していると、語られる内容が散漫になったり、本質とは異なる方向に話しが進み、研究テーマとはあまり関連のない話しに終わることもある。また、得られるデータは膨大で多様な内容のものとなるため、分析が難しくなることが多い。

　留意点は、まず、限られた時間のなかで、対象者が言いたいことを言えない・言わないままで終えることのないようにすることである。具体的には、面接者は、対象者の語りのなかで、適切な質問を適切なタイミングで行うことが必要である。その際、好ましくない言い回し等、対象者に対する配慮に欠けることがないように、トレーニング等で言葉の選択をする感度を高めておくことも大切である。次に、対象者の語ることを「わかった風にならない」ことにも注意を払いたい。つまり、思い込みや勝手な想像で捉え、理解したつもりになるのではなく、対象者の真意を理解するのである。具体的には、詳しい説明を求めたり、具体例をあげてもらったり、うわべの理解に留まらないようにする。記録は、半構造化面接法と同様である。

5.3.2. データの分析方法

1）単一事例研究

　事例研究は、実践の過程を記述し、そこから何らかの仮説やモデルといった理論を構成するための方法である[17]。「医学、心理学をはじめビジネスから政治科学まで広く使われている。（p.38）」[16]。ここでは、一つの事例から新たな知見を生み出す単一事例研究の基本的な手順について記す。

(1) データの読み込みと選択

収集したデータ（記録）を十分に読み込み、そこで生じている事柄を理解し、その意味を読み解く（解釈する）ことが大切である。たとえば、初日から登山で集団の先頭を他に譲ることなく歩いていた対象者が、仲間と並んで歩いたり、集団を見守るような形で最後尾を歩いた場面の記録では、あらためて対象者の行動および言動と心の動きに思いを巡らせ、その意味するところを深く考えるのである。そのうえで、研究テーマに沿ったデータを選択（抜き出すあるいは、拾い上げる）し、記述する。

この作業では、データ選択の背後にある自分の問題意識や理論・視点等を、常に意識しながら行うことが重要である。そうすることで、膨大な記録のなかから、研究テーマに沿った事実を拾い上げることができる。また、自分の理論等とつじつまの合う、いわゆる都合のよいデータのみを抜き出したり、理論等と合わないデータを外したりするといった偏りを回避することが可能となる。

(2) データの編集

記述したデータを見直し、より研究テーマに沿った部分をクローズアップし、編集する。

この作業でも前述した自分の問題意識や理論・視点等を意識しながら行うことはいうまでもないが、合わせて、どの部分をクローズアップし、どのように切り取ってつなげたら、研究テーマが読み手に伝わり、共有することができるかを考えながら進めていくことが大切である。

(1)(2)について、下山は、「記録全体を何回も何回も読み通し、そのなかから出来事として重要と思われるものを取捨選択し、時間配列にしたがってまとめ直して、そこに流れるストーリーの可能性を捜し出し、そのストーリーを少しでも明確にできるように関連記録をレポートとして提示することが必要となります。（p.182）」[13]と述べている。

(3) 仮説、モデルの提示

データの見直しと編集を繰り返し、それらが示す事柄や状況を読み深めていくなかで、次第に浮かび上がってくる仮説やモデルを生成し、提示する。

この作業では、当然のことながら、他の文献等が示している既存のモデルに当てはめるのではなく、事例に基づいた新しい仮説やモデルを生み出すことが必要である。

第5章　事例研究

表5-2.　コード化の例
(研究テーマ：自然体験活動は難病を抱える子ども達の病気と向き合う姿勢にどのような影響を与えるか)

	トランスクリプト	コード
In36	キャンプに参加したことで心の中で思うことが変わってきたと‥？	
A36	はっきりしたことはわからないんだけど‥。前は何かやりたいと思っても、病気があるから無理かなとか‥。(考えている)	【病気のためにやれない】
In37	なんか、あきらめちゃっていた‥。	
A37	そう。出来るわけないしと思うことが多かった。でも、キャンプでいろんなことをやって‥。自分で出来たこともあるし、周りの仲間に手伝ってもらってやれたこともあって。あー、やれるのかなと思って‥。それに、出来ないことも誰かと一緒にやればいいんだと‥。これは、これまで自分の中には無かったことだった‥。(5秒沈黙)最近、高校のこととか考えるんだけど、自分のやりたいことがあって‥、病気もあるから無理だなと思っていたけど、やりたいことをやれる高校に進んでみることを考えてもいいのかなと思った。もしかしたら、周りに手伝ってもらうことになるかもしれないけど‥。それでもいいんじゃなし、かと。	【あきらめが多い】 【出来ることがある】 【一人で頑張らなくていい】 【やりたいことをやっていい】 【人の手を借りていい】

※Inは面接者、Aは対象者、( )内は非言語的なやりとり、【 】はコード

2）グラウンデッド・セオリー法

グラウンデッド・セオリー法は、インタビューや観察データに根ざした理論を構築する方法であり、社会学者のグレイサー（Graser）ら[18]によって開発された。現在は、この方法を源にしつつ、「修正版グラウンデッド・セオリー・アプローチ（M-GTA）」[19]等の多様な方法があるが、ここでは、面接法によるデータの基本的な分析方法について概略を記す。

（1）データ全体の理解

まず、データ全体を読み込み、対象者が何を語っているのかという全体像や話しの流れをつかむ。この作業は、対象者の語る内容を表面的ではなく、深いレベルで理解することにつながる。著者は、このときに要約（A4用紙1枚程度）を作成し、後の細かな作業で迷ったりした際、広い視点に立ち戻るのに役立っている。

（2）データの切片化

データを体験のまとまりをもつ部分に分ける。切り分ける長さは、1行ごと

表5-3. カテゴリーの階層化の例
(研究テーマ：自然体験活動は難病を抱える子ども達の病気と向き合う姿勢にどのような影響を与えるか)

上位カテゴリー	中位カテゴリー	下位カテゴリー	コード	逐　語
＜自己肯定感の高まり＞	｛自分を信じる｝	［可能性を感じる］	【出来ることがある】	(A37)「自分で出来たこともあるし」「あー、やれるのかなと思って‥」
			【無理じゃない】	(D36)「ダメだと思っていたけど・・・そうじゃなかった」
		［底力に気づく］	【あきらめない自分】	(B30)「最後まであきらめないという自分がいた．・・こんなこと初めて。」
			【力が湧いてきた】	(C27)「ただ皆でやり遂げたいと思っていただけ‥そうしたら頑張れた。」
	(次のカテゴリーへ)	●	●	●
	●	●	●	●
	●	●	●	●

※●は省略、A、B、C、Dはそれぞれ異なる対象者

や一つの文というような決まりがあるわけではない。大切なことは、データを読み込み、一つの体験を捉えているまとまり（単位）を抜き出すことである。岩壁[16]は、この単位を「意味の単位（meaning unit）」としている。

(3) コード化（表5-2）

抜き出したデータにみられる行動や出来事を表す言葉（コード）をつけていく。コードは、「見出し」「タイトル」「ラベル」と呼ばれることもある。コードをつける際には、抽象的な言葉等ではなく、データから離れずに、その内容を言い表すような言葉をつけることが大切である。対象者の言葉自体が体験をよく表していたり、独自性を示しているような場合は、その言葉をコードとして援用してもよい。その場合のコードは、インビボ・コードと呼ばれる。なお、コード化は、1度で完了するものではなく、何度か繰り返し、しっくりくる言葉をみつけていく。

(4) カテゴリー化

データにつけたコードを比較し、関連するものや類似するものをまとめ、グ

ループ（カテゴリー）にしていく。グループにまとめた各コードに共通する特徴について考え、その特徴を反映するようなカテゴリー名をつける。カテゴリー名は、コード同様、その内容をより強く反映するものをみつけていく。

（5）カテゴリーの階層化（表5-3）

カテゴリー同士を比較し、類似のものが見出された場合は、それらをグループにまとめ、より上位のカテゴリーを生成する。この過程は、それ以上、上位のカテゴリーが見出されなくなる（理論的飽和）まで行う。上位のカテゴリーすべてを包括するカテゴリーが得られた場合、それは中核カテゴリーとなる。

（6）モデルの提示

中核カテゴリーと下位カテゴリーの関係をモデル図とし提示する。

5.3.3. 事例研究の記述方法

事例研究の基準となるフォーマットはないが、対象者に関する情報、データ収集と分析の方法の明確で詳細な説明、知見の含意に関する考察を含めなければならない[20]。ここでは単一事例研究の事例記述方法について、基本的な構成を以下に記す。なお、個人情報の取り扱いに関することは、5.4.2.を参照して欲しい。

1）タイトル

どのような事柄を取り上げるのか、また、どのような対象者にどのような野外教育実践を行ったのかなど、事例の内容がタイトルだけでイメージできるようにつける。

　例：「転校を契機に不登校になった男子児童の冒険教育キャンプ後の行動変容」

2）問題と目的

まず、問題の所在を明らかにし、読み手に共有してもらう。その際、実証的データ（たとえば、野外教育実践に関する文部科学省の答申等）に裏付けられる事実と、研究者の意見を混同しないことが大切である。次に、先行研究について言及し、事例の位置づけと検討したい点を明らかにして、目的を述べる。

3）事例の概要

対象者の年齢、性別、印象（研究者が対象者に抱いた印象）、主訴、家族構成および背景、生育歴、問題歴について記述する。その際、対象者がどのよう

な人物かを読み手がイメージできるようにする。以下に、記述する際のポイントを記す。
　①主訴は、対象者の言葉を用いて簡潔に記述する。
　　例：「学校に行きたくない理由は自分ではわからず困っている」
　　　　「人見知りなので不安だけど、キャンプは楽しみたい」
　②生育歴は、現在の問題となっていることに関わる情報を時間軸に沿って記述する。たとえば、幼少期から現在までの家族との間におけるエピソード等である。
　③問題歴は、問題が起きたときにどのように対処し、その結果はどうだったのかを時間軸に沿って記述する。最後に、野外プログラム等の参加に至った経緯を記述する。
　　例：学校への行きしぶりが始まり、母親がスクールカウンセラーに相談したが、Aは「同級生に知られるのが不安」と拒否。1カ月後に不登校となり、母親のみが継続して相談を行っている。区の広報で今回の自然体験活動を母親が知り、Aに勧めたところ「行きたい」と意欲を見せたため、参加となった。

4）野外教育実践の概要
　野外教育実践の目的（意図）および内容（スケジュールを含む）について記述する。

5）経　過
（1）構　造
　面接や観察の場所、時間、頻度について記述する。そして、対象者の言葉は「　」、研究者の言葉は〈　〉、対象者のしぐさや表情等の非言語的表現は（　）とする等、記述のルールについて解説する。
　　例：リーダー室で、初日、4日目、6日目、キャンプ終了1週間後に1回30分、非構造化面接。
　　　　Aの言葉は「　」、研究者の言葉は〈　〉で記す。

（2）経　過
　対象者および研究者の発言や行為等の相互の具体的なやり取りを中心に、記述する。また、研究者が気づいたことや考えたこと、対象者のことをどのように理解したのか、どのような意図で応答したのかも記述する。

例：6日目
　　クライミングでは、Aはかなり苦戦を強いられていた。これまでは、早い段階であきらめていたが、今回は黙々と一歩ずつ上がり、上まで行き着いたときには、「やったー！！」と初めて感情をあらわにした。「最後までよく踏ん張ったね」と声かけすると、「この岩が今の自分に立ちはだかっているように思えて・・・」〈乗り越えたかった？〉に頷き、「登りきったら何かが変わるんじゃないかと」〈登りきった今は？〉「まだわからない。でも、空気が変わった感じがする」とこれまであった目に見えない壁に、風穴が空いた感覚を得た様子がうかがわれた。

6）考　察
　問題と目的で述べたことと事例から得られた知見を比較検討し、結論を具体的に述べる。つまり、目的と考察は対応していることが必要である。その際、肯定的な見解だけでなく、予想外の問題や否定的な見解も記述することが大切である。また、自分の事例研究の限界点と問題点も述べることが必要である。

5.4.　事例研究の諸問題

5.4.1.　研究の限界

　研究者は、主観性による偏り（バイアス）が起こりやすいことに自覚的でなければならない。事例研究では、対象者の主観的体験（見方や考え方、感情等）がデータの重要な部分となる。そして、研究者はこの対象者の主観に近づき、本質を理解することを目指すが、その際、研究者の主観的なかかわりが必要となる。このように、「研究者の自己は、研究の道具であり、それはデータ収集、そしてその分析と解釈にも常に影響を与える。(p.29)」[16]ことになる。このため、研究者は、自分の価値観、経験、信念、理論的な視点等を自覚し、それらが研究を遂行するうえにおいて、どのような影響を与えているかを振り返るという内省をすることが重要である。また、研究者は自分が支持する理論やすでにもっている仮説等を記述することが必要である。こうすることで、研究の質を確保することが可能となる。

5.4.2. 事例研究の倫理

　事例研究を行う場合、協力者に対する敬意を忘れてはならない。協力者は、協力する義務がないにもかかわらず、時間と労力を割き、時には触れたくないようなことも研究者を信頼し、提供してくれるのである。このことを、常に念頭に置いておくことが重要である。そのうえで、データとして協力者のプライベートな内容を扱う事例研究を行う際に、特に研究者として守るべき倫理について、以下に具体的に記す。

1）協力者の同意（インフォームド・コンセント）

　研究に協力してもらう際には、研究に関する事項（研究の目的および意義、方法、情報の取り扱い、協力者の権利等）について、協力者へ事前に十分な説明を行う。そして、協力者がもつ疑問や不安等に誠実に対応したうえで、協力の同意を得ることが必要である。その際、研究者は、間違っても協力の強要をすることがないようにくれぐれも留意し、協力しない権利や協力を途中で取りやめる権利が保障されていることを丁寧に伝えることが重要である。

　また、研究結果の公表については、自分の情報がどのように使用され、どのような形で公表される予定であるかについて、協力者が理解できるようにわかりやすい言葉で説明し、公表の了解を得ることが必要である。そして、協力者が研究結果のフィードバックや公表する内容の確認等を希望する場合、その意に最大限に沿って対応することが大切である。

　なお、協力者が幼児や児童、あるいは障がい等のために同意を得ることが難しい場合は、協力者の保護者や関係者に十分に説明を行い、了解を得る必要がある。

2）個人情報の取り扱い

　研究者は研究を進めていくなかで、知り得た協力者の個人情報の秘密保持をしなければならない。具体的には、データから個人を特定されることのないように、実名を削除し記号化する、内容の本質を損なわない程度に修正する等の作業を行うことは必須である。また、データや書類等の管理は、施錠して保管する（データと書類は別々に保管することを奨める）、研究終了後にはデータは確実に消去、書類はシュレッダーにかけるか焼却する等、厳重に行うことはいうまでもない。なお、パソコンのウイルス感染によるデータ漏洩等が予想外に発生することもある。このため、パソコンにウイルス対策ソフトを導入し

チェックを怠らない、作業時にネットワークに接続しない等の対策も必要である。そして、研究結果の公表時には、個人のプライバシーを保護するために匿名性を保ち、個人が特定化されないような記述することを慎重に行う必要がある。

3）具体的な同意の取り方

まず、協力依頼と研究に関する事項（研究の目的および意義、方法、情報の取り扱い、協力者の権利等）を記載した文書を作成し、協力者に口頭あるいは文書を提示しながら説明する。次に、協力者からの質問を受けたうえで、協力の同意が得られたら、自筆で署名をしていただく。そして、協力者が後で読み返すことができるように文書のコピーを渡し、原本を保管する。

署名をもらうという行為（ときには、文書を提示しながら説明するという行為でさえも）は、堅苦しさや違和感を生じさせ、協力者との関係性に影響を与える可能性が少なからずある。このため、口頭での同意を得るという方法が適切なことがあるかもしれない。その場合、説明および協力依頼から口頭で同意を得るまでの一連の流れを録音するという方法など工夫が必要であるが、可能な限り書面での同意をもらうことを心がける。

5.4.3. 事例研究の妥当性と信頼性

研究の質についての判断は、量的研究か質的研究にかかわらず「真偽値判断」「応用性」「一貫性」という３つの基本的な軸がある。「量的研究と質的研究は理想とされる研究のあり方が異なるため、この３つの軸にそって異なる「質」を示す基準（表5-4）が設けられている（p.164）」[16]。つまり、事例研究は、質的研究法の一つであることから、妥当性と信頼性は、「信憑性」「転用可能性」「確実性」として考えることが適切である。

1）信憑性

信憑性（credibility）は、研究から得た知見が、その現象とどれだけ一致するかをいう。つまり、研究成果のなかに、対象者が表現した現実や見方を正確に描いているかということである。信憑性を高める方法は、対象者との長期的かかわり、持続的な観察、トライアンギュレーション、仲間報告、メンバーチェッキング等がある。ここでは以下の２つを紹介する。

まず、「仲間報告（peer debriefing）」とは、直接調査現場にかかわっていな

表5-4. 量的研究と質的研究の判断基準

	量的研究の基準	質的研究の基準
真偽値判断(truth values)	内的妥当性(internal validity)	信憑性(credibility)
応用性(applicability)	外的妥当性(external validity)	転用可能性(transferability)
一貫性(consistency)	信頼性(reliability)	確実性(dependability)

※Guba Lincolin（1989），Koch（2006），Rolfe（2006）を基に岩壁（2010）が作成

い研究仲間に、データ分析・結果を報告し、評価をしてもらうことである。そして、「メンバーチェッキング（member checking）」とは、収集したデータや解釈を対象者に提示し、認識のズレ等がないか点検してもらうことである。

2）転用可能性

転用可能性（transferability）は、研究から得た知見が、他の状況においても適用可能かどうかをいう。ただし、研究成果を自分の置かれている状況にあてはめて学ぶことができるかは読み手の問題になる[21,22]。このため、「厚い記述（thick description）（pp.5-6）」[23]と呼ばれる十分な状況の描写を行う。つまり、研究者が状況を詳しく記述することによって、読み手が自身の実践に応用することができるかどうか判断できるようにするのである。

3）確実性

確実性（dependability）は、研究における記述と解釈がどれだけ一貫して行われたかをいう。これには、研究プロセスの変化や変更の過程があとで辿れるように詳細に記述することが必要である。また、研究成果や解釈が研究者の想像の産物ではなく、データに基づいているという過程を明確に提示することが大切である。

研究にかかわらない第三者が、研究の過程を点検する監査（auditing）によって、正確・適切であることが確認されると、より「確実性」が高まる。

5.5. 事例研究の実際例

5.5.1. グループを対象にした事例研究－長期冒険キャンプにおけるグループプロセスの検討－

1）はじめに

キャンプや野外での体験学習の多くは、小集団（グループ）を活用して行わ

れる。このグループ体験が、キャンプや野外での体験学習における教育効果の一つの要因であることは、実践者にとっては自明のことであろう。しかし、そのグループ体験のなかで「何が起こっているのか」については、なかなか説明ができない。「グループが変わった」と感じる場面に出くわすことは少なくないのだが、何がどのように変わったのか、なぜその変化が起こったのか、そしてその変化はどのような一連の過程を辿っていくのか、この一端でも垣間みることができないだろうか。この疑問が、本研究の出発点である。

これまでもキャンプ、野外教育学の分野におけるグループについての研究はなされてきている。しかしながら、その多くが定量的な指標によるものである[24,25]。定量的な指標は、測定した時点のグループの状況を把握することには適しているが、キャンプの経過とともに変化するグループのプロセスを捉えることには適していない。有機的なつながりのなかで影響し合いながら変容するグループの過程を検討するためには、定性的な指標を用いて、グループプロセスを分断することなく捉えることが必要であろう。したがって本研究では、石井[26]が述べるように、「たんなる外側からの観察にとどまらず、対象とする人たちとかかわることでその立場と視点に近づくことがめざされる」、参加観察法による事例研究を採用する。

2) 研究の目的

集団のもつ機能や相互作用を活用する理論・手法は、心理学や組織開発の領域においてグループアプローチと総称されている。グループアプローチ研究のなかでは、個々人が作用し合いながらダイナミックな変容をみせるグループの過程に着目した研究が行われている。その変容の過程をグループの発達段階として報告している[27,28]。

グループアプローチの側面をもつキャンプや野外での体験学習においても、上記のようなグループのプロセスを対象にした研究や、グループとその成員の相互作用や影響関係などの研究が求められる。本研究では、グループが変化するときにその場に起こっていることを明らかにし、その変化を一連のグループプロセスとして見出すことを目的とした。

3) 研究方法

(1) 調査対象

本研究は、14泊15日の移動型キャンプ（表5-5）と、その参加者、小学校5・

表5-5. キャンプの概要

期　日	活動内容
1〜 4日目	振返りのためのマインドマップ研修、キャンプ、カヤックトレーニング（静水）
5〜 7日目	MTBによる移動
8〜10日目	カヤックトレーニング（海上）、カヤックによる海峡横断チャレンジ
11〜13日目	MTBによる島内1周チャレンジ、キャンプ
14〜15日目	MTBによる移動、振り返り

6年生24名（男子18名、女子6名）を対象に調査を行った。8名ずつの3グループで進行したため、調査対象は3グループであった。

（2）参加観察によるデータ収集と処理

データ収集のための参加観察は、著者とキャンプカウンセラー（グループ付きのスタッフ。以下、カウンセラー）3名が中心となって行った。事前に著者から、参加観察の方法と特徴、参加観察者の立場、観察の視点等のオリエンテーションを実施した。キャンプ中は、それぞれが携帯したフィールドノートにその都度記述する形でデータを収集し、数日置きに参加観察や記述内容についてフィードバックやディスカッションを行い、データの精度を高めた。

キャンプ終了後、観察者が記入したフィールドノートを著者が編集し、3グループの事例をまとめた。また、各グループの事例に沿って重要なエピソードを抽出し3つのグループプロセスを生成、3つのグループプロセスを吟味・統合して、モデル化を行った。各グループの事例と事例から導き出したグループプロセスは、心理臨床の立場からキャンプ指導にかかわる研究者にスーパーバイズを受け、その信憑性を高めた。

4）結　果

（1）グループの事例

5年生男子2名（L、P）、5年生女子1名（I）、6年生男子4名（J、K、N、O）、6年生女子1名（M）の8名からなるグループである。カウンセラーは、大学院1年生の男性である。

♯1日目：開校式後のマインドマップ研修ではMが率先してグループをまとめようとしている。優等生タイプの女の子という印象をもつ。Oがまったく書き進まず、周りが声をかけるも反応しない。周りも少しいらだっているようである。

♯3日目：湖でのカヤックトレーニングの際、KがLに対して言葉遣いを厳しく注意する場面がみられる。Kがカウンセラーの期待する役割を担おうとしている印象をもつ。別の場面でLとKがつかみ合いのケンカになり、Lはなかなか怒りが収まらない様子。夕食後、「家に帰りたい」と訴え、泣き出す。

♯4日目：カヤックトレーニングから施設に戻った後、Lは大泣きしている。Lは母親と電話し、けんかのこと、友達とうまくやっていけそうにないこと、家や家族が恋しいことを話す。翌日の朝母親が施設に来て、直接話すことになる。

♯5日目：朝からMが「Lのホームシック、大丈夫になったよ！、班で家族を決めたの。Kがお父さんで、Mがお母さん、長男がP、次男がJ、三男がN、四男がL、家族決めたら急に話し出した。」と、うれしそうに報告にくる。

Lの母親が来所し話し合いの場をもち、LがKと同じテントから移動することになる。Lはてんかんをもっており、薬を飲むことは悪いことだという意識があり、薬を飲まないことを目標にしていたということがわかる。母親はLを説得し、翌日の朝から薬を飲むことになる。

♯6日目：Lは朝から薬を飲み始める。MTBでの走行中Mが遅れがちになることが多く、みんなに迷惑をかけるという理由で「先頭がいやだ」と語る。キャンプ場に着くと、カウンセラーが促す前にLはテントを移動していた。ホームシックの訴えもみられない。

♯7日目：午前中のMTBによる移動は、前日同様Mが遅れがちになるものの、順調に進む。昼食後、Lが出発のかけ声をかける。Lのグループに対する警戒心が解かれていることを感じる。またIが、「あんまりわからないかもしれないけど、学校ではおとなしい方で、ここでのように思ったこととか言わない」と普段の学校の様子を語る場面が見られる。

♯8日目：朝、Iが中心となりテントを片付ける。Iの積極的な発言や行動が目立つようになってきている。

毎晩のマインドマップ作成後、感想を述べることになっているのだが、Oは何も言うことができない。これまでも同様の状況が続いていているが、これまでのように話さないOにいら立っているというのではなく、Oの

様子を気にかけ励ましている。Oは戸惑っている様子で、話すことはなかった。

#10日目：各グループ1艇のカヤックをリレーしながら約40km先のk島を目指すメインチャレンジの日。船に酔いやすいことから一番はLがこぐ。船酔いの薬を飲むためにてんかんの薬を飲まなかったLは、そのことに不安を感じている様子。Lがこぎ始めると、Oが「ふなよいに負けんなー、L！」と大声で声援を送っている。

「O、行きなよ！」と言われてOがアンカーに決定する。グループのメンバーに認められ、受け入れられていることが感じられる。

#11日目：MTBの隊列やこぎ方など、K、I、Nなどを中心に指摘している。メンバーのなかに、言いにくいことも言えるような雰囲気ができていることを感じる。途中のトンネルでIが転倒してしまう。大事には至らなかったが、グループのなかで緊張感が増して、それまで以上に熱心に声かけするようになる。

#13日目：MTBによる移動中、Nが積極的に声をかけ、グループでも中心的な存在になっている。k島から港へ向かうフェリーのなかでの振り返りでMが、「自分勝手がなおってきた」と語る。Mは以前、自分勝手なところをなおしたいと語っていたとのことである。

#14日目：MTBで港から施設へと向かう日。移動中、JとMが道のポールに接触する事故が続く。Mを心配してカウンセラーが声をかけると、「ねむい」と一蹴される。カウンセラーは昼食時にグループのメンバーを集め、接触事故のこと、Mのふるまいについて話し、「このような様子だったら、このグループにつきたくない。」とその場を離れる。Kは、「わがままなおすって言ってたけど、なおってねぇよ。周りに迷惑かけんなよ！」と涙を流しながら、怒りをあらわにする。Lも、「オレだって薬のみたくなくて、のまないでやってたら始めのころあんなふう（ホームシック）になってしまって、（中略）Mだけつらい訳じゃないんだぞ！」と怒りをぶつける。他のメンバーは責められているMを心配している様子で、それぞれに涙しながら思いを語る。Mは「ごめんなさい。」と繰り返している。カウンセラーの指摘には一人ひとりに心当たりがあるものの、Mがスケープゴートとなって責められ続けているような印象を受ける。その後、それまで発

言していなかったI、Nを中心に、「もっと周りのメンバーのことを見て、つらそうだったら声をかけよう」などという話し合いが行われる。施設までの道のりは、グループメンバーだけで進み、カウンセラーは見守る役割に徹した。繰り返し隊列などについて話し合っており、課題に没頭している様子であった。
♯15日目：振り返りや片付けなど15日間を折りたたむ日。Kがすごく高圧的な言い方と態度で他のグループの子の頬を叩く場面を目撃する。きつく注意すると、それから不機嫌な様子だった。Kはまわりの空気を敏感に感じとってリーダーシップを取っているように感じていたが、そういう面で負荷がかかっていたのかもしれないと感じる。

(2) グループ事例のモデル化と統合

　各事例を抽象化し、各グループのプロセスをモデル化した。その3つのモデルを統合する形で、本キャンプのグループプロセスモデルを生成した（図5-4）。

5）考　察

　グループは、グループに生じた問題や目標を「所有」し、その問題や目標を乗り越え「解消」することによって変化していく。この「所有→解消」のプロセスがグループの変化に影響している。グループがOに対して無理解だった状態（♯1）から、Oの葛藤を受け止め（♯8）、Oに挑戦を促すまでに至る（♯10）。活動の特性上Oの挑戦はグループの挑戦であったが、それは心理的にもグループの挑戦となっていたのではないだろうか。また、個々人や二者関係、サブグループなどに起こる「所有→解消」のプロセスがシンクロしたり、相互に影響し合ったりすることが、グループの変化を促進していることもわかる。O自身も、Lのホームシックや薬に対する捉えとその克服（♯4〜6）に影響を受けており、Lのホームシックにグループメンバーが取り組むことで、それ以前のサブグループがほどけ、グループが新たな段階へと移行した。本調査では、この「所有→解消」のプロセスはサブグループを中心に展開された（グループプロセスモデルⅡ〜Ⅳ）。

　また、代表的なグループプロセス研究である、タックマン（Tuckman）のモデル[27]と類似の傾向が見出せたものの、タックマンが「Storming」と名付けたような明確な対立場面は、あまりみられなかった。代わりに、「過剰適応の崩れ」

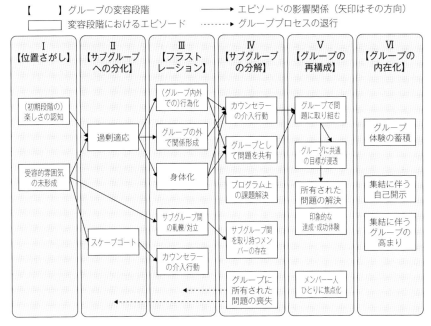

図5-4. 対象キャンプにおけるグループプロセスモデル

や「身体化」、「サブグループに入れない参加者の存在」など、個人に現れた現象にグループが取り組むことでグループの大きな変化が生まれたように思われる。これは、個々人の言語的、非言語的表現がグループの変化の兆しをも表現するものでもあることを示唆している。

「所有→解消」のプロセスは、参加者自身の手によって自然になされた場面(♯4〜6)、プログラム設計上起こった場面(♯10)、グループカウンセラーの働きかけによってなされた場面(♯14)があった。これらの違いによってもグループの変化や変化の継続は異なるように感じるが、本研究ではその影響関係までは言及できない。今後の検討課題としたい。

5.5.2. グラウンデッド・セオリー・アプローチを用いた事例研究−不登校児は長期冒険キャンプ後どのように社会へ適応していくのか−

1）はじめに

わが国では、不登校児に対する支援の一つとしてキャンプ等の自然体験活動が行われ、社会性や自己概念、登校状況などに効果が得られることが報告されている[29,30]。しかしながら、キャンプの「何が」「どのように」影響して効果が得られたのかということに関する質的な研究は少数で、十分とはいえない状況である。そこで著者は、不登校児の長期冒険キャンプにおける「プロセス」や「意味」を明らかにすることを研究テーマとし、その方法として修正版グラウンデッド・セオリー・アプローチ（以下 M-GTA）を選択した。著者がこの方法を選択した理由は、大きく以下の2点に集約される。まず1点目が、個人の事例における特殊なことがらを深く掘り下げるというより、まずはその実践現場（対象者）に共通するプロセス（問題）を理解したいという考えがあったからである。M-GTA は、「データ提供者に共通した特性を理論化（p.117）」[31]する特徴がある。2点目が、KJ法などテキストデータを単語単位まで切片化してラベリングしていく手法では、データの網羅性が保たれる一方で、インタビューや参与観察などから得られる豊かな文脈、つまり実践現場でのリアリティ感が切り離されてこぼれ落ちてしまうと考えたからである。そこで、切片化を行わない「意味の深い解釈（p.29）」[31]を重視している M-GTA が適当であった。また、M-GTA は他の質的研究法と比べて方法が明確化されている点も、初学者である著者にとって取りかかりやすい印象を覚えた。

2）研究の目的

では、M-GTA を用いた著者らの研究「不登校児は長期冒険キャンプ後どのように社会へ適応していくか」[32]の概要を紹介する。

本研究では、長期冒険キャンプに参加した不登校児の追跡調査を行い、彼らがいかに学校を中心とした社会へと適応していくのか、そしてその過程においてキャンプの体験がどのように影響しているかについて検討することを目的とした。

3）研究方法

（1）対　象

平成 X 年度から平成 X+4 年度までの5年間に、国立の社会教育施設主催で

行われた「悩みを抱える中学生を対象とした体験活動推進事業」(以下キャンプ)に参加した中学生(事業参加時)18名(事例A～R)を対象とした。本キャンプは、約20日間にわたっての長期旅型移動キャンプというダイナミックなプログラムが展開され、マウンテンバイクでのグループ走行による移動を基本とし、各所で登山、クライミング、沢登り、カヤック等、冒険的活動が多く組込まれていた。対象者は、キャンプ参加から2～6年経過している者で、キャンプ参加当時不登校または不登校傾向であった。

(2) インタビュー調査

著者と対象者の1対1による半構造化面接を実施した。「キャンプ後から現在までの社会への適応状況(学校への関心、学習意欲、友人関係、など)」「生活や考え方に対するキャンプの影響」などの内容について、あらかじめ設定した調査項目をガイドとし流れに応じて柔軟に質問した。面接時間は一人につき30～70分で、ICレコーダーや筆記により記録した。

(3) データ分析

分析にあたって、まず本研究の分析焦点者を「長期冒険キャンプを経験した不登校児」、分析テーマを「長期冒険キャンプ後2～3年の不登校児が、学校を中心とした社会へと適応していくプロセスと、そこに与えたキャンプの影響」とした。分析方法の詳細については、5.3.2.の2)グラウンデッド・セオリー法および木下の著書[31]に譲る。なお、分析においては、M-GTAの特徴である「継続的比較分析(p.48)」[31]によって、データ、概念、カテゴリー間で類似例だけでなく対比例についても検討し、「理論的サンプリング(p.48)」[31]によって段階的にデータを収集し、個々の概念から結果図までのそれぞれのレベルで重要な部分が抜け落ちていないかを検討し、分析テーマの範囲における説明を可能にするモデルとして「理論的飽和化(p.48)」[31]の判断をした。これらの技法に加えて、分析の過程で適宜スーパーバイズを受けることで、質的研究における信憑性・確実性を高めるよう努めた。

4) 結　果

分析の結果、21の概念と14のカテゴリーが生成された。ここでは、分析の結果である結果図(図5-5)と全体のプロセスを示すストーリーラインを、具体例を織り交ぜて提示する。なお、文中の下線は概念を、【　】はカテゴリーを、具体例は*斜体*で示す。

第5章 事例研究

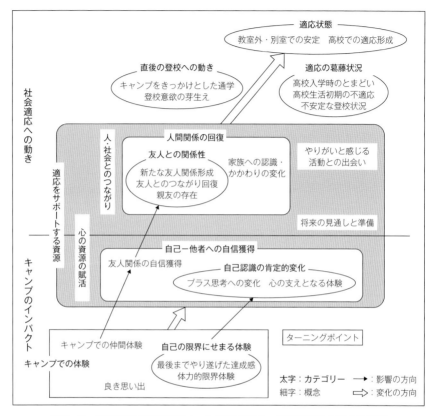

図5-5. 不登校児の長期冒険キャンプ後の社会への適応プロセスの結果図

　不登校児の長期冒険キャンプ後の社会への適応プロセスの全体的流れとして、【キャンプのインパクト】を基盤に【適応をサポートする資源】を得ながら、【社会適応への動き】が起こることが明らかになった。以下では、プロセスの主要なカテゴリーである上記の3カテゴリー毎に、詳細を提示する。

（1）キャンプのインパクト

　キャンプに参加した不登校児は、キャンプでの仲間体験、【自己の限界にせまる体験】、および良き思い出を【キャンプでの体験】として印象深いことと捉えていた。たとえば、キャンプの仲間のことは「顔も話したことも鮮明に覚えていて（事例L）」、「最初から全身筋肉痛（事例N）」になりながらも長い距

離を走りきったことに「人生であるかないか(事例H)」の大きな達成感を感じていた。そして、キャンプでの仲間体験は「友達ができるっていうことの自信につながりました(事例J)」と、その後の友人関係の自信獲得に影響していた。同様に、【自己の限界にせまる体験】は「自分にはああゆう風に頑張ったことがあるんだ，という(心の)支え(事例L)」と、その後のプラス思考への変化や心の支えとなる体験となり【自己認識の肯定的変化】の要因となっていた。このように不登校児は【キャンプでの体験】から【自己-他者への自信獲得】をしていたことがわかった。また、長期冒険キャンプに参加したことを、「人生の転機でしたね。絶対に参加しないといけないものだったと思う(事例L)」というように、ターニングポイントとして意味づけていた。

(2) 適応をサポートする資源

キャンプの体験から【自己-他者への自信獲得】をしたこと、また高校への進学や就職のための資格の勉強などの将来の見通しと準備ができることによって、不登校児は適応への【心の資源の賦活】をしていたと考えられた。そして、「行っていなかった学校の友達に手紙を書いてみたり(事例D)」、新たに「自然と仲良くなって，毎日つるむようになった(事例L)」という友達ができたりと【友人との関係性】を築いていった。また友人関係だけではなく、「キャンプ前は(母親からいわれることを)うるせーなしか思わなかったけど，キャンプ後は冷静に聞けるようになって(事例A)」との語りに表現されるように、家族への認識・かかわりの変化ももたらされていた。このような【人間関係の回復】と、学校の委員会活動やアルバイトなどやりがいと感じる活動との出会いは、不登校児が適応していくために必要な【人・社会とのつながり】であったと捉えられる。つまり、キャンプの体験から自らの潜在的な【心の資源の賦活】をさせたこと、また現実的に【人・社会とのつながり】を持ったことは、不登校児の【適応をサポートする資源】となったと考えられる。

(3) 社会適応への動き

まずキャンプ直後には「転校して頑張ろうかなって気になりました(事例J)」と、登校意欲の芽生えからキャンプをきっかけとした通学をするといった【直後の登校への動き】があった。その後、学校や適応指導教室等に通い始めたり、高校に入学したりしても多くの者は【適応への葛藤状況】を経験していた。たとえば、「高校入ってからは，1学期はすごい行ってたんですけど，2～3学期

はすごい休んでしまって…*(事例M)*」、「そこ*(高校の部活)*が強豪だったので、結構気軽にやるつもりだったんですけど…そういうところが合わなかったのかな*(事例H)*」などがあげられる。しかし、【適応への葛藤状況】を抱えつつも【適応をサポートする資源】としての【友人との関係性】、やりがいと感じる活動との出会い、【将来の見通しと準備】によって、「*(高校は)楽しかった。校則ないし、自由だし。なんか適応教室みたいな感じ。そういう(不登校の)気持ちを知っている人が多いから(事例K)*」という例のように、徐々に高校等での【適応状態】に至った。

5）まとめ

　以上のように、M-GTAを用いてインタビューデータを分析することにより、「不登校児は長期冒険キャンプ後どのように社会へ適応していくのか」というプロセスが明らかになった。本研究で明らかになった知見は、不登校児の内的な体験や人間関係を理解し、今後の野外教育実践に応用するための「実践の知」として意義あるものと考える。最後に、野外教育の研究にM-GTAを用いる際のポイントについてまとめ、今後の実践・研究に還元する手立てとしたい。

　まず1点目は、M-GTAで導き出すのは「ある"動き"を説明する（p.67）」[31]理論であるということである。ここで重要となるのが、「分析焦点者」と「分析テーマ」、つまり「誰」にとっての「どのような」プロセスであるのかということである[31]。特に「分析テーマ」は研究テーマを絞り込んだものであって、データの内容との間で調整を行う。今回提示した著者らの研究であれば、「不登校児はキャンプ後どのように社会へ適応していくのか」という研究テーマに対して、「キャンプ後2〜3年」「学校を中心とした社会への適応」という絞り込みを行っている。初めてM-GTAを用いて研究を行う場合、インタビュー等で得られたデータすべてを網羅的に概念化しようとし、研究結果が拡散してしまうことが見受けられる。研究テーマとデータとの間で、いかに分析テーマを絞り込めるかが、実践に応用可能な抽象度の理論を生成する上で鍵になると考える。

　2点目は、M-GTAが「意味の深い解釈（p.29）」[31]を重視しているため、研究者の視点や研究能力がダイレクトに研究の質に影響するということである。したがって経験の浅い初学者が、M-GTAを用いて意味を解釈しながら結果をまとめていくには、ある程度の時間を要すると考える。加えて、解釈の内容が独りよがりなものにならないように、スーパービジョンやメンバーチェックの機

会をもつことも重要である。深い解釈を可能にするための近道などはなく、しっかり実践の場に身を置き、注意深く観察し、自らの思考や体験を言語化できるよう努力することが、王道であり確実な道であろう。

引用文献・参考文献

1) 中央教育審議会（2013）：今後の青少年の体験活動の推進について、文部科学省.
2) 中村雄二郎（1992）：臨床の知とは何か、岩波書店.
3) 山本則子（2015）：看護実践の知と質的研究、質的心理学フォーラム、7：74-82.
4) 斎藤清二（2013）：事例研究というパラダイム－臨床心理学と医学を結ぶ－、岩崎学術出版社.
5) 河合隼雄（2001）：事例研究の意義、臨床心理学、1（1）：4-9.
6) 山本力、鶴田和美編著（2001）：心理臨床家のための「事例研究」の進め方、北大路書房、14-29.
7) 岸本寛史、山愛美編（2013）：臨床風景構成法、誠信書房.
8) 西條剛央（2007）：ライブ講義・質的研究とは何か、新曜社.
9) Bruner, J.S.、田中一彦訳（1998）：可能世界の心理、みすず書房.
10) 森岡正芳（2002）：物語としての面接－ミメーシスと自己の変容－、新曜社.
11) 坂本昭裕（2006）：キャンプに参加した場面緘黙の少年の事例、臨床心理身体運動学研究、7・8：51-63.
12) 坂本昭裕（2010）：からかわれるとカッとなって暴力をふるってしまう中学生男子のキャンプ体験の事例、臨床心理身体運動学研究、12（1）：29-40.
13) 下山晴彦（2000）：心理臨床の基礎1、心理臨床の発想と実践、岩波書店.
14) 澤田英三、南博文（2001）：質的調査－観察・面接・フィールドワーク－、南風原朝和、市川伸一、下山晴彦編、心理学研究法入門－調査・実験から実践まで－、東京大学出版会、19-62.
15) 中澤潤（1997）：人間行動の理解と観察法、中澤潤、大野木裕明、南博文編著、心理学マニュアル、観察法、北大路書房、1-12.
16) 岩壁茂（2010）：はじめて学ぶ臨床心理学の質的研究、岩崎学術出版社.
17) 下山晴彦編（2000）：シリーズ心理学の技法、臨床心理学研究の技法、福村出版.
18) Graser, B.G., Strauss, A.L.、後藤隆、太田春江、水野節夫訳（1996）：データ対話型理論の発見－調査からいかに理論をうみだすか－、新曜社.
19) 木下康仁（2003）：グラウンデッド・セオリー・アプローチの実践－質的研究への誘い－、弘文堂.
20) Willing, C.、上淵寿、大家まゆみ、小松孝至訳（2003）：心理学のための質的研究法入門－創造的な探求に向けて－、培風館.

21) Wilson, S.（1979）: Explorations of the usefulness of case study evaluations, Evaluation Review, 3（3）: 446-459.
22) Walker, F.（1980）: The conduct of educational case studies:Ethics,theory and procedures, In: Dckerell, W.B., Hmilton, D., Eds., Rethinking Educational Resarch, Hodder and Stoughton.
23) Geertz, C.（1973）: The Interpretation of Cultures. Basic.
24) 島健、吉田章、島美紀（1991）: 無人島生活体験に関する調査研究（Ⅲ）-集団の形成と雰囲気について-、日本体育学会第42回大会号、746.
25) 清水雅己、長谷川純三、吉田章（1981）: 長期キャンプの意義に関する研究-特に人間関係を中心として-、第11回日本レクリエーション学会大会研究発表抄録.
26) 石井宏典（2007）: 質的心理学の方法-語りをきく-、新曜社、72.
27) Tuckman, B.W., Jensen, M.A.（1977）: Stages of small-group development revisited, Group and Organization Studies, 2（4）: 419-427.
28) Weber, R.C.（1982）: The group: a cycle from birth to death. In: The Reading Book for Human Relations Training, NLT Institute, 2.
29) 飯田稔、坂本昭裕、石川国広（1990）: 登校拒否中学生に対する冒険キャンプの効果、筑波大学体育科学系紀要、13: 81-90.
30) 奥山洌、諫山邦子、加藤敏之、齋藤詔司、菊池和孝、森敏隆（1999）: キャンプ経験が不登校生徒に与える心理的影響、野外教育研究、3（1）: 25-36.
31) 木下康仁（2007）: ライブ講義M-GTA:実践的質的研究法-修正版グラウンデッド・セオリー・アプローチのすべて-、弘文堂.
32) 小田梓、坂本昭裕（2009）: 不登校児は長期冒険キャンプ後どのように社会へ適応していくのか、野外教育研究、13（1）: 29-42.

第6章 研究法の理解と研究のスタート

6.1. 質的研究か量的研究か

6.1.1. これまでの研究法を振り返る

　研究は大きく分けて量的研究と質的研究に2分される。野外教育における今日までの研究手法は、量的研究法が大きな割合を占めてきている。その第一の理由は結果を数値で提示することによって、研究の成果の説得性が高いことである。短い期間の活動プログラムの効果について、変数の測定を行い実験群と統制群の比較・検討からプログラムの有用性について唱える報告は、手法の準備や仮説検証型研究としては、比較的取り組みやすいと考えられる。

　研究の最大の目標は、新たな知見を得ることにある。量的研究の一方にある質的研究では、研究を実施している間、先入観の排除のため過去の先行研究から得られたデータに影響されることのないよう、データの収集をしていかなくてはならない。質的研究は観察された事象から物事の本質を捉えることを目指して研究を行うものである。

　野外運動に関する研究のアプローチは、実践科学や自然科学分野が盛んに行われているものの、原理・哲学や理論面といった、人文社会科学分野における基礎科学的側面の研究の遅れが指摘されている[1]。このようなことからも、野外教育の哲学や原理的研究の確立が急がれる。結局のところ野外教育のディベートをしていくなかで、「自然体験は教育的にとてもよい」という結論に帰着し、いつの時代になっても野外教育の何が、なぜ、効果を生んでいるのか、明らかにされずに得られた結果だけを好ましく考える状況だけが続くことになる。

　キャンプという自然のなかで実施されるプログラムが、人に与える物は何かということを、深く掘り下げる必要がある。これは哲学的に考えていくという意味合いも含まれると同時に、いままでこの人文科学的分野が、他の研究手法

を用いた研究成果に較べ少なかったことが、この分野の手法の困難さを、さらに深めてきたのかもしれない。金子[2]は今日の生活のなかで子ども達のみならず、大人に至っても必要とされなくなりつつある精神的、身体的ちからが、自然のなかで生活するためには常に求められていることを指摘し、その研究の必要性について言及している。

　質的研究は、量的研究で用いられる統計処理を中心とした変数の扱いではなく、自然環境のなかに置かれた人の複雑な心の変容を、そのまま記述を中心に表していくという点で、個々の変容が数量化され定量化されないという観点からは、これからの研究手段として期待されるものが多い。質的研究は実験室で行われる研究には不向きであり、野外環境という大きなフィールドにおいては当に適切であるかもしれない。研究の参加者に及ぼす影響因子が多岐にわたる野外では、定量化のために影響因子を削除せざるを得ない場合もある。質的研究は、既成の事実や理論の確認ではなく、研究のなかで新たに表出した現象を認め、その現象について理論を構築していくことであるといわれている。量的研究から質的研究、そして両者の混合型研究へと野外教育の効果の研究手法が変わってきた時期とも指摘できる。さらに近年では、質的研究の統合として、メタ・シンセシスにおける分析も統計ソフトの開発とともに注目されつつある。

6.1.2. 質的研究と量的研究の解説
1）哲学的前提

　野外教育学のその一部が含まれる心理学や社会学、教育学といった社会・行動科学において、量的研究および質的研究（定量的研究および定性的研究とも呼ばれる）を簡素に定義すると、次のようになる。量的研究とは、数量の形をとるデータを用いた経験的な研究で、質的研究とは、数量の形によらないデータを用いた経験的な研究である[3]。この定義は、経験的（単なる理念やそうあるべきという規範ではなく、実際に現存しているという）と表現された観測可能な事象に関するデータの種類によって分類しているためわかりやすい。しかし、量的研究と質的研究のそれぞれの特徴をみると、その研究の準拠する哲学的前提がまったく異なっている[4-7]。この哲学的前提は、パラダイムとも呼ばれ、研究を行ううえで、研究者自身が自覚していかなければならない、知識（科

学)に対する捉え方である。

社会・行動科学において、一般的な哲学的前提は、存在論(知識の本質は何か)、認識論(どのように知識を知り得るのか)、方法論(どのように知識は生産されうるのか)に関するもので[5, 7-10)]、次の2つに大別できる[4-6, 11)]。その一つが実証主義/ポスト実証主義であり、自然科学をモデルとし、観察可能なただ一つの真実(truth)が存在すると想定する。この客観的な真実は因果関係から説明ができ、ある結果は特定の原因があると考え、その普遍的な法則性を探究できるという前提で研究が進められる[5)]。一方、構成主義/解釈主義は、人文科学の知識構築の方法を採用する。この前提では、唯一の真実があるとは想定せず、複数の現実(reality)がわれわれの周りにあり、その現実がどのように構成され、解釈されるかについて研究が進められる。そのため、物事に対して研究者自身がその意味を探索し、意味づけを行うという立場をとる[5)]。

このように量的研究と質的研究の哲学的前提は明確に異なっている。しかし両研究は、必ずしも対立する立場ではない[4, 8)]。また、実際に行われている研究を概観すると、明確にどちらかに区別できるということではなく、それぞれのメリットとデメリットを考慮しながら研究が進められている。

2)量的研究と質的研究の特徴

多くの文献で、量的研究と質的研究の違いについて言及されている[4, 8-10)]。ここでは、両研究の特徴について、より具体的に対比させながらまとめる。それによると、①研究目的と枠組、②研究対象の選び方、③データの収集と処理、④研究者の中立性、⑤研究の評価基準の5つの観点に違いがみられる[6, 7)]。

量的研究の特徴は、①仮説検証が目的であり帰納的であること、②無作為抽出法によりできるだけ多数を研究対象者とすること、③質問紙調査や実験によって数量的データを収集し、統計的分析を行い数値により結果報告をすること、④研究結果の客観性を高めるために、観測者の観測への影響を最小限に限定すること、⑤研究の評価は、妥当性(validity)、信頼性(reliability)、客観性(objectivity)、一般化可能性(generalizability)といった基準を用いること、などである。

それに対して、質的研究アプローチの特徴は、①仮説生成が目的であり演繹的であること、②合目的サンプリング(purposive sampling)により比較的少数の事象や対象を抽出すること、③インタビュー調査や観察によって得られた

記述データを分析し、仮説やモデルを構築し、事象を解釈し結果報告すること、④研究者と研究対象者は、積極的にかかわり合う関係として位置づけられること、⑤研究の評価は、信用性（credibility）、依存性（dependability）、確証性（confirmability）、転用可能性（transferability）といった質的研究独自の基準を用いることなどがあげられる。

3）研究の評価規準

量的研究と質的研究の評価規準については、以下の用語（訳語）にこだわることはないが[12]、対応する概念として、それぞれ以下の4つが想定されている[7, 12-15]。

量的研究の基準は、妥当性（validity）、信頼性（reliability）、客観性（objectivity）、一般化可能性（generalizability）の4つである。まず、「妥当性」とは、特定の方法から得られたデータの解釈が、観測しようとしている内容にどの程度適切であるかということである。また、「信頼性」とは、観測で得られたデータが、同じ条件で複数回測定しても同じデータが得られるかどうかということである。さらに、「客観性」とは、観測されたデータに対して観測者が中立で偏りがなく、影響を及ぼしていないかということである。最後に、「一般化可能性」とは、研究結果がある特定の状況を越えてどれだけ広く適応できるかということと考えられている。

一方、質的研究の評価基準は、信用性（credibility）、依存性（dependability）、確証性（confirmability）、転用可能性（transferability）と考えられている。まず、「信用性」とは、集められたデータに基づいて説明が記述され、そのうえで推論や主張が展開されているかということである。また、「依存性」とは、得られたデータが、仮説やモデルを生成できるだけの頼りになる質の高さをもっているのかということである。さらに、「確証性」とは、得られたデータに対して、研究者の独りよがりでなく、公正な立場で解釈されているのかのことである。最後に、「転用可能性」とは、研究結果が異なる文脈や場面においても利用できるかということと考えられている。

4）トライアンギュレーション・混合研究法

研究の質と評価を高める方法として、トライアンギュレーションがある。このトライアンギュレーションとは、「異なった方法、研究グループ、調査地、調査時期、理論的視角などある特定の事象を研究する際、さまざまな視点から

検討するために、複数の方法を用いること（p.541）」[16)]あるいは「一つの現象に関する研究のなかで、研究方法、データ収集方法、調査者、あるいは理論的視点が異なっているものを組み合わせること。（p.15）」[4)]である。デンジン（Denzin）[17)]は、このトライアンギュレーションを「データ：異なったグループ、場、時期からデータを得る」「研究者：2人以上で研究を行う」「理論：異なった理論的視点を適用する」「方法：2つ以上の方法を用いて研究し、得られた知見を他の方法で確かめる」の4つのタイプに分けて解説している[4)]。このトライアンギュレーションという方法は、量的研究と質的研究との組み合わせを行う際や質的研究の質を担保するために用いられることが多い。

また、トライアンギュレーションの一つと考えられているものとして、混合研究法がある[7,9,18)]。この混合研究法とは、量的研究と質的研究を統合し、一つの研究のなかで、両方の手法を同時に用いようとする研究法のことで[19)]、混合研究とは、「単一の研究あるいは一連の調査プロジェクトのなかで、調査者が質・量両方のアプローチ・方法を用いて、データを収集分析し、知見を統合し、推論を導き出して行く研究（p.4）」[20)]と定義されている。この混合研究は、量的研究と質的研究を架橋するアプローチとして近年、注目されている[18,20)]。

6.1.3. 野外教育における質的研究、量的研究の重要性

日本野外教育学会の学会誌である『野外教育研究』において、2000年以降に掲載された論文をみると、哲学的および理論的な論文を除くと、その多くが量的研究である。そのなかでも、キャンプや野外活動の教育的効果[21-26)]やそれを測定するためのツールの開発[27-29)]などが数多くみられる。一方、質的研究については、キャンプにおける子どもの変容過程[30,31)]やキャンプ体験後の社会適応過程の事例的な検討[32)]が行われているが、数少ないのが現状である。また、質的分析と多変量解析（クラスター分析）を組み合わせた対話重視のPAC分析（個人別態度構造分析）により、キャンプ指導者の態度に関する事例報告[33)]や自然体験活動の意義[34)]が報告されている。

6.2. 研究へのスタート

6.2.1. フィールド研究の紹介1：人は自然のなかのリスクをどう認知しているのか

1）リスク研究のきっかけ

1999年8月13～14日の豪雨は関東地方の山間部に大きな被害をもたらした。埼玉県大滝村では土砂崩れのため住民やキャンプ客ら380人が孤立した。河原でキャンプ中の一家4人は中州に取り残され、5歳の次男は重い脱水症状で一時重体に陥った。しかし、丹沢の事故に比べれば彼らは幸運だった。丹沢玄倉川ではキャンプ中の18人が中州に取り残され、救助隊員の目の前で流され、14人が死亡した。事故当時海外にいた著者は、地元新聞の記者に取材を受けてこの事故のことを知ったが、事故の概要を調べるほどに、怒りにも近い感情がわき上がった。これは児童虐待にも匹敵する行為だと。事故前日13日の午後に、県の職員がハンドマイクで上流には玄倉ダムが放水を行う旨の注意喚起をし、22時過ぎには近隣の松田警察署員が撤収の勧告を行ったが、一行は大丈夫だと受け流した。翌未明に彼らが危機的状況だと自覚したときには時既に遅かった。

危険を避けられる人とそうでない人は何が違うのだろうか。野外教育や指導者育成の立場からも、またそれまで著者が専門としていた認知心理学の視点からも研究が少ないことにも改めて驚いた。子ども達を事故から守り、危険とのつきあい方を教えるためにも、リスクに対する判断の基礎研究が不可欠である。そんな思いから、野外におけるリスクとリスク認知への研究に目が向いた。

問題意識は生まれたが、アプローチの手段はすぐには思いあたらなかった。まずは現場の多様な声を聞くべきだろう、そう思って体育専門系大学の先輩に相談したところ、野外教育専攻の大学院生数名との討議の場を設けてくれた。詳細は思い出せないが、研究を進める多くのヒントが得られた。初めは、それぞれのリスク対応の体験を語ってもらっていたと思う。そのうち、具体的に考えてみることになって危険予知トレーニング（KYT）図版を見ながら、どこがなぜ危ないと思うかを議論した。いずれも相当な児童キャンプの経験のある大学院生だったが、人によってリスクについての意見が意外と分かれるのが興味深かった。

図6-1. 村越[35]で使われた飯ごう炊飯場面のKYTシート用

　議論を通して、研究の主材料となるKYT図版の有効性を確認できた。また、ただ危ないところを指摘させるのではなく、どのくらい危険かを評価させることで個人差が取り出せる見込みが得られた。そこで、危険の原因となるものをみつけるハザード知覚と、どの程度の損害が発生するかを見積もるリスク知覚を課題とした。後にリスクマネジメントの分野では、これらはリスク特定とリスク分析・評価と呼ばれていることを知った。

　深い考えもなく、野外活動らしい飯ごう炊飯が描かれている図版（図6-1）[35]を利用した。しかし、自分で別の図版を作成してみると、この図版に研究成功の鍵があったことが理解できた。漫画風だが子ども達の心理面もよく描かれている。何より、差し迫った危険から潜在的な危険、多様な損害の程度のあるリスクが表現されている。こうした「幸運」も研究上は重要なのだろう。

2）結果概要[35]

　研究の重要な知見は、ハザード知覚の全体的な指摘数では指導者と児童に差がなかった一方で、行動との関係で重大な結果を招く箇所で両者の指摘率に差がみられたことである。また両者はリスク認知でも差がみられたが、児童は行動によって自分に被害がおよぶ箇所にはそれほど高いリスクを認知しない一方で、かまどの周りの紙が燃えるといった箇所には高いリスクを認めた。またハイキングの場面では、おしゃべりやリュックサックの背負い方など、生活指導上指摘されそうな逸脱行為を高いリスクとして認知していた。

児童はラベリングによってリスクを捉えている一方で、ハザードと行動との関係でリスクが生まれる潜在的なリスクには気づきにくい特徴が明らかになった。安全教育の目的は、「日常生活の中に潜む様々な危険を予測し、自他の安全に配慮して安全な行動をとる」[36]だが、小学校6年生でも、その点に課題がある。

3）教育への応用可能性

リスク認知の課題の後、「友達がしていたら止めさせるのはどれ」という問いを、グループで児童に考えてもらった。活発なグループ討論の様子をみていた校長先生が、「この課題は授業にも使えますね」と言ってくれた。私自身、大学の特別活動論で同じKYT図版を使って、ハザード知覚（リスク源の発見）、リスク知覚（リスク評価）、止めさせるかどうかの判断（リスク対応）の課題を行っている。リスク対応については、A：即刻止めさせる、B：様子をみて必要ができたら止める、C：たいしたことはないので放置する、の3段階で個人評価させた後、グループで各箇所のABC評価を統一することを求める。白熱した議論が展開され、授業後の感想でも、「話し合ったことで自分一人では考えなかった場所が危ないなと感じたりと話をすることでわかる危険が沢山あった」「人によって判断が異なっていた。それは場面の捉え方や絵の捉え方の違いによるものであることがわかった」等、学生自身としても将来教員としても重要な気づきが得られた。

授業での学生のポジティブなコメントをみて、リスク認知への教育効果を検証することにした。実験群に対して、KYT図版を使ったリスク特定、指定した箇所のリスク評価のプレテストの後、授業約2回分で危険予知トレーニングを行った。そこでは、テストで行った各自のリスク評価に対してグループの「統一見解」を出すよう求めた。その際、ABCを各々必ず1カ所には付けるという制約を課した。考える手がかりとして、①この先どうなるだろうか、②事故が起こるとしたらそれはすぐなのか、③事故の兆候が現れたとき、それを止めることができるか、④何かが起こったとき損害の大きさはどれくらいか、を授業者から口頭で与えた。クラス全体での共有の後に、重大なリスクを回避すると同時に、主体的判断ができる場を提供することが学校教育では重要なことが、授業者より指摘された。ポストテストは2回目のトレーニングの3週間後に実施された。同学年の他クラスに協力を依頼し、対照群を設定した。また、自然

体験活動の熟練者からの回答も得、比較した。

研究結果[37]として、ポストテストで実験群が統制群より有意に多くリスクを特定した。特にリスクの高い箇所についても実験群はより多く指摘する傾向にあった。一方、リスク評価ではリスクを保有する（C評価をつける）傾向が得られた。コメントでも、予想以上に他の人との評価が異なっていたことへの驚きが半数の学生から、予測の重要性が約1/4の学生から、得られた。

4）おわりに

自然とはどのような場であろうか。野外教育に従事する人なら、誰でも一度はそう自問するだろう。それが日々の実践を導く羅針盤となる。著者にとって、自然は不確実性に満ちた場、その不確実性故に提供されるチャレンジを楽しむ場でもある。だからこそ自然のなかではリスクを意識し、どうしたらそのリスクを避け、無事に自然のなかから戻ってこられるかを考える。その実践と同じように、それを可能にする人間の知的能力が興味深かった。自然とはどのような場であるかは、著者にとっては研究上の羅針盤でもあった。

最後に、一連の研究の意義について簡単にまとめ、このテーマのPRとしたい。第一に、野外活動のリスクマネジメントへの貢献である。不確実性故に生まれるリスクは、教育的意義のあるチャレンジと裏腹である。一連の研究から垣間見えたバランスの取り方[38]、ジレンマの乗り越え方[39]は、自然体験活動を許容できるリスクのなかで推進するうえでの一つの手がかりともなるだろう。第二に研究上の意義である。野外活動でのリスクマネジメントのように、実践のなかで結晶化される知は、実践知[40]やNaturalistic Decision Making[41]として研究の蓄積がある。実践のなかでのリスク対応の知の結晶化は、認知心理学的にも興味ある研究テーマである。それは、自然体験のリスクへの対応だけでなく、複雑で変化する社会のなかで必要な「21世紀型能力」への重要な手がかりになるかもしれない。

6.2.2. フィールド研究の紹介2：地域に根ざす、場所に感応する
1）地域に根ざした野外教育

10年ほど前、北海道の農村部にあるへき地小規模校と共同して「地域に根ざした野外教育」（Community-based Outdoor Education）を実践した。その目的は、開拓以来、この土地の厳しい自然と向き合いながら暮らしを成り立たせて

きた地域の人々の経験やつながりの積み重ねのなかに自分たちが生きていることを、地元の子ども達に身をもって知ってもらうことであった。実施主体は、自治会、PTA、小学校、大学合同による実行委員会である。

　ここでいう「地域に根ざす」というのは地域社会に根ざすということである。地域社会といってもさまざまであるが、農村部であれば自治会や区、都市部であれば町内会など、また学区や市町村という場合もある。ある土地に居住している人々の地域コミュニティだと考えてもらえればよいであろう。したがって、地域に根ざした野外教育を英語表記するとき、著者はCommunity-based Outdoor Educationと書くようにしている。なぜ地域に根ざすのかといえば、ある土地の自然に働きかけて、それを改変し、また守り、自然からの恩恵を受けつつ、自分たちの生活を組織し維持している主体は個人ではなく、この地域コミュニティだからである。

　野外教育における学習者は個人であるが、その個人は、自覚はなくても、何らかの地域コミュニティに属している。そして地域コミュニティは、その土地の自然環境に属している。したがって、学習者が住んでいる地域コミュニティにおいて野外教育を企画し実践するということは、その土地に暮らす人と人、人と社会、社会と自然のかかわり方についてリアルに学ばせる機会を提供することになる。しかも、身近な場所で繰り返し行うことが容易である。

　さて、この小学校がある地域は、内陸の平野部にあり、広々とした水田が拡がり、学校の裏手には奥深い森があってヒグマも生息している。森から流れる沢には山女魚がいて、この水が海にまでたどり着いていることがわかる。学校に隣接するように防風林が森の方に向かって一直線に伸びている。その防風林は野生動物の通り道になっているし、春には山菜、秋にはキノコがはえる。また、この地域の住民は、全国各地から入植し、想像を絶する労働によって原生林を切り拓き、はるか遠くから水を引き、田畑をつくり、村をつくり、この地に生活を築き上げた開拓者の2代目から4代目である。その地域には土地の自然と向き合いながら暮らしていくための経験や知識、技術が十分なほど蓄積していた。地域に根ざした野外教育は、この「経験、知識、技術」を学ぶことを通じて、この土地に暮らすということはどういうことなのかを、過疎化と農家後継者不足の問題を抱える地域において、地元の子ども達に考えてもらうことを目指したのである[42]。

2）地域に根ざした野外教育の課題

　ところが、地域に根ざした野外教育を他の地域でも実践していくうちに、ある課題が次第に浮き彫りにされていった。地域に蓄積された「経験、知識、技術」を野外教育の教材とすることについて、どの地域の人々も非常に協力的であった。納屋の奥から古い道具をひっぱり出してきて、使い方を教えてくれたり、農業機械が普及する以前の稲作のコツを熱心に語ってくれたり、この土地の自然環境と向き合ってきた地域の暮らしの歴史を地元の子ども達に伝えることを楽しんでくれているように思えた。しかし、地域の人々からきまって出てくるのは、「今はほんとうに楽になった。昔は大変だった。昔には戻りたくない」という言葉ばかりであった。これでは、地域の人々が評価していないことを、子ども達に経験させていたことになってしまう。

　しばらく、その協力的な態度と言葉のギャップの意味を理解することができなかった。ようやく気づいたのは、著者が、地域に蓄積された「経験、知識、技術」を過去のものに限定していたということである。高度経済成長期の頃、農業機械や農薬、化成肥料が農業のなかに浸透しはじめ、それにともなって農村の人々と土地の自然環境とのかかわり方が物理的にも精神的にも疎遠になっていった。だから、高度経済成長期になる前の「経験、知識、技術」にこそ、土地の自然環境と密接にかかわる生活のあるべき姿を見出すことができる。そうした価値判断が、地域に根ざした野外教育の方法論を確立していくときに、過去を評価し、現在を否定するようなものにしてしまったのである。思い返せば、準備の段階で地域の人々が地元の子ども達に見せたいと語っていたのは、過去のことだけにとどまらず、ハイテクを駆使し、コストを抑えつつ、優れた農作物を育て、農村での生活をよりよいものにしようと努力する現在の地域の姿でもあった。より国際的な経済や政治の影響を受けながら、常に時代に対応して変化する農村において、地域に根ざした野外教育はどのようにあるべきなのだろうか。

3）変化する世界に対応する野外教育

　気候変動、人口変動、経済破綻など、ダイナミックに変化していく世界に対応できる野外教育を実践するオーストラリアのブライアン・ワットショウ（Brian Wattchow）とニュージーランドのマイク・ブラウン（Mike Brown）は、著書『A Pedagogy of Place：Outdoor Education for a Changing World』[43]にお

いて、「場所に感応する野外教育」の理論を提示している。彼らのいう「場所」とは、野外教育が実践される場所であり、たとえ自然のエリアであっても「そこに固有で複雑な歴史、政治、経済の力に影響された文化的生成物（p.180）」[43]であり、また単なる空間でもない。彼らの「場所」という言葉は、著者の「地域」と重なることもあるが、著者が地域コミュニティに力点を置くのに対して、彼らは個人に力点を置くという違いがある。そして「世界の変化」はローカルな個別の「場所」において経験されるので、その変化のなかで人間はいかにあるべきかは、このローカルな場所をしっかりと感じ理解するところからみえてくるという。

　ワットショウ（Wattchow）とブラウン（Brown）の「場所に感応する野外教育」は、あらかじめ決められた効果が得られるようにプログラムされたものではなく、指導者と学習者、そして場所との相互作用によって認識が深まり、新たな価値観が生成されていくものだという。場所に感応するというのは、まず、場所に身を置いて、そこにあるもの、そこで起きることの意味深さに注意深く関心を向け、自分と場所が互いに依存しあっていることを自覚することである。そして、人々の生活や科学、政策や経済活動など、さまざまな文化によってさまざまな物語が、ひとつの場所に埋め込まれていることを知り、場所の全体像をつかむ努力をする。それらを可能にするために、場所に対して積極的に受け身になるという精神的で身体的な態度が求められるのである。

　場所は、自然環境だけでも、社会だけでもない。場所は、それらが相互に働きかけることによって生み出されるものである。場所を生み出しているものと、それらの働きかけあいを思慮深く感じることを通じて、それらの間の良好なかかわり方を考えていく。指導者と参加者が、場所に感応しつつ、ここでいかにあるべきか、いかに暮らすべきかを一緒に考えていく機会を生み出すのが、「場所に感応する野外教育」[44]の主眼である。

4）現在に立つ

　「場所に感応する野外教育」は、場所にあるもの、場所で起こっていることに注意深く関心を向けることを出発点としていた。それは、地域にある過去の「経験、知識、技術」のみに価値を置いて、それらを固定してしまうものではない。また、場所に埋め込まれたさまざまな物語を通じて場所の全体像を理解しようとする。これも、地域のあり方をめぐって、「自然との共生」などの一

つだけの立場を貫くのではなく、そこにさまざまな立場があり、ときにはせめぎあいながら、よりよい生活を思慮深く探し求めていく必要性を教えてくれる。

とはいえ、それぞれの地域に蓄積された過去の「経験、知識、技術」に価値を置くことが間違っているとは思ってはいない。現在のエネルギー、産業、市場経済、流通のシステムと、それらを支える進歩という信念を前提とした社会において、それらは「古くさい」ものに過ぎない。しかしそのシステムと信念が立ちいかなくなったときに頼るべきは、土地の自然環境と直接向き合うなかで生み出され蓄積されてきた「経験、知識、技術」ではないだろうか。こうした文化の過去と現在は、あたかも年輪が毎年の気候の変化を刻みながら内側から外側に積み重ねられ一本の樹木をなすのと同じように、一つの地域を形成していると考えている。地域に根ざした野外教育は、地域の現在に立ちつつ、文化の蓄積と立場の多様性のうちに、よりよい生活を探し求める場を提供するのである。

6.2.3. 障がいを有した子ども達のキャンプを対象とした実践研究の紹介

障がい者を取り巻く社会環境はここ数年で大きく変わってきた。たとえば、平成28年4月1日には「障がいを理由とする差別の解消の推進に関する法律」(いわゆる「障がい者差別解消法」)が施行され、そのなかで個々のニーズに合わせた「合理的配慮」が法的に定められた。野外教育の現場でも、「インクルーシブ」「スペシャルニーズ」「ユニバーサル」「バリアフリー」等の言葉をよく耳にするようになった。教育現場においては、共生社会の形成に向けたインクルーシブ教育システムの構築や特別支援教育の推進が求められている。

文部科学省[45]は、インクルーシブ教育システムとは「人間の多様性の尊重等の強化、障がい者が精神的及び身体的な機能等を最大限度まで発達させ、自由な社会に効果的に参加することを可能とするとの目的の下、障がいのある者と障がいのない者が共に学ぶ仕組みであり、障がいのある者が一般的な教育制度から排除されないこと、自己の生活する地域において初等中等教育の機会が与えられること、個人に必要な「合理的配慮」が提供される等が必要。」と述べている。

簡単にいうと、「障がいのある人もない人も、同じ場で学べるようにしよう」という考え方であるが、ここで大切なポイントとして、インクルーシブ教育の

対象は障がいのある子どものみではなくすべての子ども達であること、さらに、これらのすべての子ども達は多様なニーズがあることが前提とされていること、があげられる[46]。野外教育に置き換えて考えてみると、ただ単に「障がいのある子ども達」の活動に留まらず、より大きな視野で、多様化する子どもの個人差（性別、国籍、障がい、年齢、発達段階など）を受け入れ、すべての子ども達に向き合っていこうとする姿勢が重要である。すべての子ども達が自然のなかでともに学び、ともに育つのできるような社会の実現に向け、野外教育の実践者・研究者として邁進していきたい。

1）障がいがある子どもを対象とした研究の意義

　障がいの有無に関係なく、自然体験、直接体験が意義のあるものであることに疑いの余地はない。しかしながら、障がいのある子ども達のなかには、さまざまな理由によって外遊びが制限されたり、直接体験が不足しているケースが存在する。そのような子ども達にとって、自然のなかでの活動や、同世代の子ども達と生活をともにするような直接体験は、彼らの成長にとって大きな意義をもつであろう。また、集団のなかでのルールやマナー、他者とのコミュニケーション方法を学ぶといった、社会参加のために必要な能力を身につけることもできる。一方で、障がいのない人たちにとっては、多種多様な人々と自然のなかで活動や生活をともにすることで、障がいに対する理解を深めるとともに、お互いを尊重し、多様性のなかでともに生きる態度を育むことにもつながるだろう。このような野外教育の成果を社会に発信するうえで、論文を書くということは重要な役割を担っている。

　また、われわれ野外教育指導者がキャンプを運営する際に、どのような人がキャンプに申し込んできたのか、どのようなニーズがあるのかを把握することは、対象者理解の観点から非常に大切なことである。ことさら特別なニーズをもつ参加者の場合は、どのような配慮が必要か、野外で活動するに当たり起こり得るトラブル、また、どのようなことが安全を脅かす危険因子になりうるのかについて、しっかりと情報を整理し、準備することが重要となろう。このとき、それぞれの特性についての基礎知識をもつことはもちろん大切であるが、前例となるようなキャンプの事例や実践報告は貴重な資料となりうる。どのような対応をしたのか、どのような留意点があるのか、そこには専門書には書かれていない、野外教育の現場の生の声を多く集積することができる。

野口[47]は、アメリカでは、野外教育プログラムが障がいのある人に及ぼす療育的な効果から、インクルーシブ・キャンプが障がいのない人に与える効果、全米規模の障がいのある人を対象にしたキャンプの調査など、さまざまなタイプの研究が行われていることを報告している。しかしながら、残念なことに、わが国においては障がい者を対象とした野外教育に関する図書や実践研究、事例報告等は充実しているとは言い難い。今後、より多くの人たちが安全にキャンプに参加し、皆がともにキャンプを楽しむことのできる環境を整えていくためにも、それぞれの特性、個別のニーズに応じた実践研究及び事例報告を積み重ねることや、それらの情報を積極的に社会へ発信していくことが大切となろう。

2）障がいがある子どもを対象としたキャンプの実践研究の紹介

　この第6章は、「研究法の理解と研究のスタート」というタイトルであるが、今、まさに著者自身が障がいのある人達を対象に実践や研究をスタートしようとしている。現在、著者は筑波技術大学という聴覚・視覚に障がいのある大学生を対象とした日本国内唯一の国立大学で、体育実技や夏季のキャンプ実習、冬季のスノースポーツ実習の指導を担当している。聴覚障がい・視覚障がいの概要については、野外教育入門シリーズ第4巻『障がいのある子どもの野外教育』の説明を参考にされたい。野外教育の分野において、聴覚障がい者を対象とした研究や実践報告は非常に少ない。それゆえ、研究のテーマとしては取り組んでみたい（取り組まなければならない）研究課題が山のように存在するのだが、着任当初は「野外において"聞こえない・聞こえにくい"という状況は、どのようなリスクを有しているのか」ということに意識が向いた。そこで本項では、聴覚障がいがある人を対象とした実践研究を紹介しながら、聴覚障がいがある参加者の特徴や研究を進めるうえでの留意点、今後の課題等についても考察していきたい。

　関ら[48]は、聴覚障がいがある大学生48名を対象に1泊2日のデイキャンプを実施し、その効果とキャンプに対する不安について調査している。自由記述形式のレポートからは、仲間への信頼や集団生活における協調性の大切さなどの「チームワークの必要性」、自然のなかで生活する心地良さ、人間本来の姿に戻った感覚、自然の大切さ、暗闇に対する意識などの「自然認識」についての記述が多かったと報告している。次に、キャンプに対する不安の事前アンケー

トでは、キャンプ自体にはよいイメージを抱いているが、「何か起きた場合に気づかずに寝続ける」「迷ったとき、はぐれたとき、あるいは緊急時の連絡方法がわからない」「暗くなったときに視界が悪くなる」「朝起きられるかどうか」「他の団体の人とのコミュニケーション方法がわからない」という聴覚障がい者に特有の不安をもっていることを報告している。

　多田ら[49]は、3泊4日の大学キャンプ実習において、聴覚障がい学生が認知する不安と危険について検討し、聴覚障がい学生への指導上の留意点として、「視覚的な情報伝達のために掲示板の有効性」「実演による説明は非常によく伝わること」「夜の活動への注意（暗闇での手話での説明は難しい、夜の単独行動は呼びかけの声が届かないため非常に危険）」「注意の声が届かないためあまり離れず行動しなければならない」等をあげている。さらに、記述のなかには、夜間1人でトイレに出かけた学生の捜索騒ぎが起きたことも記載されていた。幸い無事に帰ってきたようだが、呼びかけの声が聞こえないため、探し出すことの困難さを実感した出来事であったと述べられている。

　石田[50]は、障がい者キャンプにおける安全対策として、「自然のなかの危険」「活動の危険」「障がいゆえの危険」の3つの危険の存在を提示している。さらには、予測しにくい危険として、「自然のなか」で「障がいが理由」で起こる「複合原因の事故」があることを指摘している。先述したような夜間に呼びかけの声が聞こえないという状況は、まさに自然のなかで障がいが理由で起こる複合原因の事故（未遂）の特有の事例であろう。このように、聴覚に障がいのある参加者の場合、音による情報が入らないという状況に対して、その時に参加者が感じている不安や起こり得るトラブルに対しての予測と配慮が必要である。

　一方で、針ヶ谷[51]の報告のなかでは、プログラム中の留意点だけではなく、研究方法に関する留意事項として、アンケート実施に伴う手話言語の取り扱いについても指摘がされている。これは非常に示唆に富む報告である。聴覚障がい児に対して調査を行う場合、日本語の読み書き能力に個人差が大きいことや、読み書きに対して苦手意識を持っている児童が少なからず存在することに留意する必要がある。そのため、記述式のアンケートを実施するのであれば、質問項目の意味がきちんと伝わっているのかをよく確認したり、自由記述よりも選択式の回答を準備するなどの工夫が必要である。また、インタビュー調査を実施するのであれば、どのようなコミュニケーション手段（手話通訳・要約筆記・

筆談など）を用いれば情報が正確に伝わるのか、事前に調査対象者や通訳と打ち合わせをすることも有効である。このような事例は、聴覚障がい児だけではなく、文字の識別や文字を書くことに何かしらの困難さを抱えている場合や、普段の生活において英語や他の言語を使用している参加者の場合にも同様のことが起こり得るだろう。そのような参加者に対して調査を実施する場合、回答方法についても十分留意する必要がある。どのような人を対象に調査をするのか、データを取る前から相手のことをしっかりと理解し、調査対象者と丁寧に関係を築いていくことが、よい研究を行うために何よりも重要であると考える。

今回は、聴覚に障がいがある参加者のキャンプ研究を事例として紹介したが、多様化する子ども達の個人差を受け入れ、安全なキャンプを実施するためには、このような情報がもっと蓄積・整理されるべきであると感じる。もちろん、教育効果や指導法等に関する研究に留まらず、事例研究や大規模調査、歴史、哲学的な研究など、さまざまなタイプの研究が行われることが期待される。また、それらの成果を整理し、誰もが情報を入手・発信しやすい仕組みを作ることも、今後われわれが積極的に取り組まなければならない課題であろう。

6.2.4 「経験の質」を読み解く研究の紹介
1）子ども理解の方法：子どもの「探究」的行為と私たちの「研究」の接点

子どもの「探究」的行為と私たちの「研究」は、よく似た構造をもっている。子どもは、環境とのかかわりのなかでいつも何かを「探究」している存在である。子どもの探究的行為の原点には、強い身体性を伴う感情の流れがある。子どもの傍らにいると、その子どもが身体を通して感じていることが自分の身にも感じられるような気がする。また、子どもの心が動くとき、私たちも感情が動く。

子ども理解は、私たち自身の自己の探究を伴う。私たちは、子どもとの関係のなかで私たち自身も自己理解を深めながら、体験の意味を理解している。また、私たちが子どものことを語るとき、その世界をともにみつめ、言葉を重ねつつ、ともに考え合う仲間の存在が不可欠である。言葉は、子ども理解という実践のごくわずかな部分しか表現し得ないが、一部を可視化することで、可視化できない部分の存在が明示される。そこに対する想像力を働かせることが、実践上大切である。研究も同様で、すべてを記述できないことによって次の課題に対する連続性が開かれていることが、案外重要かもしれない。

2)「省察」の過程と体験学習サイクル：見えないものを見ようとする営み

野外教育の分野では、コルブ（Kolb）[52]の体験学習サイクルがよく知られている。これは、体験を通した学びのプロセスを、① concreate experience（具体的な体験）→② reflective observation（体験のふり返り）→③ abstract conceptualization（抽象概念化）→④ active experimentation（積極的試行）の4つの段階で表し、それを繰り返しながら発展していく円環構造のモデルで表したものである。

一方、保育研究の分野では、保育における子ども理解のプロセスを「省察（せいさつ）」と呼ぶ。浜口[53]は省察の過程を、①実践→②想起→③記録の記述→④解釈→⑤再び実践、と表している。これも円環構造であり、先述の体験学習サイクルと構造が似ている。

これらのモデルに共通しているのは、①円環構造のなかに「見えないものを見ようとする」営み（内的過程）が含まれていること、②円環構造が常に次の実践に向けて開かれている（連続性のなかにあること、未完であること）、である。「ふり返りと概念化」および「想起と解釈」の繰り返しが見えないものを見る（「理解」する）過程であり、体験的な学びの土台を支えている。そして、この共通の土台が、子ども理解とそれに基づく研究を支えている。

3）研究を通して自らの実践観を開く

体験的な学びでは、学習者の内的過程と指導者の内的過程がよく似た構造として理解されている。先述のコルブ（Kolb）[52]は学習者の内的過程を、浜口[53]は保育者（指導者）の内的過程を表しているが、いずれも「想起（ふり返り）」と「解釈（概念化）」を通して「理解」し、次の「実践（具体的な経験）」につながる構造であることが共通している。また、研究者が指導者集団の一人として子どもにかかわり、同時生成的に研究活動を行うという実践性の高い方法論は、野外教育研究と保育研究に共通する特徴である。キャンプ場面ではキャンプカウンセラーや本部スタッフとして、保育場面では保育者や保育補助者として、目に見えること（たとえば子どものあらわし）を受け止めたり、自らが目に見える形で表す（たとえば子どもにかかわる）行為を行ったりしながら、内面では目に見えない部分を理解しようとするプロセスを持続させている。

ここでは実践即研究であり、両者は一体化している。そのため、こうした研究の過程は「実践」で表すのが最も完全な伝達方法である、と言い切ることも

できるだろう。しかし、成長の途上にある私たちは実践という具体性のなかだけでは、行き詰まることがある。私たちは、自分自身の子ども理解の一端を仲間に対して開くこと、つまり実践と同時生成する内的過程を言葉で表し、それについて他者と対話することで、子ども理解や自己理解を深め、自ら実践の見通しを開こうとする努力が大切である。実践研究をまとめ発表することは、そのひとつの方法でもある。自らの実践を開くことは、冒険的で勇気がいることでもある。そこに挑戦する気持ちを相互に尊重し支えあうような、安心感のある関係性を仲間との間に育んでおきたい。

4）子どもと自然のかかわりに関連する研究例

ここでは、保育を学ぶ学生の卒業研究から野外教育との接点があるものを紹介する。いずれも、数カ月間にわたって定期的に保育の場での参与観察を行い、観察場面を想起して記録したフィールドノートから事例を書き起こし、考察を導く方法論を用いたものである。

（1）幼児期の「砂場」「砂遊び」に関する一考察[54]

この研究は、幼稚園の砂場における自由遊びの観察を行い、砂遊びを通して培われる力を考察したものである。この研究では、事例検討の観点として幼稚園教育要領に示されている保育内容5領域（健康、人間関係、環境、言葉、表現）と、文部科学省[55]による「生きる力」の定義を導入して分析枠組の構成を試みた。それに基づいた分析を行い、砂遊びは5領域のねらいを総合的に実現できる遊びであること、砂遊びのなかにある「人とかかわる力」と「見えないものを見ようとする力」が幼児期に培うべき生きる力の基礎とみなせるという考察を導いている。

（2）子どもの音の世界の探究－自然の音環境を通して－[56]

この研究は、野外保育を実践している幼稚園の野外での活動場面のうち、自然環境のなかでの音体験に注目して観察を行い、子どもの音を聴きとる力を支える保育環境のあり方を考察したものである。この研究では、「音に対して子どもが反応していること」に注目して事例を精査し、「音に気づく」「音を体で感じる」「イメージのなかの音」「人との音の共有」の4つのカテゴリーを浮上させた。事例検討を通して「自然の不確実性のなかでイメージのなかの音を追求するための試行錯誤によって、子どもは遊びに集中する」「音のイメージを正確に共有するために、子どもは音を声に出す」という考察を導き、保育者自

身が環境のなかの音を聴きとる力をもつことの重要性を指摘している。
 (3) 幼児期の『自然体験』に関する一考察[57]
　この研究は、幼稚園での園庭および園外での散歩場面での自由遊びの観察を行い、幼児期の自然体験がどのように人間関係と生きる力の基礎を育むかを考察したものである。この研究では、生きる力を育む要素である、①確かな学力、②健康・体力、③豊かな人間性、を事例検討の観点として導入し、特に自然物を介在させた子ども同士のやりとり事例の分析から、①自然の不思議さに触れ疑問や課題などから生まれる好奇心に基づく探究行動、②五感を使って十分に楽しみ伸び伸びと遊ぶことで得られる充実感、③仲間との感動の共有（相手を思いやる心と感動体験の積み重ね）、が生きる力の基礎であるという考察を導いている。
 (4) 幼児期の科学的思考の芽生えを支える保育実践－目に見えない環境に着目して－[58]
　この研究は、保育所での自由遊びの観察を行い、子ども達が身の周りのこと・ものにどのようにかかわり、気づきや興味をもつに至るのかを考察したものである。幼児期の科学教育が子どもの主体的な活動としての探索活動や探究的な活動を大切に考えるものであることを踏まえ、遊びのなかでの風、水、空気といった「目に見えない環境」へのかかわりに注目して事例検討を行い、それらが目に見えなかったり常に変化したりするために、子ども達が何度も試行錯誤して見通しを試すこと、またそのなかで生まれる発見や気づきを他者と共有することが環境にかかわっていくことの土台となるという考察を導いている。
 5) 実践研究という方法論：「体験を通して学ぶ」ということ
　上記の研究例ではいずれも、学生自身の実践経験から問題意識が立ち上げられている。研究の方向性は子どもにとっての体験の意味を理解しようとするもので、研究の着地点としては今後の保育の改善に資する示唆を得ることである。つまり、実践の志向性と研究の方向性は一致するものであり、研究することそのものが実践力の向上に役立っている。私たちの領域における実践研究という方法論のなかに、体験的な学びの構造が含まれていることの意味が、こうした形で表れることを自覚しておきたい。大学教育のなかでは、教員養成や保育者養成等、子どもの育ちを支える方法を学び、それを職業として選択していく学生にかかわる機会が多くある。こうした学生への研究指導を行う場合、彼らが子どもの傍らで学び取っていることについて、目に見えない部分も含めて理解

しようとする姿勢で接していきたい。ここにもまた、子ども理解と共通の構造があるように感じられるからである。

本項で紹介した研究例と野外教育の接点は「自然体験」であったが、この共通点について突き詰めていくと、「自然の事象にかかわることを通して子どもは何を味わっているのか」、つまり「自然と自己との関係の理解」における「体験」の意味という根源的な問題への関心に気づく。子どもと自然のつながりを探究するなかに、人と自然との関係を探究するヒントが豊かに含まれており、興味は尽きない。

6.3. 本誌で取り扱ってきた研究法以外の方法の紹介
6.3.1. 野外教育をアフォーダンスの視野からさぐる
1）アフォーダンス

アフォーダンスは個々の動物がどのような身体を持ち、どのような行為能力をもっているかに依存する[59]、また、アフォーダンスは環境に存在し、動物に行為の可能性を提供する情報であると定義されている[60]。山本[61]は、アフォーダンスは環境に存在するが、動物と環境との相互依存的な関係が行為として結実することで記述可能になる特性であるとも言及している。

たとえば、われわれは日常生活のなかで椅子という言葉からは、4本の脚があって座面はふんわりと柔らかく、ときとしてアームレストも備えているものをイメージする。しかし、自然のなかでこのような椅子に出会うことはほとんどない。切り出した丸太や切り株は、最も適切な椅子であり、地面の凸部さえも椅子になってしまう。キャンプ場で遊ぶ子どもにとっては、木に登り休んだ枝も椅子になる。このように環境が動物に提供する意味や価値がアフォーダンスであり、動物（人間も含む）と環境との関係で意味が決まってくる。これは椅子が元来もっている価値を、動物がみつけるかどうかということである。自然環境のなかでの暮らしは、日常生活のなかでものがもっている意味や価値を否定するのでなく、言葉で説明できないさまざまなものの意味や価値を教えていると指摘できる。

アフォーダンスは野外教育について、ときとして重要な考えを提供してくれる。野外教育を語るとき、双方が野外教育という言葉の概念をある程度共通理

解をしていることは、ターミノロジーの原則として必須条件である。野外教育の哲学研究をどこから始めるかは非常に難しい。ギブソン（Gibson）[62]は、人は樹上に住む霊長類の子孫であり、木に登る能力をもっているとしても、歩行動物である。しかし、縁にぶつかることなく、空地を通過していく一般的能力は歩行動物に限ったことではない。それは視覚的に制御されるすべての移動にみられる特徴であると指摘する。人間の可能性を制限していくのは、継続する社会の発展かもしれない。人としての生物の可能性を見いだしてくれるのは、自然環境かもしれない。

日常と非日常性が人に何をもたらし、人からどのような能力を消し去ろうとするのか、両者が人に何をアフォードしているのか考えることが重要である。

(1) 森のようちえんをフィールドとして

中坪ら[63]は、森のようちえんカリキュラムで展開された保育者と幼児の活動を対象に、自然環境は保育実践に何をもたらすのかについて検討している。研究の手順はビデオ、フィールドワーク、エピソード抽出を用いている。保育の舞台である「森」の自然環境は、ありのままの素朴な自然環境であっても、幼児や保育者にさまざまな行為をもたらし、遊びを豊かなものとしている。幼児たちは、木を「揺らす」という単純な遊びを延々と続けていただけである。揺らし方の強弱やリズムにおいても相違がみられ、そうした行為の違いに対して、木は反発する力の強弱や揺れ幅を変え、音を立て、葉についた雨粒をとばす、といったさまざまな反応をみせる。すなわち、木の弾力性によってアフォードされた行為と、それによって生じた結果の循環と同様であり、行為が結果を生み、その結果がさらに行為を生むという状態の形成であると報告している。

野外活動は行為と結果の連続であることが指摘できる。この事例における保育者や幼児の行為は、木を「曲げる」「揺らす」といった単純なものである。しかし、その単純な行為にもさまざまなバリエーションがあり、単純ながらも遊びは次々と展開していく。そこには木のしなやかさから派生したさまざまな特性が関係している。幼児たちの木への行為が、幼児たちに木という自然がさまざまなアフォードを提供している。

(2) 保育所を対象として

保育所における園児交流と環境のアフォーダンスの関係について、村田ら[64]は、保育所環境のアフォーダンスを分析し、遊びのなかに存在する環境の役割

を見いだし、園児交流のための建築的仕掛けの役割を明らかにしている。

この研究では、調査者自身が保育士として保育所での生活に参加し、発生する事象を観察する「参加観察法」の手法をとっている。子ども達の遊びの場面を一つのサンプルとし、その発生から崩壊までを観察、変化がおこったところ、特徴があるところをまとめている。分析項目は、①各年齢における遊びの特徴の把握、②異年齢児交流の接点となるアフォーダンス、である。アフォーダンスの概念を、生物にとっての環境の価値と定義づけて研究を進めている。子ども達が環境に潜むアフォーダンスをみいだすことは、そこに活動が発生し、交流の接点を生み出すことである。子ども達がアフォーダンスを認知することで、交流が盛んになると指摘する。

2）アフォーダンスを数値化する

ウォーレン（Warren）[65]はアフォーダンスの数値化を行っている。54人の男子大学生を研究対象者に階段の登りのアフォーダンスを測定し、$\pi = E/A$という定式化を示している。E/Aで表されるπは、動物と環境の適合を示す指標となり、アフォーダンスはE：環境の特性、A：動物の特性（ここでは階段を上るヒトの特性）であり、階段登りにおいてπは、階段の高さRと脚の長さLで、$\pi = R/L$で表すことができると指摘する。階段の高さはある高さになったとき、人に快適や不快をアフォードする。この階段の至適高をエネルギー消費量を一つの指標として実験を行っている。

このように質的研究の実証のために、さらに量的研究からエビデンスを展開するウォーレン（Warren）の研究[65]は、前述した混合型研究へと展開していく一つの例である。

3）アフォーダンス研究の課題

アフォーダンス研究の一つのアプローチとして記述的方法が用いられる。一つの活動プログラムの事象から、活動参加者に多くのさまざまな行為現象が連続的に表れていくことは、上述した研究の事例のとおりである。プログラム参加者である子どもやその指導者は、連続する活動プログラムによる他者とのかかわり、内省について実に多くのことを書き留めていくことになる。このようななかで、ポランニー（Polanyi）[66]は、われわれ人間の言葉で表現できない認知について指摘する。たとえば、人間の顔の認知能力について、1万人以上の顔をみても区別できる能力をもっているが、その違いを言葉で表すことがで

きない。このことは野外体験で得られる心の変化の表出をどのように書き表し、あるいは観察者はどのように表現していくのかという課題があげられる。

　野外という環境が人に与える物は何かということを、深く掘り下げる必要がある。これは哲学的に考えていくという意味合いも含まれると同時に、今までこの分野が他の研究手法を用いた研究成果に較べ少なかったことは、この分野の手法の困難さにあるかもしれない。

6.3.2. ノンバーバル的側面からの研究

　教育にかかわる新しい視点として、非認知スキルや非物質的なもの、無形のものが注目を集めている。2016年に公表された新学習指導要領では、身につけるべき能力について、数値や客観テストでは測定することが難しい忍耐力や社会性、意欲などといった「非認知スキル」が取り上げられている。また、最近の経済学の分野では、第三のタイプの資本主義「認知資本主義」の考え方が脚光を浴びている[67]。認知資本主義では、知・イメージ・ネットワーク・組織能力などの無形のもの、あるいは「非物質的なもの」の意義が増大し、それらが現代的な資本主義の趨勢を特徴づけているといわれている。また、近い将来、社会の働き方自体を大きく変革するといわれているAI（人工知能）ロボットの最大の弱点は、非認知的な能力、特に「意味を理解する能力」にあるともされている[68]。これら暗黙知に代表される非認知的スキルや非認知的能力は、時代のキーワードともなっている。

　「デジタルネイティブ」と呼ばれる今の子ども達[69]、あるいは、AI（人工知能）ロボットが多くの仕事を担う時代に生きていくこれからの青少年にとって「体験することの意味」はますます大きくなっていく。インターネットや外部記憶装置を媒介とした「デジタルな知識」と体験を通じて自分の身体に蓄積された「体験知」には大きな違いがある。これらについて、野外教育や体験の視点から考察し研究することは、学会としても大きな意味が生じてくると思われる。

1）「体験」と「教育」

　体験と教育の関係については、デューイの体験哲学がよく知られているが、デューイが考えたexperience（体験）を「野外教育の視点から」考察する研究もまだまだなされるべきである。デューイの体験についての研究は数多くあるが[70-73]、野外教育の視点から体験を論じた研究は少なく、近年では、星野[74]、

青山[75]、張本ら[76]の研究がある。デューイの教育思想や体験哲学は、難解な部分も多く、安易にデューイを解釈することは避けたいが、野外教育の立場から若干私見を述べてみたい。

英語では「体験」も「経験」もともに experience と表記されるが、日本語では「体験：たいけん」と「経験：けいけん」の2つの用語には若干の意味の違いがあることは読者には容易に想定できよう。仮にここで、デューイがいうところの「第一次的経験」（primary experience）を日本語の「体験」、「第二次的経験」（secondary experience）を日本語の「経験」と解釈して置き換えると、日本の野外教育関係者には理解されやすいのではないかと思われる。「体験」は、個人的で受動的な意味合いの体験に用いられ、「経験」は、体験を通して能動的に学ばれたものの意味で用いられることが多い。

デューイの教育論は、個人的になされた「第一次的経験」のあとに学ばれた「第二次的経験」（あるいは反省的、内省的「経験」）を「道具」として学習に発展させるという考え方である。第一次的経験を通して学ばれた第二次的経験が、学習されるべき客観的、能動的「経験」つまり教材や教科学習へと発展させることが可能であるとデューイは述べている。われわれが現場で用いる体験学習法や、冒険教育の体験学習理論に照らし合わせて考えると、デューイの体験哲学を分析する手立てとなる。

「体験」とは、本来きわめて主観的、個人的、受動的になされるものであるため、個人的な「体験」を部外者が外部から意図的に「経験」に変換させることは基本的にはできない。本人自らが能動的にその体験を外部化させることによってはじめて個人的な体験を「経験」へと変化させることが可能となる。デューイの第一次的経験と第二次的経験の関係は、新しい学習指導要領でも話題となっている非認知スキルと認知スキルとの関係に置き換えることも可能である。本来、個人的、受動的で暗黙知の領域に属する「体験」を教科学習へと発展させることや、アクティブラーニングとして「体験」を授業に組入れ運用していくことの難しさはこの点にある。

2）「野外」の新しい視座

近年、これまでの「野外」に対する見方、考え方を越えて、新しい視点からの考察が試みられている。金子[2]は、ギブソン（Gibson）のアフォーダンス理論を援用しつつ、キャンプや野外教育という「野外の場」がもつ意味論、感性

の場としての野外教育論を展開している。この金子の視点は、前田[44]や高野[77]による研究「場所に感応する野外教育」「場の教育」「Place-based education」「地域に根ざした教育」とも通底する新しい視点である。土方[78]による直近の研究では、「野外」を人間の営みが刻印された「場」として捉える教育の可能性や、和辻哲郎の風土性との比較から哲学的に解釈する試みがなされている。「場」「地域」「Place」を人との関係性のなかで捉えたとき、各研究者の掲げる視座が浮かび上がる。「体験」「野外」「場」「教育」に関するこれらの研究は、いずれも以前からその必要性が叫ばれていた野外教育の原理的、思想的、哲学的研究の先駆的研究であり、第1章でも指摘した「野外教育とは何か」「野外」とは何かについて考え、研究を進める指標となる。これらの視点や視座からの野外教育研究が増えていくことが期待される。

6.4. 野外教育研究のスタート

6.4.1. 野外教育研究の成果の与える影響

1）野外教育研究のスタート

本項は、野外教育研究は、研究活動を専業とする狭義の研究者だけが行うものではなく、野外教育にかかわるすべての人々が行うものであることを前提とする。研究を専業としていない人々にとっては、なぜ、何のために研究を行うのかという疑問があるのは当然のことと思われる。本項では、野外教育研究の成果の与える影響について、実践と研究の2つの視点から考えてみたい。野外教育にかかわるすべての人々が、野外教育研究のスタートを切ることを期待するものである。

2）野外教育研究の成果の与える影響

野外教育研究は、野外教育の実践の発展を目的としている。したがって、野外教育研究の発展は、実践の発展のために必要なものである。ここでは、野外教育研究を、論文に象徴される学術研究に限定せず、野外教育の実践の発展を目的とする日々の創意工夫や試行錯誤も、野外教育研究の一環であると考える。野外教育研究の成果は、研究対象となった実践だけではなく、幅広い実践の発展に貢献することが期待される。

研究成果の公表に文書という形が用いられるのは、文書に表現することに

よって、実践現場にかかわる人々や組織、社会にも伝達、蓄積、継承を可能にするためである。文書によって伝達、蓄積、継承されることで、その場、そのときの実践現場にとどまらず、他の場所や将来における野外教育の発展にも幅広く貢献できるのである。

　論文が専門用語の多いものになるのは、そこに書かれた研究成果の客観性や信頼性を確保するためである。論文は難解ではあるが、さまざまな公表法のなかで最も客観性や信頼性が高い形式であり、その訴求力は強力である。論文は、海外を含む他の地域の人々にも読まれるし、遠い将来の人々にも参照される可能性がある。しかし、研究成果の公表は、必ずしも論文によってのみ行われるべきものではない。研究成果の公表には、一般の図書や雑誌、冊子・パンフレット、ホームページ等さまざまな形態が考えられる。『野外教育研究』誌に「論文」の他に「報告」の区分が設けられているのは、学会誌における公表方法にも幅をもたせるためである。さまざまな公表方法を、目的に応じて使い分けることが必要である。

3) 実践の発展のために

　社会環境や自然環境が変化するなかで、野外教育をとりまく社会や自然も変化している。近年、自然学校や森のようちえんの増加が著しく、野外活動施設への指定管理者制度の導入なども進んでいる。また、これらの状況に対しては、実践現場にある旧来のノウハウのみでは対応に限界があり、新たな試みや取り組みが行われているはずである。野外教育の実践現場に必要な研究課題は、クライアントやカウンセラーの問題から、実践組織の運営の問題、さらには行政施策や自然環境の問題まで多様である。それらの新たな試みや取り組みは、本項で主張する野外教育研究の範囲に入るものである。

　野外教育の実践の発展には、発展を阻害している事象の検討が必要である。たとえば、活動による効果を明示できないのでニーズに応えられないといった問題に対しては、評価法を開発して、効果を証明する研究が必要である。しかし、研究によって効果が証明されたとしても、効果のあがる活動を実施するためには、指導者の質的、量的確保という別の問題が立ち現れる。指導者の育成や獲得の方法を検討するためには、指導者の養成プログラムの開発や専門性の評価といった別の研究が必要である。野外教育の実践の発展には、このように多様な研究を積み重ねていく必要がある。

4）研究の発展のために

　野外教育は、日本野外教育学会設立趣意書に書かれているように、野外活動、自然体験、冒険教育、環境教育、森林・林業教育、博物学、自然解説、自然保護、自然療法、自然公園、自然を活用した観光や地域振興等多方面の問題を対象とする学際領域である。このため、野外教育研究には、これら多方面の学問領域の知見と研究法の援用がみられる。野外教育がもつこのような特性を考えると、野外教育の実践の発展を目的とする野外教育研究には独自性が求められる。野外教育研究が、野外教育の実践にかかわるあらゆる事象を体系的に捉えることが、野外教育研究の独自性になると考える。

　片岡[79]は、野外教育と同様に、多くの学問領域を包含する体育学の知識体系を、哺乳類・ヒト学的技術知見の体系（生理的知見・発育発達的知見・測定評価的知見）、人間学的技術知見の体系（原理的知見・心理的知見・方法的知見、教科教育的知見）、自然環境学的技術知見の体系（バイオメカニクス的知見・保健的知見・人類的知見）、社会環境学的技術知見の体系（歴史的知見・社会的知見・経営管理的知見）の4つに整理した。野外教育も多くの学問領域を含んでいることから、体育学と同様に知識体系を整理する必要があると思われる。

　野外教育研究が捉えるべき事象の整理を試みるために、星野[80]による野外活動振興の諸課題の整理、文部省[81]による青少年の野外教育の充実方策、文部科学省[82]による国立青少年教育施設が取り組むべき事項、日本環境教育フォーラム[83]による自然学校全国調査の設問を俯瞰してみた。すると、野外教育が捉えるべき事象は、施設（配置、管理運営）、フィールド（整備、環境問題）、事業（組織、財政）、プログラム（開発、評価）、対象者（ニーズ、意識）、担い手（専門性、養成）、社会（ニーズ、貢献）、安全（管理、教育）、行政（施策、制度）と広範にわたっていることがわかった。野外教育研究の発展には、これらの広範にわたる学問領域を偏ることなく追求していくことが必要と思われる。

　既往の研究成果をみると、野外教育活動による対象者の意識変容についての検討例が多数みられる一方で、その他の事象に関しては研究例が限られている。たとえば、フィールドについては田中ら[84]による野外教育活動のために森林を効果的に整備すべき場所の判定法の提示、事業については江川ら[85]による

民間野外教育活動団体の経営課題の検討、といった研究例がみられるものの、いずれも十分な蓄積があるとは言えない。また、野外教育の基礎となる、野外教育の歴史や概念についての検討も重要と思われるが、井村[86,87]によるわが国における野外教育の歴史やその背景についての検討や、土方[78]、張本ら[76]による野外教育における「野外」「教育」「体験」概念の定義についての検討、などに限られている。

6.4.2. まとめ：実践現場で活躍している人々や若き研究者へのメッセージ

近年、研究と実社会との乖離が指摘されているが、野外教育がその弊に陥ってはならないと考える。野外教育の実践者と研究者は、野外教育の発展という目的を共有し、ともに野外教育研究に取り組むことが求められる。

1）実践の場で活躍している人々へ

実践の発展に必要な新たなアプローチは、実践現場から生まれる。実践を発展させるために行っている取り組みを研究として捉え、公表できる形にしてほしい。学会誌『野外教育研究』の「報告」は、実践についての報告や記録を記した実践報告を掲載するものである。実践現場における研究成果を広く知らしめるためには、論文とともに実践報告も有効である。しかし、研究成果に高い客観性や信頼性をもたせようと考えるならば、伝達、蓄積、継承に適した論文形式を選択することがお勧めである。実践のなかで開発したことや行ったことによる影響や効果を、データに基づいて実証的、客観的に評価することで実践研究が成立する。実践現場で活躍している人々には、日々の取り組みを実践研究として捉えて実施してほしい。研究の敷居が高ければ、研究者との連携が有効である。学会は実践者と研究者を仲立ちするものでもある。実践者は学会へ行き、研究者に声をかけてほしい。

2）若き研究者へ

野外教育研究は、野外教育の実践の発展を目的として行うものであり、研究のための研究に陥ってはならない。明日の野外教育は、今日までとは異なる社会や自然のなかで行われるものであり、そこには新しい野外教育が必要である。新しい野外教育の追求が、若き研究者が取り組むべき課題である。若き研究者は実践現場へ行き、実践者とともに新たな課題を発見してほしい。これまでに研究実績・蓄積のない、新たな研究課題への果敢な取り組みが求められる。近

年、科学リテラシーが注目されている。科学リテラシーは科学の方法や成果を理解し評価する力であり、自らが行う科学的追求の確かさを担保するだけでなく、他者が行う科学的追求の成果を正しく理解することや、批判的に評価することを可能にするものである。科学者の行動規範は、科学者の基本的責任として、「科学者は、自らが生み出す専門知識や技術の質を担保する責任を有し、さらに自らの専門知識、技術、経験を活かして、人類の健康と福祉、社会の安定と安寧、そして地球環境の持続性に貢献するという責任を有する。(pp.5-6)」[88]としている。科学リテラシーの獲得は、野外教育を発展させていくうえで重要な意味をもつものである。

引用文献・参考文献

1) 井村仁（2000）：野外運動に関する研究論文データベースの作成と研究動向の分析、野外教育研究、1(1)：33-44.
2) 金子和正（2002）：野外教育における「場」(環境)の提供が意味するもの-アフォーダンスからの考察-、筑波大学野外運動研究室編、キャンプの知、勉誠出版、167-182.
3) Punch, K.、川合隆男監訳（2005）：社会調査入門-量的調査と質的調査の活用-、慶應義塾大学出版会、21-86.
4) Holloway, I.、Wheeler, S.、野口美和子監訳（2006）：ナースのための質的研究入門-研究方法から論文作成まで-第2版、医学書院、2-24.
5) 末田清子（2011）：コミュニケーション研究のアプローチ、末田清子、抱井尚子、田崎勝也、猿橋順子編著、コミュニケーション研究法、ナカニシヤ出版、9-27.
6) 抱井尚子（2011）：科学的、社会的営為としての研究、末田清子、抱井尚子、田崎勝也、猿橋順子編著、コミュニケーション研究法、ナカニシヤ出版、18-27.
7) 抱井尚子（2015）：混合研究法入門-質と量の統合のアート-、医学書院、37-52.
8) 能智正博（2005）：質的研究がめざすもの、伊藤哲司、能智正博、田中共子編、動きながら識る、関わりながら考える-心理学における質的研究の実践-、ナカニシヤ出版、21-36.
9) Creswell, J.W.、Plano Clark, V.L.、大谷順子訳（2010）：人間科学のための混合研究法-量的・質的アプローチをつなぐ研究デザイン-、北大路書房、1-22.
10) 樋口倫代（2011）：現場からの発信手段としての混合研究法-量的アプローチと質的アプローチの併用-、国際保健医療、26(2)：107-117.
11) 田崎勝也（2011）：量的研究の概要、末田清子、抱井尚子、田崎勝也、猿橋順子編著、コミュニケーション研究法、ナカニシヤ出版、55-65.

12）能智正博（2008）：「よい研究」とはどのようなものか−研究の評価−、下山晴彦、能智正博編、臨床心理学研究法第 1 巻 心理学の実施的研究法を学ぶ、新曜社、17−30.
13）久保田賢一（1997）：質的研究の評価基準に関する一考察−パラダイム論からみた研究評価の視点−、日本教育工学雑誌、21（3）：163−173.
14）宮田裕章、甲斐一郎（2006）：保健・医療分野における研究の評価基準−定量的基準と定性的基準の再構築−、日本公衆衛生雑誌、53（5）：319−328.
15）宮田裕章、大久保豪、吉江悟、甲斐一郎（2011）：社会医学領域における定性的研究の評価基準の活用の検討、日本衛生学雑誌、66（1）：83−94.
16）Flick U、小田博志監訳（2011）：新版質的研究入門−〈人間の科学〉のための方法論−、春秋社、541−554.
17）Denzin, N.（1989）：The Research Act: A Theoretical Introduction to Sociological Methods, McGraw-Hill.
18）廣瀬春次（2012）：混合研究法の現在と未来、山口医学、61（1）：11−16.
19）川口俊明（2011）：教育学における混合研究法の可能性、教育学研究、78（4）：386−397.
20）中村高康（2013）：混合研究法の基本的理解と現状評価、社会と調査、11：4−11.
21）叶俊文、平田裕一、中野友博（2000）：自然体験活動が児童・生徒の心理的側面に及ぼす影響、野外教育研究、4（1）：39−50.
22）岡村泰斗、飯田稔、橘直隆、関智子（2000）：キャンプにおける環境教育・冒険教育プログラムが参加者の自然に対する態度に及ぼす効果の比較研究、野外教育研究、3（2）：1−12.
23）西田順一、橋本公雄、徳永幹雄、柳敏晴（2002）：組織キャンプ体験による児童の社会的スキル向上効果、野外教育研究、5（2）：45−54.
24）青木康太朗、永吉宏英（2003）：長期キャンプ体験における参加者の社会的スキルの変容に関する研究−参加者の特性による変容過程の違いに着目して−、野外教育研究、6（2）：23−34.
25）橘直隆、平野吉直、関根章文（2003）：長期キャンプが小中学生の生きる力に及ぼす影響、野外教育研究、6（2）：45−56.
26）岡村泰斗、平野吉直、高瀬宏樹、多田聡、甲斐知彦、築山泰典、永吉英記、林綾子、山田亮、岡田成弘（2012）：キャンプの構成要素が青少年に対するキャンプ効果に及ぼす影響、野外教育研究、15（1）：45−54.
27）橘直隆、平野吉直（2001）：生きる力を構成する指標、野外教育研究、4（2）：11−16.
28）谷井淳一、藤原恵美（2001）：小・中学生用自然体験効果測定尺度の開発、野外教育研究、5（1）：39−47.

29）西田順一、橋本公雄、柳敏晴（2002）：児童用組織キャンプ体験評価尺度の作成および信頼性・妥当性の検討、野外教育研究、6（1）：49-61．
30）堀出知里、飯田稔、井村仁、坂入洋右（2004）：2週間のキャンプに参加した不登校中学生の友だち関係の展開過程に関する事例研究、野外教育研究、8（1）：63-76．
31）堀出知里、飯田稔、井村仁（2004）：2週間のキャンプに参加した不登校中学生の友だち関係の展開過程、野外教育研究、8（1）：49-62．
32）小田梓、坂本昭裕（2009）：不登校児は長期冒険キャンプ後どのように社会へ適応していくのか、野外教育研究、13（1）：29-42．
33）土方圭（2008）：キャンプの指導に関する個人別態度構造分析：ベテラン指導者の行動傾向に着目した事例研究、野外教育研究、12（1）：13-26．
34）土方圭（2013）：自然体験活動の意義に関するPAC分析-ベテラン指導者についての事例的研究-、野外教育研究、16（2）：29-44．
35）村越真（2006）：野外活動場面における児童の危険認知の特徴、体育学研究、51（3）：275-285．
36）文部科学省（2010）：「生きる力」をはぐくむ学校での安全教育、文部科学省、（http://www.mext.go.jp/component/a_menu/education/detail/__icsFiles/afieldfile/2011/08/03/1289314_02.pdf、参照日：2017年1月3日）．
37）村越真（2015）：KYTシートによる危険予知トレーニングは、リスク特定・対応スキルを向上させるか、教科開発学論集、3：35-45．
38）村越真（2008）：野外活動指導者は危険をどうとらえているか、静岡大学教育学部紀要教科教育編、39：237-247．
39）村越真、中村美智太郎、河合美保（2014）：高所登山は「死と隣り合わせ」か：高所登山家のリスクの捉えとリスク対処方略を明らかにする、体育学研究、59（2）：177-191．
40）金井壽宏、楠見孝編（2012）：実践知、有斐閣．
41）Klein, G.（1998）：Source of Power, MIT Press.
42）前田和司（2003）：地域に根ざした野外教育プログラムの構築、環境教育研究、6（2）：61-71．
43）Wattchow, B., and Brown, M.（2011）：A Pedagogy of Place; Outdoor Education for a Changing World, Monash University Publishing.
44）前田和司（2016）：「場所に感応する野外教育」は何を目指すのか-「地域に根ざした野外教育」の理論化を見すえて-、野外教育研究、19（2）：1-13．
45）文部科学省（2012）：共生社会の形成に向けて、特別支援教育の在り方に関する特別委員会報告、（http://www.mext.go.jp/b_menu/shingi/chukyo/chukyo3/siryo/attach/1325884.htm、参照日：2017年10月20日）．
46）野口晃菜（2016）：インクルーシブ教育を実践するための学校づくり、青山新吾

（編集代表）、インクルーシブ発想の教育シリーズ①、インクルーシブ教育ってどんな教育？学事出版、14-28.
47）野口和行（2012）：アメリカにおける障がい者のための野外教育、自然体験活動研究会編、野外教育入門シリーズ第4巻、障がいがある子どもの野外教育、杏林書院、138-152.
48）関智子、及川力（1996）：聴覚障害者のキャンプ実習に関する一考察、筑波技術短期大学テクノレポート、3：1-4.
49）多田聡、及川力、中村有紀（2008）：キャンプ実習において聴覚障害学生が認知する不安と危険、明治大学教養論集、434：35-48.
50）石田易司（2000）：Camping For All -障害者キャンプマニュアル-、エルピス社、62-64.
51）針ヶ谷雅子（2012）：聾・難聴の子どもの野外教育「デフ・キッズ・キャンプ」の実践例、自然体験活動研究会編、野外教育入門シリーズ第4巻、障がいがある子どもの野外教育、杏林書院、25-37.
52）Kolb, D.A.（1984）：Experiential Learning: Experience as the Source of Learning and Development, Prentice Hall.
53）浜口順子（1999）：保育実践研究における省察的理解の過程、津守真、本田和子、松井とし、浜口順子、人間現象としての保育研究-1、人間現象としての保育研究 増補版、光生館、157-191.
54）中村早希（2015）：幼児期の「砂場」「砂遊び」に関する一考察、常葉大学短期大学部専攻科保育専攻修了論文.
55）文部科学省（2011）：学習指導要領「生きる力」、保護者用パンフレット（平成22年作成）、(http://www.mext.go.jp/a_menu/shotou/new-cs/pamphlet/__icsFiles/afieldfile/2011/07/26/1234786_1.pdf、参照日：2017年10月24日).
56）有賀陽子（2016）：子どもの音の世界の探究-自然の音環境を通して-、常葉大学短期大学部専攻科保育専攻修了論文.
57）大村拳也（2016）：幼児期の『自然体験』に関する一考察、常葉大学短期大学部専攻科保育専攻修了論文.
58）杉浦晴香（2016）：幼児期の科学的思考の芽生えを支える保育実践-目に見えない環境に着目して-、常葉大学短期大学部専攻科保育専攻修了論文.
59）廣瀬直哉（2006）：アフォーダンスとその知覚の測定、椙山女学園大学研究論集 自然科学篇、37：1-9.
60）Gibson, J.J.、古崎敬、古崎愛子、辻敬一郎、村瀬旻訳（1985）：生態学的視覚論 -ヒトの知覚正解をさぐる-、サイエンス社、127.
61）山本一成（2015）：保育における「そこにあるもの」の価値-アフォーダンス理論の自然実在論的解釈を通して-、大阪松蔭女子大学研究紀要、5：43-50.
62）Gibson, J.J.、古崎敬、古崎愛子、辻敬一郎、村瀬旻訳（1998）：生態学的視覚論

－ヒトの知覚正解をさぐる－、サイエンス社、38.
63）中坪史典、久原有貴、中西さやか、境愛一郎、山元隆春、林よし恵、松本信吾、日切慶子、落合さゆり（2011）：アフォーダンスの視点から探る「森の幼稚園」カリキュラム－素朴な自然環境は保育実践に何をもたらすのか－、広島大学学部・附属学校共同研究機構研究紀要、39：135-140.
64）村田健、佐藤将之、髙橋鷹志（2000）：保育園における園児交流と環境のアフォーダンスの関係について－園児の社会性獲得と空間との相互関連に付いての考察（その2）－、日本建築学会大会学術講演概要、197-198.
65）Warren, W.H. Jr.（1984）Perceiving affordances: visual guidance of stair climbing, Journal of Experimental Psychology Human Perception and Performance, 10（5）：683-703.
66）Polanyi, M.、佐藤敬三訳（1980）：暗黙知の次元－言語から非言語へ－、紀伊國屋書店.
67）山本泰三編（2016）：認知資本主義－21世紀のポリティカル・エコノミー－、ナカニシヤ出版.
68）新井紀子（2016）：AIの弱点は意味の理解、朝日新聞寄稿、2016年11月25日朝刊.
69）Harris, M.、松浦俊輔訳（2015）：オンライン・バカ－常時接続の世界がわたしたちにしていること－、青土社.
70）松岡信義（1978）：「経験」の組織化と教育－J.Deweyの「経験」概念の検討に触れて－、東京大学教育学部紀要、18：157-166.
71）中野啓明（1998）：デューイにおける「第一次経験」と「第二次経験」の関係に関する一考察－学習論の観点から－、日本デューイ学会紀要、39：12-17.
72）石村秀登（2010）：「体験的な学習活動」に関する一考察－体験と経験の可能性－、熊本県立大学文学部紀要、16：77-87.
73）髙橋徹（2011）：「経験としてのスポーツ」に関する研究－デューイ経験概念の再評価から－、体育学研究、56（2）：297-311.
74）星野敏男（2002）：構造としてみた野外教育＝野外教育試論＝、筑波大学野外運動研究室編、キャンプの知、勉誠出版、133-152.
75）青山鉄兵（2006）：体験活動における「体験」概念の原理的検討、国立オリンピック記念青少年総合センター研究紀要、6：9-20.
76）張本文昭、土方圭（2016）：「教育」および「体験」に関するレビューと野外教育における課題と展望、野外教育研究、19（1）：27-40.
77）高野孝子（2013）：地域に根ざした教育の概観と考察－環境教育と野外教育の接合領域として－、環境教育、23（2）：27-37.
78）土方圭（2016）：野外教育における「野外」概念の再解釈－風土概念を手がかりとして－、野外教育研究、19（1）：14-26.

79）片岡暁夫（1997）：体育・スポーツ科学の分化・総合論の批判的検討 - 13人の思索（1972年）が示すもの - 、体育学研究、42（3）：113 - 127.
80）星野敏男（1997）：我が国の野外教育振興の課題と青少年教育施設、人文科学論集、45：15 - 26.
81）青少年の野外教育の振興に関する調査研究協力者会議（1996）：青少年の野外教育の充実について（報告）、文部省.
82）文部科学省（2011）：今後の国立青少年教育施設の在り方について - 新たな視点に立った体験活動の推進について - 、(http://www.mext.go.jp/b_menu/shingi/chousa/sports/010/attach/1302928.htm、参照日：2016年12月5日).
83）日本環境教育フォーラム（2011）：第5回自然学校全国調査2010調査報告書、(http://www.ecotourism-center.jp/limesurvey/upload/surveys/64294/shizengakko2010report_ver01.pdf、参照日：2016年12月5日).
84）田中伸彦、渡辺貴史（2003）：野外教育に関わる森林管理の動向および計画的森林配置手法に関する考察、野外教育研究、6（2）：11 - 21.
85）江川潤、中野恵介、吉田章（2013）：デルファイ法からみる民間野外教育活動団体の現状と経営課題における一考察、野外教育研究、16（2）：15 - 28.
86）井村仁（2006）：わが国における野外教育の源流を探る、野外教育研究、10（1）：85 - 97.
87）井村仁（2006）：わが国で初めて用いられた「野外教育」の意味と歴史的背景、野外教育研究、10（1）：99 - 111.
88）日本学術会議（2013）：科学者の行動規範 - 改訂版 - 、(http://www.scj.go.jp/ja/info/kohyo/pdf/kohyo-22-s168-1.pdf、参照日：2016年12月5日).

和文索引

[あ]

愛知（智）　42、43
アウトドアアドベンチャー　164
アウトワード・バウンド　67、68、69
　　——・スクール　3、54
飛鳥山遠足　9、52
新しい知見　30
厚い記述　187
アドベンチャーセラピー　50
アフォーダンス　221
アボッツホルム・スクール　3
アメリカキャンプ協会　55
アメリカ心理学学会　37
安全　228
アンチテーゼ　47
暗黙知　161、224

家なき幼稚園　10
生きる力　12、103、219、220
いじめ　10
依存性　204
一般化可能性　98、203、204
意味の単位　181
因果　110、122、123
インクルーシブ　213
　　——・キャンプ　215
　　——教育　213
インターネット調査　94
インタープリテーション　48
インタビュー　175、176、194
　　——調査　216
インフォームド・アセント　125、138
インフォームド・コンセント　20、23、91、125、138、148、185
ヴェン図　46

影響因子　202
エピソード抽出　222
エビデンス　130、146、153、223
　　——にもとづく医学　130
　　——レベル　121
演繹的　75、203
　　——推論　46
円環構造　218

応用科学的　4
オーサーシップ　22、92
大阪YMCA　8
御岳講　7
オンライン調査　90

[か]

回帰　110
懐疑　43
改竄　22、91
解釈（概念化）　218
解釈学的パラダイム　171
解釈主義　203
下位尺度　89
外的妥当性　123
介入　124
概念　45
外部妥当性　98
カウンセラー　227
科学技術振興機構　37
科学リテラシー　230
学際的　4
確実性　187

索　引

学習院輔仁会　8
学術論文　29、63
確実性　204
学問領域　4
確率法　99
可視化　217
仮説検証　119、203
　　——型　87
　　——型研究　201
仮説検定　121
仮説生成　119、203
　　——型　87
加速度計　145
学校登山　7、39、54
月山講　7
活動強度　143
活動の危険　216
カテゴリー化　181
カテゴリーの階層化　182
簡易天幕　8
環境教育　228
観察者　224
観察場面　219
観察法　173
間主観的普遍性　162
関心相関性　170
間接引用　37
簡便法　99

機縁法　88、94、95
機関リポジトリ　92
機器の管理　151
危険因子　214
危険予知トレーニング　206、208
気候変動　14
記述データ　204

記述的方法　223
記述統計　121
偽造　22
基礎付け　43
帰納的方法　47
ギフトオーサーシップ　91、92
客観主義　120
客観性　159、204、227
教育改革運動　3
教育学　4
教育課程と評価　4
教育現象　4
教育効果　146
教育思想　1
教育制度と教育行政　4
教育哲学　1
教育特性　5
教育の自由化・能力主義・競争主義　12
教育理念　4
教育領域　5
教科教育技術　4
教科統合　9
教授法　4
行政　228
近代学校制度　6

空間　58
具体的な体験　218
クライアント　227
クラウドソーシングサービス　94
グラウンデッド・セオリー・アプローチ
　　171、194
グラウンデッド・セオリー法　180、195
クラスター分析　98、108、205
グリーンスクール　12
グループアプローチ　188

237

索　引

グループプロセス　188、189、192
グローバル化　14
クロンバックのα係数　135
訓導　9

経験主義教育　1、7、10
経験の質　217
経験を通した教育　2
継続的比較分析　195
系統主義的教育　12
ゲーム機　14
研究協力者　125、126
研究参加の同意　90
研究対象者　125
研究デザイン　98
研究不正　91
研究倫理　90、123、137、147
現状批判　43、57
元服登山　7
原理論の構築　43、57

校外教授　53
構成主義　203
構造化面接法　175
構造構成的　58
講中登山　7
行動記録　150、151
行動描写法　174
校内暴力　10
項目精選後　101
交絡変数　122、128、133
交絡要因　88
合理的配慮　213
高齢化　14
コード化　181
国立青少年教育振興機構　13

国立中央青年の家　12
国立室戸少年自然の家　12
個人情報　20、23、124、126，138、139、140、185
　　——の管理　91
　　——保護　88、94
個人別態度構造分析　205
コスモロジー　159
個性重視　12
子ども中心主義　9
子ども長期自然体験村　13
子どもゆめ基金　13
子ども理解　217
コホート研究　89、128
コミュニティスクール　4
混合型研究　202、223
混合研究法　131、204、205
コントロール（統制）　133

[さ]

ザーレム校　3
再検査法　135
再現性　120
再テスト法　89、100
査読付き　32
参加観察　169、189
　　——法　173、174、188、223
山岳宗教　7
山村留学　18
三段論法　46
散布度　121
参与観察　91、150、194、219

ジェンダー　14
自己効力感　50
自己理解　217

238

索　引

システマティックレビュー　64
自然解説　228
自然学習　2、40、52、53
自然学校　227
自然環境　158
自然・環境学習活動　5
自然観察法　173
自然教室推進事業　12
自然生活へのチャレンジ推進事業　12
自然体験活動　5、41、162
　　──遂行　108
自然体験蓄積　108
自然認識　215
自然のなかの危険　216
自然保護　228
自然幼稚園　10
自然療法　18、228
持続可能性　60
下谷保養会　8
実験群　34、119、122、133、134、135、
　　139、201、208
実験計画　119、135、136
実験研究　44
　　──法　34
実験的研究法　119、120
実証主義　171、203
実証的データ　182
実践研究　220
実践知　130、209
実践の研究　4
実践の知　158、159、160
実践報告　229
質的確保　227
質的研究　34、160、201、202、203、204
　　──法　171、186、187、194
質的調査研究　87

質問紙　87
　　──調査　149
　　──法　134
実用主義　6
指定管理者制度　227
指導実践　157
児童中心主義　52
師範学校　7
師範教育　7
社会調査　88
自由回答式　134
修学旅行　40、53
自由記述形式　215
宗教活動　7
修正版グラウンデッド・セオリー・アプ
　　ローチ　170、180、194
従属変数　88、119、122、123、128、133
集団宿泊学習　18
修験道　7
順位付け距離　111
準実験的研究　122
障がい者差別解消法　213
紹介法　88、94、95
障がいゆえの危険　216
抄録　30
事例研究　157
新教育運動　3、9
人口減少　14
侵襲　124、148
新自由主義　12
身体　43
　　──活動量　144、147
　　──的な指標　143
ジンテーゼ　47
真の民主主義　2
信憑性　186、187、189、195

239

進歩主義　1
　——教育　4、52
新保守主義　12
シンボリズム　159
信用性　204
信頼性　87、89、100、101、103、123、
　132、135、150、186、203、204、227
心理的な指標　132、137、143
森林・林業教育　228

推測統計　121
推論　46
スーパービジョン　198
スペシャルニーズ　213
スポーツ基本計画　152
スポーツ振興法　10
スマホ　14

成果主義　12
生活教育　4
省察　218
青少年の野外教育の充実について　5
成人登山　7
セカンドスクール　18
積極的試行　218
折半法　100、135
先駆的方法　47
先行研究　31
全国子どもプラン　13
選択回答式　134
選択式の回答　216

相関　110
想起（ふり返り）　218
総合的な活動　5
総説論文　33、48、61、63、66

組織キャンプ　1
ソピアー　42

[た]

体育学　228
　——研究　59
第一次的経験　225
体験学習過程　5
体験学習サイクル　218
体験哲学　224、225
体験のふり返り　218
第3の教育改革　12
対象者　228
　——理解　214
大正自由教育　3、9
第二次的経験　225
代表値　121
立山講　7
妥当性　45、87、89、98、100、103、104、
　123、132、135、150、186、187、203、
　204
多変量解析　205
単一事例研究　164、178
探索的因子分析　89、98

地域に根ざした教育　226
地域に根ざした野外教育　209
逐語録　177
知の愛求　57
中央教育審議会答申　12
抽象概念化　218
聴覚障がい　215
調査研究法　34、87、90
調査参加者　87
調査対象者　217
調査票　88

長途遠足　7
直接引用　37
直観教育　6
直観教授　40

追跡実験計画　128、136
通過儀礼　7
通学合宿　18
筑波講　7

デイキャンプ　215
定性的研究　202
定量的研究　202
テーゼ　47
データの切片化　180
デジタルネイティブ　224
哲学的研究　72
　──法　35、57
哲学的前提　202
哲学的反省　44
田園教育舎　3
　──運動　54
電子メディア　14
転地修養会　8
転地療法　8
転用可能性　163、187、204

同意　185
　──の撤回　91
同一モデル　129
東京教育大学体育学部　10
統制群　34、119、122、127、133、134、
　136、139、146、162、201
盗用　22、36
独立変数　88、119、122、123、127、133、
　136、139

独立モデル　129
トライアンギュレーション　186、204
トランスクリプト　177

[な]

内的過程　218
内的整合性　89
内的妥当性　123、134
仲間報告　186
ナショナルキャンプ場　10
ナラティブカウンセリング　50
ナラティブセルフ　50
ナラティブレビュー　64

21世紀型能力　209
21世紀教育新生プラン　13
二重投稿　22、23、91、92
2次利用　89
日本野外教育学会　12
人間学的唯物論　76
認識論　171

ネイチャースタディー　2、6、40
捏造　22

ノイエス　30
ノンバーバル　224
ノンパラメトリック法　111

[は]

ハードスキル　17
ハーバード方式　36
バイアス　98
バイオメカニクス　16
這いまわる経験主義　10
ハザード知覚　207

場所　58
　——に感応する野外教育　212
　——に根差した教育　60
発達障がい児　162
場の教育　226
パフォーマンス　159
パラダイム　120、202
パラメトリック法　110
バンクーバー方式　36
半構造化面接法　175、176、195
判断　46

非構造化面接法　175、178
非認知スキル　224
非認知的能力　224
評価指標　98
評価尺度　87、88、89、95
描画法　165
剽窃　22、36、91、92
標本　98、121
　——抽出　121、126
　——抽出論　88
　——の大きさ　121
ピロソピアー　42
貧困　14

フィールド　228
　——研究　206
風景構成法　165、168、170
風土　72
不確実性　209
複数事例研究　164
富士講　7
不正行為　21、22
普遍性　159
プライバシー保護　90

プラグマティズム　6
プレイス・ベースの体験学習　60
プレテスト　208
フロー体験　65
プロジェクト・アドベンチャー　54、164
フロンティアアドベンチャー事業　12
文化・芸術活動　5
文献　31、32
　——研究　34
　——研究法　29、34
　——表　36、37
　——レビュー　29、31
分散分析　93、121
分析枠組　108

米国現代語学文学協会　37
ベイズ的アプローチ　93
ヘルシンキ宣言　20
ヘルバルト主義教授理論　9
弁証法　44
　——的論理学　47
弁別性　89

冒険教育　4、67、68、70、71、228
ボーイスカウト　68、71
報告　227、229
保管期間　91
母集団　88、121
ポスト実証主義　203
ポストテスト　208

[ま]
マッチドペア法　128

3つの学習領域　5

民主的な課題解決学習　2

無作為抽出　88
　　――法　127

名辞　45
明示知　161
命題　45、46、75、77、123
メタ・シンセシス　202
メタ分析　48、89
面接法　173、175
メンバーチェッキング　187
メンバーチェック　198

物語論　171
森のようちえん　10、222、227
問題解決学習　6
問題解決力　99
文部省社会体育指導要項　10

[や]

野外運動種目区分　15
野外教育　1、228
　　――学研究法　15、226
　　――研究　17
　　――全国フォーラム　12
　　――の木　5
　　――の体系化　13
　　――プログラム　108
野外体験　6
野外の場　225

有意確率　93
有意抽出法　127
郵送法　88
ゆとり　12

溶解体験　65
養成プログラム　227

[ら・わ]

ラポール　175、176
ランダム化　133
　　――比較試験　121

利益相反　22、91
リサーチデザイン　119
リジリアンス　49
リスク研究　206
リスク対応　208
リスク知覚　207
リスク特定　207
リスク認知　206
リスク分析・評価　207
リスクマネジメント　207
量的確保　227
量的研究　34、186、187、201、203
量的調査研究　87
理論知　130
理論的サンプリング　195
理論的飽和化　195
臨海学校　53
林間学校　8、53
倫理規定　21、23、24
倫理規範　20
倫理指針　20、23、24、148

霊山登拝　7
歴史的研究　67
　　――法　35、39、52
レビュー論文　33
連結可能匿名化　91、125

索　引

　　労作教育　4
　　ロゴス　45
　　論証　45
　　論文　29、31
　　論理　45
　　　──学　45
　　　──性　159

　　ワンダーフォーゲル　68、71
　　　──運動　4

欧文索引

Abbotsholme School　3
American Camp Association（ACA）　55
American Psychological Association（APA）　37
Australian Journal of Outdoor Education（AJOE）　51
camping education　1
Community-based Outdoor Education　210
control group　34
Evidence-Based Medicine（EBM）　130
experimental group　34
experimental study　34
IKR 評定用紙　103、106
inside the schoolrooms での教育　2
Journal of Adventure Education and Outdoor Learning（JAEOL）　50、59
Journal of Experiential Education（JEE）　50
Journal of Outdoor Recreation Education and Leadership（JOREL）　50、59
JST　37
KJ 法　171、194
KYT　206
literature review　29
Locus of control　51
M-GTA　170、180、194、195、198
meaning unit　181
Modern Language Association of America（MLA）　37
National Camp　10
OBS　3、54
organized camping　1
outdoor and camping education　2
Outdoor Education　1
outdoor education is education in、about、and for the outdoors　5
outside での教育　2
PA　54
PAC 分析　205
PBEL　60
Place Based Education　60
Place-based education　226
PREP 法　38
Randomized Controlled Trial（RCT）　121
resident outdoor education　1
Resouces in Outdoor Pursuits（ROP）　15
review article　33
school camping　1
school community camp　2
school-in-the wood　1
self-efficacy　50
SIST02　37
SNS　14
survey　34
thick description　187
t 検定　93、121

人名索引

アインシュタイン　29
アガシス（Louis Agassiz）　2
アリストテレス　42、45
伊沢修二　6、40
石田梅岩　58
ヴァンダナ・シヴァ　59
ウォーレン（Warren, W.H. Jr.）　223
江橋慎四郎　1
カント　43
ギブソン（Gibson, J.J.）　222、225
キルパトリック（William H. Kilpatrick）　1
クルト・ハーン（Kurt Hahn）　3、54、67、69、71
コメニウス（Johannes Amos Comenius）　3、6、44
コルブ（Kolb, D.A.）　218
澤柳政太郎　10
シャープ（Lloyd B. Sharp）　1、44、56
セシル・レディ（Cecil Reddie）　3
ソクラテス　42
高嶺秀夫　6、39、40、52
デニスミッテン（Denise Mitten）　14
デューイ（John Dewey）　1、44、60、224
ドナルドソン（George W. Donaldson）　5
ドモラン（J.E. Demolins）　3
乃木希典　8
能勢栄　40
バイナル（William G.Vinal）　2
橋詰良一　10
長谷川角行　7

バンダースミッセン（Betty van der Smissen）　6
ハンマーマン（D.R. Hammerman）　4
樋口勘次郎　9、52
フォイエルバッハ　76
ブライアン・ワットショウ（Brian Wattchow）　211
プラトン　42
フランシス・パーカー（Francis W. Parker）　9
ポランニー（Polanyi、M.）　223
プリースト（Simon Priest）　5
ベイリィ（L. H. Bailey）　2
ヘーゲル　44
ペスタロッチ（Johann Heinrich Pestalozzi）　1、40、44
ベルク（Berque, A.）　73
ヘルマン・リーツ（Hermann Lietz）　3
マイク・ブラウン（Mike Brown）　211
モンテッソリ（Maria Montessori）　3
ルソー（Rousseau）　1、44
渡辺敏　54
和辻哲郎　73

2018年1月10日　第1版第1刷発行

野外教育学研究法
定価(本体2,500円+税)　　　　　　　　　　　　　　検印省略

編　集	日本野外教育学会©
発行所	日本野外教育学会
発売所	株式会社　杏林書院

〒113-0034　東京都文京区湯島4-2-1
Tel　03-3811-4887(代)
Fax　03-3811-9148
http://www.kyorin-shoin.co.jp

表紙デザイン　保田　薫(HILLBILLY)
印刷／製本　三報社印刷／川島製本所

ISBN 978-4-7644-1592-8　C3075
Printed in Japan
乱丁・落丁の場合はお取り替えいたします．

・本書の複製権・翻訳権・上映権・譲渡権・公衆送信権（送信可能化権を含む）は日本野外教育学会が保有します．
・本書の無断複製は著作権法上での例外を除き禁じられています．複製される場合は，そのつど事前に，日本野外教育学会（http://joes.gr.jp/）の許諾を得てください．